高

新媒体营销实务

陈雨　周旖　余奕佳　主编
陈皓月　盖伊　副主编

化学工业出版社

·北京·

内容简介

本书体例按照新形态教材的结构编写，全书共分为9个项目，采用基于工作过程系统化的思维，把整个新媒体营销工作，分解为不同的营销岗位，再根据每个岗位职责的不同要求，设定不同的项目内容，全方位多角度地介绍了新媒体营销的工作流程与相关知识、技能，案例新颖且贴近生活，实训可操作性强，有利于读者掌握新媒体营销的相关知识和技能。本书以工作过程为导向，学生通过学习不仅可以掌握新媒体营销的理论知识，并且能够掌握新媒体营销运营的实操方法。

本书可作为高等职业院校、高等专科学校及其他高等职业教育机构的电子商务类、网络营销类、营销类等相关专业的教材，也可以作为网络营销、移动电子商务公司从业人员的参考用书。

图书在版编目（CIP）数据

新媒体营销实务 / 陈雨，周旖，余奕佳主编 .
北京 : 化学工业出版社，2025. 8. -- （高等职业教育教材）. -- ISBN 978-7-122-48892-3

Ⅰ. F713.365.2

中国国家版本馆CIP数据核字第2025321E6Z号

责任编辑：徐　昊
责任校对：刘曦阳　　　　　　　装帧设计：孙　沁

出版发行：化学工业出版社
　　　　　（北京市东城区青年湖南街13号　邮政编码100011）
印　　装：北京建宏印刷有限公司
787mm×1092mm　1/16　印张14¼　字数298千字
2025年10月北京第1版第1次印刷

购书咨询：010-64518888　　　　　　售后服务：010-64518899
网　　址：http://www.cip.com.cn
凡购买本书，如有缺损质量问题，本社销售中心负责调换。

编写人员名单

主　编　　陈　雨　　周　旖　　余奕佳
副主编　　陈皓月　　盖　伊
参　编　　唐义椿　　陶　然

　　党的二十大报告指出"统筹推进职业教育、高等教育、继续教育协调创新，推进职普融通、产教融合、科教融汇，优化职业教育类型定位。"这为推进新时代职业教育改革发展指明了方向，极大地增强了全社会对职业教育发展前景的信心和动力。近年来电子商务专业的职业教育发展顺应党的路线不断向前发展，产生了很多新的发展方向。新媒体营销就是其中一个方向。新媒体营销是一种新兴的电子商务模式，利用移动互联网和移动电子设备，为企业和消费者提供便利的商务渠道，主要是使用移动终端进行在线交易等活动。新媒体营销将电子商务的特点和移动电子设备的优势相结合，为消费者和企业提供了便利、快捷的服务，具有广阔的发展空间。

　　新媒体营销具有移动性、便利性、个性化的特点。它不局限于传统电子商务中对地点等要素的限制，只需要具备电子移动设备和互联网，就可以随时随地地进行相关的营销活动。新媒体营销操作程序的简单便捷，加之新媒体营销强大的推广效果，为商家带来了更多的机遇。在消费端方面，新媒体营销因其覆盖面较广、服务受众多等特点，能够满足不同消费者的消费需求，使消费者可以根据个人喜好进行个性化的设定，促进了电子商务的个性化发展。鉴于以上背景因素，我们启动了本书的编写工作，以期为社会提供一本贴合当下新媒体营销发展特点的实践教程。《中华人民共和国职业教育法》中指出"职业教育必须坚持中国共产党的领导，坚持社会主义办学方向，贯彻国家的教育方针，坚持立德树人、德技并修，坚持产教融合、校企合作，坚持面向市场、促进就业，坚持面向实践、强化能力，坚持面向人人、因材施教。"因此，我们在本书的编写过程中也注重弘扬社会主义核心价值观，对读者进行思想政治教育和职业道德教育，体现劳模精神、劳动精神、工匠精神等思政教育元素。总体来说，本书主要有以下特点。

　　1. 本书按照新形态教材的体例要求编写，基于新形态教材的编写思路与方法，突出教材的职业引导功能。教材通过使学生了解职业要求，热爱职业岗位，帮助学生树立正确的职业价值观、择业观，培养良好的职业道德和职业意识。

　　2. 本书在内容遴选方面，更突出教学内容的实用性和实践性，不仅传授知识，而且强调技能和能力的培养。本书坚持以职业能力为本位，以应用为目的，以必需、够用为度，满足职业岗位的需要，并与相应的职业资格标准及行业技术等级标准接轨。

3. 本书的编写是基于目前新媒体营销运营的主流平台和工具，以新媒体营销项目的流程来安排相关的教学项目，每个项目都是基于新媒体营销运营工作岗位的特点和具体技能要求来设计的。因此，本书内容贴近社会工作实际情况，便于高职高专学生学习，以及后期求职就业。

4. 在本书内容的组织结构方面，与学科体系教材不同，本书按照"以全面素质为基础""以职业能力为本位"的教学理念，符合学生的认知规律和技能养成规律；遵循劳动过程的系统化，符合工作过程的逻辑；坚持以应用为主线，不强调理论知识的系统性、完整性，不迫求学科体系教材严密的学科结构与逻辑体系，以适应课程综合化和模块化的实践需要。

5. 本书在内容的表达方面，适应学生的心理特点和认知习惯，语言简明通顺、浅显易懂、生动有趣、引人入胜。

6. 本书还配套了课件、教案、视频等电子教学资源供读者使用。

本书是校企深度合作、产教融合的产物。本书由重庆建筑科技职业学院陈雨、周旖、余奕佳担任主编，重庆建筑科技职业学院陈皓月及盖伊担任副主编，博拉网络股份有限公司陶然参与编写，编写过程中还得到了江苏京东信息技术有限公司、重庆博聚良品科技有限公司、深圳点淘网络技术有限公司、重庆翰海睿智大数据科技股份有限公司等企业专家的帮助，在此我们表示深深的感谢。

鉴于编写人员的经验与水平有限，书中难免有不足之处，敬请各位专家与读者批评指正。

编者
2025 年 8 月

目 录

项目一　新媒体营销概述　　　　　1

任务 1　认识新媒体营销　　　　3

任务 2　了解新媒体营销的发展现状及未来

　　　　趋势　　　　　　　　11

项目二　新媒体营销定位　　　　21

任务 1　确定用户定位　　　　　23

任务 2　确定内容创作定位　　　30

项目三　微信营销　　　　　　　37

任务 1　认识微信营销　　　　　39

任务 2　掌握微信营销的内容策划与

　　　　技巧　　　　　　　　47

项目四　微博营销　　　　　　　59

任务 1　认识微博营销　　　　　61

任务 2　创作及发布微博内容　　67

任务 3　掌握微博营销推广技巧　77

项目五　直播营销　　　　　　　85

任务 1　认识直播营销　　　　　87

任务 2　搭建直播间　　　　　　97

任务 3　为直播间引流　　　　105

项目六　音频营销　　　　　　115

任务 1　认识音频营销　　　　117

任务 2　了解音频营销平台及行业发展

　　　　情况　　　　　　　123

任务 3　掌握音频营销方法及平台运营

　　　　技巧　　　　　　　131

项目七　短视频营销　　　　　139

任务 1　认识短视频营销　　　141

任务 2　策划与制作短视频　　148

任务 3　实施短视频营销推广　155

项目八　社群营销　　　　　　165

任务 1　认识社群营销　　　　167

任务 2　实施社群营销　　　　174

项目九　新媒体营销数据分析　185

任务 1　了解新媒体营销常用数据分析

　　　　工具　　　　　　　187

任务 2　新媒体营销店铺数据分析

　　　　基础　　　　　　　197

任务 3　新媒体营销店铺数据分析

　　　　内容　　　　　　　208

参考文献　　　　　　　　　　219

项目一 新媒体营销概述

任务 1　认识新媒体营销

任务 2　了解新媒体营销的发展现状及未来趋势

学习目标

一、知识目标

1. 了解新媒体营销相关的概念。

2. 掌握新媒体营销的特点。

3. 掌握新媒体营销与传统媒体营销的区别。

二、技能目标

1. 能够对新媒体营销有正确的认识。

2. 能够对新媒体营销的特点进行描述。

三、素养目标

通过新媒体营销基础知识的学习，了解新媒体营销发展在我国国民经济中的重要作用，增强文化自信及民族自豪感。

项目导读

新媒体营销是电子商务的一个分支，新媒体营销是指通过移动通信网络进行数据传输，并且利用移动信息终端参与各种商业经营活动的一种新型电子商务模式，它是新技术条件与新市场环境下的新电子商务形态。本项目主要介绍新媒体营销的特点以及与传统营销的区别、新媒体营销模式在现实中的应用场景等。在新媒体营销的特点方面，本项目将为大家详细阐述新媒体营销与传统营销之间的区别和联系，从而分析总结出新媒体营销自身的特点和优势。此外，本项目还将给大家介绍目前新媒体营销发展的几个阶段、这些阶段历经的技术与营销的变革以及未来的发展趋势。

任务 1
认识新媒体营销

一、任务导入

　　随着全球信息技术的不断更新与发展，电子商务也在不断地发展、进步。随着全球现代通信技术和信息服务水平的不断提高与革新，以移动通信技术为基础的新媒体营销也在不断发展，越来越受到人们的推广欢迎。新媒体营销是电子商务发展的新方向，有十分广阔的发展空间。新媒体营销主要依靠移动通信技术与互联网技术为人们提供各种各样的服务，因其简单、灵活、方便的特点，成为了现在电子商务发展领域的热点。当前，新媒体营销作为一个新兴产业以蓬勃的生命力推动我国信息技术产业的发展，推动我国经济跃上了一个新台阶。我国的新媒体营销也在飞速向前发展。

二、引入案例

关注民生的电商平台　拼多多开启新年购物节

　　2022年12月26日，拼多多正式启动2023年年货节。其间，平台联合全国上千个地标产区，优选百万品质商家，从供应源头为"多多好年货"保驾护航。拼多多将全力激发和匹配春节新消费浪潮，推动各大原产地把握住年货销售旺季，开拓全国市场，带动农民增收。

　　近年来，随着电商平台、物流体系的不断渗透，城乡年货采买已经从过去零散的线下模式，转变为线上一站购。拼多多的年货供应丰富，全球直采的尖货帮助消费者一站"拼"齐过年所需，让"菜篮子""果盘子""米袋子"丰盛充盈。拼多多年货节负责人表示，年货节持续15天，活动期间，平台将继续对生鲜农产品"零佣金"，倾斜"百亿补贴""万人团"等价值超过30亿元的站内资源和红包优惠，充分运用"多人团"等创新消费模式，持续满足城乡消费者的年货需求。

（案例来源自网络，编者整理）

素养看点

　　目前我国的新媒体运营企业，不仅仅在经济领域起着非常重要的作用，也在支持国家政策特别是乡村振兴方面有积极的作用。

通过以上案例，我们可以充分地看出，目前新媒体营销购物平台在消费者的生活中扮演着重要作用，并且其在促进消费的同时，也助力着我国乡村振兴政策的实施。

三、任务实施

（一）新媒体的含义

新媒体，是依托新的技术支撑体系出现的媒体形态。新媒体是利用数字技术，通过计算机网络、无线通信网、卫星等渠道，以及电脑、手机、数字电视机等终端，向用户提供信息和服务的传播形态。从空间上来看，"新媒体"特指当下与"传统媒体"相对应的，以数字压缩和无线网络技术为支撑，利用其大容量、实时性和交互性，可以跨越地理界线最终得以实现全球化的媒体。我国新媒体行业发展的关键词围绕着战略传播、数字经济、元宇宙、网络治理、互联网出海等热点内容，新媒体行业发展成果显著、特点鲜明，展现出巨大活力与创新力。

广义的新媒体包括两大类：一是基于技术进步引起的媒体形态的变革，尤其是基于无线通信技术和网络技术出现的媒体形态，如数字电视、交互式网络电视（IPTV）、手机终端等；二是随着人们生活方式的转变，以前已经存在，现在才被应用于信息传播的载体，例如楼宇电视、车载电视等。狭义的新媒体仅指第一类，即基于技术进步而产生的媒体形态。

实际上，新媒体可以被视为新技术的产物，数字化、多媒体、网络等最新技术均是新媒体出现的必备条件。新媒体诞生以后，媒介传播的形态就发生了翻天覆地的变化，诸如电子阅读器、写字楼大屏幕等，都是将传统媒体的传播内容移植到了全新的传播空间。这种变化包含以下两个技术元素。

第一，数字化的出现使大量的传统媒体加入到了新媒体的阵营，这一改变主要表现为媒体的技术变革，不论是内容存储的数字化，还是传播的数字化，都大幅度提升了媒介的传播效率。

第二，媒介形态也因新技术的诞生而呈现出多样化，网络电视、网络广播、电子阅读器等均将传统媒体的内容移植到了新的媒介平台上。

（二）新媒体营销的含义

新媒体营销是指利用新媒体平台进行营销的一种方式，它结合了传统营销模式与新媒体技术的特点，通过互联网、社交媒体等新兴媒体渠道，以更直接、互动、个性化的方式与目标受众进行沟通和互动。新媒体营销不仅包括利用网络杂志、博客、微博、微信、搜索引擎等平台进行营销，还涉及通过这些平台发布信息、传播品牌形象、推广产品或服务，并与消费者进行实时互动和反馈。

新媒体营销的优势在于它成本低且效率高。相比传统媒体广告，新媒体营销的成本较低，特别是对于小型企业和创业公司而言更具吸引力。此外，新媒体营销还能够最大限度地满足企业和客户的需求，为企业带来更多的利益。

（三）新媒体营销的特点

1. 低成本效率高

新媒体营销最显著的优势之一是投入成本低，产出效率高。相比传统广告形式，新媒体平台大多提供免费或费用较低的传播渠道，使企业能够以较低的预算实现广泛传播。内容创作形式丰富多样，包括图文、视频、直播等，制作门槛低，传播速度快。同时，新媒体营销对技术要求相对不高，企业无需投入大量技术资源即可开展营销活动。这种高性价比的特性，使新媒体营销成为众多企业，尤其是中小企业进行品牌推广的重要选择。

2. 互动性强黏性高

互动性是新媒体营销区别于传统媒体营销的核心特征。用户不再只是信息的接收者，而是可以主动参与内容的传播与反馈，如点赞、评论、转发、分享等。这种双向互动增强了用户对品牌的认知与情感联结，提升了品牌忠诚度。同时，企业可以通过用户的反馈及时调整营销策略，优化产品和服务，从而实现更高效的市场沟通。持续性的互动也帮助品牌与用户之间建立起更紧密的关系，增强用户黏性。

3. 传播快覆盖广

新媒体依托互联网技术，实现了信息的快速传递与广泛覆盖。在社交平台、短视频平台或搜索引擎上，一条优质内容可以在短时间内触达海量用户，迅速扩大品牌影响力。新媒体传播不再受限于时间与空间，用户随时随地都能获取信息。同时，多平台协同传播，如微信、微博、抖音、小红书等，也为企业提供了多元化的传播路径，确保信息能够高效、广泛地送达目标人群，形成多层次的传播效应。

4. 精准投放个性化

新媒体营销能够基于大数据分析和用户画像技术，实现对目标用户的精准定位。企业可以根据用户的性别、年龄、兴趣、消费习惯等维度，进行精细化分层，并推送符合其需求的内容。这种"千人千面"的个性化营销方式，提高了广告的转化率和用户满意度。通过搜索引擎广告、社交媒体定向推广、私域流量运营等方式，企业可以将产品信息精准传达给潜在客户，实现高效触达与深度转化。

5. 内容多样形式新

新媒体营销在内容形式上具有高度的多样性和创新性。除了传统的文字与图片，还包括视频、直播、互动H5、弹幕互动等多种表现形式。这些新颖的呈现方式更符合现代用户的浏览习惯和审美偏好，提升了用户的参与度和沉浸感。此外，新媒体营销内容也更加丰富，涵盖品牌故事、产品介绍、用户评价、互动活动等，满足不同用户群体的信息获取需求。多样化的内容策略不仅增强了传播效果，也为品牌提供了更多创意表达的空间。

6. 数字智能模式全

新媒体营销本质上是一种数字化与智能化的营销方式。通过将信息全面数字化，实现了内容的高效存储、传播和分析。借助人工智能、大数据分析、算法推荐等技术手段，新媒体营销的智能化水平不断提升。如今，新媒体营销已经形成了较为成熟的运行模式，包括内容营销、社群营销、私域运营、KOL合作、短视频推广等，为企业提供了系统化的营销解决方案。这种数字化、智能化的发展趋势，也推动了整个营销行业的转型升级。

（四）新媒体营销和传统营销的区别

目前新媒体营销与传统营销主要的区别有以下几个方面。

1. 传播渠道

传统营销的传播渠道主要依赖于电视、广播、报纸、杂志等传统媒体。这些渠道具有较长的历史和成熟的运营模式，但受限于地域和时间等因素。新媒体营销则主要利用互联网、社交媒体、移动应用等新媒体平台进行传播。这些平台具有更广泛的覆盖面和更高效的传播速度，能够迅速触及大量潜在消费者。

2. 受众群体

传统营销的受众群体往往是固定的，通过传统媒体进行传播时，受众的选择性有限。新媒体营销的受众群体具有较高的自主意识和流动性，可以根据消费者的兴趣、行为等特征进行精准定位和广告投放，提高营销效果。

3. 信息传播速度

传统营销的信息传播速度相对较慢，需要经过印刷、发行、播出等多个环节，且受到时间和地域的限制。新媒体营销的信息传播速度更快，可以在短时间内通过社交媒体、移动应用等平台迅速传播给大量用户。

4. 互动性

传统营销的互动性较弱，消费者往往只能被动接收信息，缺乏与品牌或产品的互动体验。新媒体营销则具有更强的互动性，消费者可以通过社交媒体、移动应用等平台与品牌或产品进行互动，表达自己的观点和需求，从而建立更紧密的关系。

5. 营销目标

传统营销主要追求所谓的"覆盖量"，通过大量投放广告给消费者留下强烈的印象，从而影响其购买行为。新媒体营销则更注重"精准率"，通过精准定位和投放广告来提高品牌的自传播效应，使消费者认同自身概念或观点，从而达到企业品牌宣传、产品销售的目的。

6. 传播路径

传统营销的传播路径是单向的，品牌通过传统媒体向消费者传递信息，但缺乏消费者的反馈和互动。新媒体营销的传播路径多样化，消费者可以通过多种渠道获取产品信息，甚至亲自体验产品后再决定是否购买。

综上所述，新媒体营销在传播渠道、受众群体、信息传播速度、互动性、营销目标和传播路径等方面都与传统营销存在显著的差异。这些差异使得新媒体营销在当今数字化时代更加具有优势，能够更好地满足消费者的需求和提高品牌的竞争力。

（五）新媒体营销的方法

1. 病毒式营销

病毒营销具有快速复制、广泛传播的特点，可以说是新媒体营销中最常见的传播方式之一。病毒式营销是在确定产品特性的基础上，利用脍炙人口的广告文案，加上互联网传播渠道进行宣传推广，对于品牌而言最主要的作用就是让人们对其产生印象。

2. 事件营销

事件营销就是通过把握新闻的规律，制造具有新闻价值的事件，并通过具体的操作，让这一新闻事件得以传播，从而达到广告的效果。虽然没有病毒式营销带来的效果好，但是却能够使企业建立起良好的形象。通过一些热点事件，进行品牌绑定，比如世界杯期间的广告都属于事件营销。

3. 口碑营销

在如今这个信息爆炸、媒体泛滥的时代里，消费者对广告，甚至新闻，都具有极强的免疫能力，只有制造新颖的口碑传播内容才能吸引大众的关注与议论。例如，某消费者砸冰箱事件在当时是一个引起大众热议的话题，某冰箱生产企业由此获得了广泛的传播与极高的赞誉，可之后又传出其他企业类似的行为，就几乎没人再关注，因为大家只对新奇、偶发、第一次发生的事情感兴趣，所以，口碑营销的内容要新颖奇特。

4. 饥饿营销

饥饿营销是说商家采取大量广告促销宣传，勾起顾客购买欲，然后采取饥饿营销手段，让用户苦苦等待，结果更加提高购买欲，有利于其产品提价销售或为未来大量销售奠定客户基础。饥饿营销是新媒体营销下的新兴营销方式。这种方式可以提高企业的产品销量，从而树立起品牌高价值的形象。例如，某知名品牌手机限量发售就是典型的饥饿营销手段。

5. 知识营销

向大众传播新的科学技术以及它们对人们生活的影响，通过科普宣传，让消费者不仅知其然，而且知其所以然，建立新的产品概念，进而使消费者萌发对新产品的需求，达到拓宽市场的目的。知识营销需要一定的信息传播途径，否则就成为了空洞的概念。例如某品牌的香皂广告中传递关于日常卫生知识，这就是典型的知识营销。

6. 互动营销

在互动营销中，互动的双方一方是消费者，另一方是企业。只有抓住共同利益点，找到巧妙的沟通时机和方法才能将双方紧密地结合起来。互动营销尤其强调双方采取一种共同的行为。目前主要的营销方式有付费搜索广告、手机短信营销、网络广告营销、即时聊天工具和电子邮件市场营销等，这些营销方式主要借助互联网技术实现营销人员和目标客户之间的互动。

（六）新媒体营销的技术

新媒体新技术主要包括数字化媒体技术、互联网技术、移动通信技术、人工智能技术和社交媒体技术等。

1. 数字化媒体技术

这是新媒体技术的重要组成部分。包括数字音频、数字视频、多媒体交互技术等。数字音频技术为音频制作和播放提供了更高质量的音效；数字视频技术则推动了高清、超高清甚至虚拟现实（VR）视频的发展；多媒体交互技术则为用户提供了更加丰富的媒体体验，如触摸屏技术、虚拟现实技术等。

2. 互联网技术

这是新媒体技术的重要支柱。随着互联网技术的不断进步，如云计算、大数据、物联网等技术的融合，推动了新媒体的发展。云计算使得数据存储和处理能力得到了极大提升，大数据则提供了海量的数据资源。物联网技术的普及使得设备之间的连接更加便捷，推动了智能家居、智慧城市等新型应用模式的出现，而这些也给新媒体营销带来新的契机。

3. 移动通信技术

移动通信技术在新媒体领域也发挥了重要作用。随着移动通信技术的更新换代，移动通信技术为新媒体提供了更快速、更稳定的传输通道。这些技术使得移动设备的网络连接更加流畅，推动了移动新媒体的发展，如移动视频、移动社交等。

4. 人工智能技术

人工智能技术在新媒体领域的应用也日益广泛。人工智能技术包括语音识别、图像识别、自然语言处理等，在新媒体内容生产、分发和推荐等方面发挥了重要作用。这些技术可以自动分析用户的行为和喜好，为用户推荐个性化的内容，改善了用户体验感。

5. 社交媒体技术

社交媒体技术则是新媒体技术的核心之一。随着社交媒体平台的普及，如微信、微博、抖音等平台相关的技术也在不断发展。社交媒体技术包括实时通信技术、社交网络分析技术等，使得社交媒体平台的交互性更强，用户之间的信息交流和分享更加便捷。

综上所述，新媒体技术涵盖了数字化媒体技术、互联网技术、移动通信技术、人工智能技术和社交媒体技术等众多领域，这些技术的不断进步推动着新媒体的发展，让用户获得了更丰富、更便捷的信息获取和交互体验。

四、任务评价与反馈

通过本任务的学习，大家已经理解和掌握了新媒体营销与传统媒体营销的区别以及新媒体营销的特点，请根据表1-1进行自我评价。

表1-1　认识新媒体营销学习评价表

评价项目	评价要点	自评	互评	教师评
新媒体营销与传统媒体营销的区别分析	传播渠道分析（5分）			
	受众群体分析（5分）			
	信息传播速度分析（5分）			
	互动性分析（5分）			
	营销目标分析（5分）			
	传播路径分析（5分）			
新媒体营销的特点分析	媒体平台多元化，传输信息速度快，接收范围广泛分析（5分）			
	即时性特点分析（5分）			
	内容丰富分析（5分）			
	模式健全分析（5分）			
	针对性分析（10分）			
	数字化分析（10分）			
	信息传播的行为具个性化分析（10分）			
具备区分新媒体营销与传统媒体营销区别的能力	能够说出两者的差别（5分）			
	能够说出两者相似之处（5分）			
	能够针对两种不同的类别举出具体的案例（5分）			
爱国情怀的培养	通过我国新媒体营销发展成就的展示，认识到我国在全球经济发展中的重要地位（5分）			
总评成绩				

注：自评、互评、教师评三项分数取平均值，计为总评成绩。评价结果分为A优秀（85～100分）、B良好（75～84分）、C合格（60～74分）、D待合格（60分以下）四个等级。

五、任务检测

（一）单项选择题

1.新媒体的核心传播形态依赖于以下哪种技术？（　　　）

A.模拟信号技术 　　　　　　　　　B.数字技术

C.传统印刷技术 　　　　　　　　　D.无线电技术

2.新媒体营销中"增强互动性"的主要目的是（　　　）。

A.降低企业成本 　　　　　　　　　B.建立用户与品牌的情感纽带

C. 扩大广告覆盖范围 D. 提高信息传播速度

3. 以下哪项属于新媒体营销与传统营销的核心区别（　　　）。

A. 依赖传统媒体渠道 B. 追求"覆盖量"

C. 强调精准投放与双向互动 D. 使用报纸和杂志广告

（二）多项选择题

1. 新媒体营销的特点包括（　　　）。

A. 投入成本高 B. 信息传播速度快

C. 传播路径单向 D. 用户互动性强

E. 依赖传统媒体

2. 传统营销的主要传播渠道是（　　　）。

A. 社交媒体 B. 电视广告

C. 搜索引擎 D. 报纸杂志

E. 楼宇电视

3. 病毒式营销的关键特征包括（　　　）。

A. 依赖长期品牌建设 B. 信息快速复制与传播

C. 利用广告文案吸引注意力 D. 仅适用于大型企业

E. 通过新闻事件绑定品牌

（三）判断题

1. 新媒体营销的核心特点是数字化与互动性。（　　　）

2. 传统营销的信息传播速度比新媒体营销更快。（　　　）

3. 新媒体营销的精准投放依赖于大数据分析用户行为。（　　）

4. 事件营销的主要目的是通过长期广告投放建立品牌形象。（　　　）

5. 新媒体营销的传播路径是单向的，缺乏用户反馈。（　　　）

（四）简答题

1. 简述新媒体营销与传统营销在"互动性"上的差异。

2. 举例说明病毒式营销的应用场景并分析其优势。

3. 新媒体营销的"精准投放用户群体"是如何实现的？

（五）技能题

　　请根据本任务所学知识技能，选择你所熟悉的一家新媒体营销公司，对其经典营销案例进行分析。

任务 2
了解新媒体营销的发展现状及未来趋势

一、任务导入

目前新媒体营销已深入人们生活的各个方面，其未来发展呈现出更加多元化、个性化的趋势，跨界融合不断加强，内容品质成为核心竞争力。新媒体运营岗位前景广阔，从事相关行业的人员需具备专业知识、实践经验、创新思维和市场洞察力。

二、引入案例

新媒体营销助力汽车品牌强势崛起

（一）品牌背景

某品牌作为科技行业的领军者，2024年该品牌携新款新能源汽车进军汽车领域，在强手如林的汽车市场中面临巨大挑战。传统汽车品牌根基深厚，新能源汽车领域的竞争同样激烈。该品牌想要突出重围，就必须在营销层面另辟蹊径，而新媒体营销成为了打开市场局面的关键钥匙。

（二）新媒体营销策略与实施

1. 全方位社媒平台运营

在微博、微信公众号、抖音等主流新媒体平台，该品牌都建立了官方账号，发布该车型的图片、视频、文字资讯，全方位展示产品亮点。品牌方在微博发起话题讨论，吸引网友关注与互动；在微信公众号发表深度技术解读文章，增强用户对产品的认知；在抖音上投放趣味短视频和直播画面，直观呈现该车型的驾驶体验；B站的测评视频和科普内容，精准触达年轻科技爱好者群体。

2. 线上线下联动活动

线上开展"创意挑战赛"，鼓励用户创作与该车型相关的创意内容，如摄影、短视频、设计等，获奖者可获得试驾机会或购车优惠券，激发用户参与热情与传播动力。线下举办多场试驾活动，通过新媒体平台招募参与者，活动现场设置直播环节，实时展示试驾体验，线上线下相互引流，扩大活动影响力。

3. KOL 合作与口碑营销

与汽车领域知名 KOL（关键意见领袖）、科技博主深度合作，邀请他们试驾评测该车并制作内容发布。这些 KOL 凭借专业知识和庞大粉丝群体，对产品进行客观真实的评价，极大地影响了消费者的购买决策。同时，该品牌重视用户口碑，积极引导用户在社交媒体分享使用体验，形成良好的口碑传播效应。

（三）营销效果

该车相关话题在各大新媒体平台总阅读量超 50 亿次，微博话题多次登上热搜榜，品牌曝光度呈指数级增长，迅速成为汽车行业热门话题，成功吸引大量潜在消费者关注。另一方面，品牌知名度提升带来了销售业绩增长。上市后该车销量持续攀升，2024 年 11 月交付量突破 2 万辆，连续两个月交付量超 2 万辆，全年销量目标上调至 13 万辆，在新能源汽车市场占据了一席之地。此外，品牌官方微博粉丝增长数百万，抖音账号粉丝活跃度极高，用户互动频繁，形成了活跃的品牌社群。

（资料来源于网络，编者整理）

三、任务实施

（一）新媒体营销发展现状

当前，新媒体营销已深入到各行各业，成为企业营销战略的重要组成部分。一方面，社交媒体成为品牌宣传和产品推广的主战场，企业通过发布高质量内容、举办线上活动、与 KOL（关键意见领袖）合作等方式，吸引用户关注，增强品牌影响力。另一方面，短视频和直播的兴起，为企业提供了更加直观、生动的展示方式，极大地提升了用户体验和购买转化率。

同时，随着技术的不断进步，AI、VR、AR 等技术的应用也为新媒体营销注入了新的活力。通过智能化推荐系统，企业能够更精准地推送个性化内容；而 VR、AR 技术则能让用户身临其境地体验产品或服务，进一步拉近品牌与消费者的距离。

在第三产业的时代背景下，新媒体经济作为一种崭新的经济模式应运而生，其影响力日益扩大，在政治、经济、文化等领域掀起了革命性的浪潮，逐渐成为中国提升综合国力的重要推动力量。新媒体行业开始利用新技术，如内容标准化、内容付费、内容定制化、数字广告技术，来创造新的价值。

（二）新媒体营销当前发展的特点

随着科技的进步和互联网的发展，新媒体已经成为了人们生活中不可或缺的一部分。新媒体涵盖了各种新的媒体形式和技术，如社交媒体、移动应用、数字广告、在线视频、虚拟现实等。这些新媒体形式在不断地改变着人们的信息获取、交流和娱乐方式。当前新媒体营销的发展特点如下所述。

1. 普及率高，用户规模大

新媒体营销已经渗透到了各个年龄段的人群和职业领域。无论是年轻人还是老年人，上班族还是学生，几乎每个人都在使用新媒体获取信息、交流互动。新媒体的普及率已经超过了传统媒体，成为了一种主流的信息传播方式。

2. 信息传播速度快，内容丰富多样

新媒体营销平台提供了丰富的信息来源，而且其信息传播速度极快。新闻、娱乐、科技、健康等各种领域的信息，都能在短时间内传播到全球各地。同时，新媒体也提供了多样化的内容形式，如文字、图片、视频、音频等，满足了不同用户的需求。

3. 社交媒体成为主要交流平台

社交媒体平台是新媒体的重要组成部分，包括微博、微信、抖音、快手等。社交媒体平台已经成为人们生活中不可或缺的一部分，人们通过这些平台交流思想、分享生活、了解时事。同时，社交媒体也成为商家宣传品牌、开展营销的主要手段。

4. 大数据和人工智能技术的应用

新媒体营销平台拥有大量的用户数据，这些数据可以被用来分析用户的行为习惯、兴趣爱好等，从而为用户提供更加个性化和精准的信息服务。同时，人工智能技术也被广泛应用于新媒体平台，如智能推荐系统、智能客服等，提高了用户体验和服务质量。

5. 广告形式的多样化

新媒体营销平台为广告主提供了一种全新的广告形式，如视频广告、互动广告、原生广告等，这些广告形式能够更好地与内容相结合，提高用户的接受度。同时，新媒体平台还可以利用大数据和人工智能技术，对广告效果进行更准确的评估和优化。

6. 著作权问题日益突出

随着新媒体的快速发展，著作权问题也逐渐凸显出来。一些原创内容创作者面临着著作权被侵犯的问题，这不仅影响了他们的收益，也损害了新媒体平台的形象。因此，加强著作权保护，建立完善的著作权制度，是新媒体发展必须解决的问题。

综上所述，新媒体营销已经成为了人们生活中不可或缺的一部分。它提供了丰富的信息来源和多样化的内容形式，改变了人们的信息获取和交流方式。虽然新媒体还面临着一些问题，如著作权问题等，但是随着技术的不断进步和制度的不断完善，这些问题将会得到更好的解决。未来，新媒体将会继续发展壮大，为人们的生活带来更多的便利和乐趣。

（三）新媒体营销发展阶段和历程

随着互联网的飞速发展与技术的不断创新，新媒体营销作为现代商业推广的重要手段，经历了从萌芽到繁荣的多个阶段。这一过程不仅深刻改变了企业的营销策略，也极大地影响了消费者的行为模式和市场的竞争格局。以下是新媒体营销发展历程的概览。

1. Web1.0 时代：信息展示的初级阶段

Web1.0 时期，互联网主要作为信息的单向传播渠道，内容生产集中在少数门户网站和专业媒体手中，用户主要扮演接收者的角色。网页以静态信息为主，如新闻、产品介绍等，互动性较差，用户参与度低。企业主要通过在门户网站上投放广告、建立官方网站等方式进行品牌推广，手段相对单一且效果难以量化。

Web1.0 时代奠定了互联网作为营销平台的基础，尽管其互动性和个性化不足，但为企业提供了除传统媒体外的新渠道。

2. Web2.0 时代：用户参与与内容共创

随着博客、论坛、社交网络的兴起，用户开始积极参与内容创作与分享，互联网进入用户生成内容（UGC）时代。用户基于共同的兴趣或需求聚集在特定平台上，形成强大的社交网络，增强了信息的传播力和影响力。企业开始利用社交媒体、博客营销、病毒式营销等方式，通过内容吸引用户参与，实现品牌与消费者的深度互动。

Web2.0 时代极大地提升了用户的参与度和话语权，企业需更加注重用户体验和品牌故事的讲述，以情感联结消费者。

3. 移动互联网时代：随时随地的连接

智能手机的普及使得互联网接入不再受地点限制，用户可以随时随地访问信息、参与社交活动。移动互联网时代，用户的时间被进一步碎片化，短视频、微博、微信等应用成为主流。基于位置的服务（LBS）使得营销更加精准，企业能根据用户的地理位置推送个性化信息。

移动互联网的快速发展加速了营销场景的多元化和个性化，企业需快速适应移动端用户的消费习惯，利用大数据和 AI 技术提升营销效率。

4. 视频时代：视觉盛宴与深度传播

随着网络带宽的提升和视频编辑工具的普及，视频成为最受欢迎的内容形式之一，尤其是短视频和直播。视频内容具有更强的感染力和互动性，用户可以通过评论、点赞、分享等多种方式参与其中。意见领袖（KOL）和网红在视频平台上的影响力日益增强，成为品牌合作的重要对象。

视频时代为品牌提供了更生动、直观的展示方式，企业通过打造高质量的视频内容，可以有效提升品牌形象和用户黏性。

5. 数据驱动时代：精准营销与智能化决策

海量数据的收集与分析成为企业决策的重要依据，帮助企业更精准地理解用户需求，优化营销策略。人工智能的引入使得营销自动化、个性化成为可能，如智能推荐系统、聊天机器人等。数据驱动的营销体系使得营销效果可量化、可追踪，企业能够及时调整策略，提高ROI。

数据驱动时代标志着新媒体营销进入了高度精细化、智能化的新阶段，企业需构建完善的数据分析体系，以实现精准营销和持续优化。

综上所述，新媒体营销的发展历程是一个从单向传播到双向互动，从内容展示到视觉深度传播，再到数据驱动和智能化决策的过程。随着技术的不断进步，新媒体营销的未来将更加多元化、个性化和智能化。

（四）新媒体营销未来发展趋势

1. 新媒体平台化成为转型发展的必然趋势

在新媒体深度融合发展的趋势下，平台化转型是建设新型主流媒体的必经之路。目前，新媒体融合相关政策都在强调"建设自主可控平台"，越来越多的主流媒体积极打造自主传播平台，形成创新化、数字化、智能化的全媒体内容生产体系，提升主流价值观点的引导力和影响力。

2. 短视频内容更加垂直细分

移动传播是新媒体传播体系建设的技术基础，短视频以其传播速度快、受众门槛低等特征，成为新媒体内容传播的重要渠道。同时，短视频内容更加垂直细分，泛知识化、泛剧情化短视频数量持续增长，不断吸引专业团队加入短视频创作领域，优质精品作品频出。不过，也有不良短视频在社交平台涌现，价值导向失范、内容庸俗化、算法偏见等问题频发，影响主流意识形态的传播，消解新闻理性。因此，维护短视频创作热情的同时，也亟须补齐内容生产短板，加强平台审核规范，校正价值观导向，为网络清朗行动助力。

3. 社交平台持续赋权内容出海

如何讲好中国故事、如何让中国内容走出去，始终是我国国际传播的一大主题。近年来，以抖音（TikTok）等为代表的社交平台成为我国内容出海的重要渠道，也为文化传播提供崭新机会，掀起中华文化对外传播的新浪潮。相较于传统媒体时代的模式化出海路径，新媒体社交平台赋权下的内容产品兼具技术能力和商业生态，有助于提升我国的全球传播能力，搭建更加公平公正的全球传播秩序。同时，近年来，许多热门国际传播案例都源自民间，这也充分说明国际社会对基层文化的接受和喜爱。因此，新媒体应主动收编优质民间文化产品，形成优势互补的国际传播新业态。

4. 新媒体融合激发产业活力，拓展合作方向

随着数字经济不断发展和社会分工日趋精细化，我国新媒体的跨界合作方式和领域边界被打通，新媒体资源与社会资源深度融合，为产业合作提质增效，新媒体面对用户的差异化需求和传播生态的变化，加快内容产业的垂直细分，广泛嵌入社会服务工作，将全媒体传播体系构建为一项社会工程。未来，新媒体行业将不仅与政府服务商务等领域连接，而且将形成多行业常态化合作格局，以系统化、一体化思维指导融合实践，推动新媒体充分发挥主体性、协调性和能动性。

5. 网络空间治理工作继续加强

网络空间作为新媒体发展和融合转型的基础设施，其健康生态不仅影响媒体转型的成

效，也关系主流意识形态引导的质量与成效。目前，我国已出台多项政策用以规范网络空间话语秩序，营造健康绿色的舆论生态，为构建具有强大凝聚力和引导力的社会主义意识形态提供有力保障。新媒体在面对复杂的网络环境时，应及时调整自身语态和建设路径，健全网络综合治理体系，借网络空间的话语工具，拓展业务范围，提升造血能力。

6. 人工智能技术持续发挥优势

人工智能技术的出现改变了现阶段媒体内容生产的多个环节，生成式人工智能经过长期的发展与训练，为未来媒体转型扩展了新的想象空间。大语言模型能够在全媒体传播体系当中发挥更大的作用，在提升从业者生产力、提高内容生产效率等方面具有积极作用。同时，也应警惕随之而来的深度伪造、内容著作权等问题，把握好技术双刃剑，才能真正使人工智能技术为主流媒体持续赋能，实现效率优化。

素养看点

我国新媒体营销的发展，伴随着相关技术的革新，让世界人民看到了我国的实力，提升了我国的国际影响力。

7. 我国新媒体在国际上的影响力显著增强

随着移动通信技术的发展，新媒体营销已经成为世界商务活动中的一个潮流。近几年，由于我国电子商务的不断发展，我国新媒体营销在国际上的影响力显著增强。

（五）新媒体营销未来的应用技术趋势

接下来给大家介绍新媒体营销技术的发展与未来的应用技术趋势，具体来说，有以下几个方面。

1. 聊天机器人

人工智能驱动的聊天机器人可以适配多种营销场景。企业无需雇用人工客户服务代表，聊天机器人可以帮助企业与客户建立联系和互动。在几秒钟内，聊天机器人将回答潜在客户的查询并指导用户完成整个浏览和购买过程。聊天机器人还可以设置第一线客户支持并几乎立即回答任何客户的问题。例如，大多数购物者希望他们的问题会立即得到答复。如果企业在消费者正在寻找的方向上满足他们的愿望，那么消费者更愿意忠诚于企业的品牌，而聊天机器人的主要关注点恰恰是满足客户需求，使用聊天机器人可以提升企业的服务能力。

2. AR 与 VR 融合

增强现实技术（AR）和虚拟现实技术（VR）是未来新媒体营销技术发展中不可忽视的两个趋势。由于出现了各种更好的交互机会，这两种颠覆性技术在移动摄像头的帮助下为新媒体产业带来了许多优势，AR 与 VR 通过增强现实或虚拟现实使客户获取更具有交互性的服务，例如，使客户能够在考虑购买之前看到或体验该商品。通过增强现实，客户可以了解产品特点和优势，甚至可以检查产品是否适合他们。

3. 物联网

物联网已经产生了很大的影响，它通过提供每个购物者的定制数据，可以支持企业的新媒体平台、连接的物联网设备、收集和共享信息，它使机器学习能够可靠地评估客户的行为模式。企业不仅可以获得有关的在线活动信息，还可以获得有关的离线活动信息。这项技术将根据客户和消费者的口味和偏好向他们提供特定的广告和交易，从而使企业的营销活动更加有效。

4. 语音搜索

自然语言处理（NLP）技术的不断发展，对新媒体技术的发展产生了重大影响。将语音搜索功能纳入企业的新媒体 app 将使客户下订单更加方便。专家表示，超过 50% 的网络搜索是借助语音搜索完成的，到 2025 年，将有超过 80 亿台设备内置了语音助手。语音搜索将提高企业销售，新媒体 app 语音搜索的前景广阔。

5. 云集成

在线商店管理云集成的方式简化了企业在云中的数据和 app。该策略不仅为新媒体营销提供了诸多好处，而且还为其他 app 提供了许多好处。最大限度地减少与托管相关的费用是云集成最重要的好处之一。尽管云是最快的托管解决方案之一，但托管 app 可提供更好的客户满意度。正确集成的云托管有助于电子商务 app 通过基于活动和周期性峰值的简化资源扩展来适应不断变化的消费者需求。借助内置的弹性和基于云的架构，公司和组织可以避免数据丢失。另一个显著优势是保密性，因为此类集成可确保数据安全且易于访问。不久，基于云的平台将继续推动向新媒体运营公司提供个性化的用户界面。

6. 人工智能和区块链

新媒体 app 为保证 app 内购买行为的简单性和安全性，应有效使用区块链技术。此外，对于大数据和物联网传感器数据处理、数据管理、预测性能问题和预测收入，企业可以使用人工智能和区块链的理想组合。

7. 机器学习

机器学习是最流行的趋势。在电子邮件营销活动中使用机器学习算法是最好的实例之一，因为机器学习算法将采取自动查看模式。它将评估客户的购买历史并确认每个月购买相同的产品。在此之后，它会定期向用户发送有关产品的电子邮件，从而增加客户对企业的忠诚度。

8. 提升客户体验

增强客户体验是发展趋势。如果企业经营一家规模较小的企业，并且无法证明支付 AR 和 VR 等的合理性，那么可以专注于以任何可能的方式改善客户体验。通过加速 app 等简单的事情可以做出重大改变。此外，还应结合多渠道客户支持，使其更简单，为消费者提供更快、更好的答案。

四、任务评价与反馈

通过本任务的学习，大家已经理解和掌握了新媒体营销的现状与发展历程，并且还分析了新媒体营销未来的发展趋势，请根据表 1-2 进行自我评价。

表 1-2　了解新媒体营销发展现状、历程及未来趋势学习评价表

评价项目	评价要点	自评	互评	教师评
新媒体营销的现状及历程分析	网民规模的分析（5分）			
	智能终端性能的分析（5分）			
	新媒体应用创新的分析（5分）			
	第一代新媒体营销系统的发展分析（5分）			
	第二代新媒体营销系统的发展分析（5分）			
	第三代新媒体营销系统的发展分析（5分）			
新媒体营销未来发展分析	安全性问题的分析（5分）			
	移动终端发展机会的分析（5分）			
	其他可能的新媒体应用趋势分析（5分）			
	企业应用为新媒体领域热点的分析（10分）			
	新媒体营销的主要应用分析（10分）			
	新媒体营销改变人们的生活方式的分析（10分）			
	我国新媒体营销在国际上的影响力分析（10分）			
能够分析说明新媒体营销的历程和未来分析	能够举例说明新媒体营销的发展历程（5分）			
	能够分析新媒体营销未来的发展趋势（5分）			
爱国情怀的培养	通过我国新媒体营销发展历程的认识以及未来发展趋势的理解，认识到我国在全球新媒体营销发展中做出的重要贡献（5分）			
总评成绩				

注：自评、互评、教师评三项分数取平均值，计为总评成绩。评价结果分为 A 优秀（85～100分）、B 良好（75～84分）、C 合格（60～74分）、D 待合格（60分以下）四个等级。

五、任务检测

（一）单项选择题

1.2023 年中国新媒体行业企业数量达到多少家？（　　　）

A. 3000 家　　　　　　　　　　　　　　B. 4000 家

C. 4723 家　　　　　　　　　　　　　　D. 5000 家

2.Web1.0 时代新媒体营销的主要特征是（　　　）。

A. 用户生成内容（UGC）　　　　　　　　　B. 双向互动

C. 单向传播与静态信息　　　　　　　　　　D. 精准广告投放

（二）多项选择题

1. 新媒体营销发展的核心特点包括（　　　　）。

A. 信息传播速度快　　　　　　　　　　　　B. 依赖传统报纸广告

C. 大数据与人工智能应用　　　　　　　　　D. 版权问题已完全解决

E. 社交媒体为主要交流平台

2. 数据驱动时代新媒体营销的技术支撑包括（　　　　）。

A. 区块链技术　　　　　　　　　　　　　　B. 大数据分析

C. 人工智能（AI）　　　　　　　　　　　　D. 静态网页设计

E. 无线电广播

3. 以下哪些是未来新媒体内容出海的典型案例？（　　　　）

A. 抖音（TikTok）　　　　　　　　　　　　B. 新浪微博

C. 原神（游戏）　　　　　　　　　　　　　D. 中央电视台

E. 微信支付

（三）判断题

1. 新媒体营销中的著作权问题已通过技术手段彻底解决。（　　　　）

2. Web2.0 时代的特点是用户生成内容（UGC）与双向互动。（　　　　）

3. 短视频内容的垂直细分趋势会加剧内容的同质化问题。（　　　　）

4. 聊天机器人可以为企业提供 24 小时全天候客户服务。（　　　　）

5. AR、VR 技术仅适用于家居行业的营销场景。（　　　　）

（四）简答题

1. 简述新媒体营销从 Web1.0 到数据驱动时代的发展阶段及其核心特征。

2. 分析短视频内容垂直细分的优势与潜在风险。

3. 举例说明 AR、VR 技术在新媒体营销中的具体应用场景。

（五）技能题

请根据本任务所学的知识技能，举例说明未来新媒体营销发展的趋势有哪些？

项目二　新媒体营销定位

任务 1　确定用户定位

任务 2　确定内容创作定位

学习目标

一、知识目标

1. 掌握新媒体用户定位的核心方法。
2. 熟悉新媒体内容定位的五大原则。
3. 掌握新媒体内容定位流程的关键环节。

二、能力目标

1. 能够通过分析用户行为绘制用户画像，并制定差异化定位策略。
2. 能够结合平台内容生态设计出贴合用户需求的内容方案。
3. 能够运用用户分层模型对目标人群进行精准分类，并制定资源分配与运营优先级。
4. 能够独立完成内容定位的全流程策划，并输出可重复使用的标准化模板。

三、素质目标

1. 在用户定位与内容策划过程中，强化伦理意识，避免产生标签化歧视或过度营销行为。
2. 培养团队协作与沟通能力，能在多角色协作中推动内容定位方案落地。
3. 保持对新媒体趋势的敏感度，通过持续学习，适应平台规则迭代与用户需求变化，提升职业竞争力。

项目导读

随着数字技术的深度渗透与媒介形态的持续革新，新媒体营销已成为企业实现品牌传播与商业转化的核心路径。在短视频、直播、社交平台等多元生态的协同驱动下，用户行为呈现高度碎片化、场景化与个性化特征，推动营销模式从传统单向传播向精准化、互动化的内容运营转型。基于大数据分析与用户画像构建的新媒体营销策略，正逐步成为企业在流量竞争中实现高效转化的关键路径。

本项目以新媒体营销的基础逻辑为核心，围绕"用户定位"与"内容定位"两大核心任务展开系统性讲解。通过解析用户行为、构建目标人群画像，帮助学生掌握科学化、结构化的用户定位方法；同时，结合平台内容生态与传播规律，引导学生制定契合受众需求的内容定位策略，提升内容吸引力与传播效能。

任务 1
确定用户定位

一、任务导入

随着新媒体平台用户规模的持续扩大及用户行为模式的多样化发展，用户定位已成为精准营销的核心环节。在短视频、直播、社交电商等场景中，用户需求呈现高度碎片化与个性化特征，企业若想突破同质化竞争，必须通过科学化的用户定位策略，实现资源的高效配置与精准触达。用户定位不仅是品牌与用户建立深度连接的起点，更是优化内容投放、提升转化率的关键抓手。

当前，用户行为特征持续变化，以及平台内容生态不断迭代，使得用户定位从经验驱动转向策略驱动。新媒体营销从业人员需掌握用户特征分析、需求分层模型、标签化管理等核心方法，才能在动态市场中快速响应用户变化。因此，本教学任务聚焦于用户定位的核心逻辑，重点解析用户特征的识别路径、需求分层模型的应用场景、标签化管理的实践方法等关键内容。

二、引入案例

瑞幸咖啡与贵州茅台跨界营销

瑞幸咖啡与贵州茅台在 2023 年首季合作推出"酱香拿铁"引发全民热议后，于 2024 年 3 月推出第二季营销活动。此次合作在营销策略上进行了多维创新。第二季活动中，瑞幸借助抖音平台发起"解锁隐藏喝法"用户共创挑战赛，通过 KOL 示范"酱香拿铁＋冰淇淋""酱香拿铁＋跳跳糖"等创意饮用方式，激发年轻消费者参与内容共创。同时，品牌开发了 AR 互动功能"云干杯"，消费者扫描杯身二维码即可触发虚拟茅台酒瓶与咖啡杯碰撞的动画，并生成带有个人昵称的社交分享海报。此外，瑞幸联合数字艺术平台发行了 10000 份限量版数字藏品，消费者可通过购买指定套餐获得，藏品持有者可解锁专属电子会员卡及线下门

素养看点

该案例不但让我们认识了新媒体营销的使用范围，更加让我们明白了传统行业转型需要结合新的知识，作为行业人员应当把握住时代机遇。

店优先点单权益。

从数据表现上看，活动期间"酱香拿铁"相关话题在抖音累计播放量达 48 亿次，单品单日销售额突破 2 亿元，数字藏品上线 10 分钟内售罄。值得注意的是，此次营销通过"限量＋互动"组合拳强化了产品的社交货币属性。中国食品产业分析师朱丹蓬指出，瑞幸成功将茅台的传统品牌势能转化为年轻化传播动能，而数字藏品的稀缺性设计则精准击中了 Z 世代的收藏偏好，实现了跨界合作的二次突破。

（数据来源于网络，编者整理。）

三、任务实施

（一）新媒体营销时代用户的变化特点

随着新媒体对营销的影响逐渐加深，其用户特征与传统媒体时代的用户特征有较大的区别，新媒体时代用户的变化特点有以下几个方面。

1. 用户需求的演变与多元化

（1）从被动接收到主动创造的价值升级

在传统媒体时代，信息传播是单向的"媒体—受众"模式，用户只是信息的接收者。随着移动互联网和智能设备的发展，这种模式发生了根本变化。早在 2002 年，丹·吉尔默（Dan Gillmor）提出的"We the Media"概念就预示了这一趋势，用户不仅是内容的消费者，更是内容的生产者和传播者。这种由用户生成内容的现象，体现了马斯洛需求层次理论中社交、尊重和自我实现等高阶的需求。如今，无论是微信公众号创作者还是短视频博主，都展现了用户从"被动受众"到"主动创作者"的身份转变。

（2）打破时空限制的便利性变革

新媒体平台彻底打破了人际交往的时间和空间限制。传统媒体受限于播出时间和物理载体，而如今通过智能手机和社交应用软件，用户可以随时发布和获取信息。以微信、抖音为代表的平台不仅支持即时沟通，还提供了"异步社交"的方式，让用户能根据自身节奏参与互动，减轻了实时交流的压力。这种灵活性大大提升了社交效率，并扩展了用户的社交范围，使人与人之间的连接更多地基于兴趣而非地理位置。

（3）从信息过载到精准供给的质量提升

新媒体带来了丰富的内容资源，同时也引发了信息过载的问题。面对每天海量的信息推送，用户对高效筛选内容的需求日益增强。这推动了基于大数据和算法推荐的内容分发机制的发展。平台通过分析用户行为数据，构建个性化的偏好模型，实现了从"人找信息"到"信息找人"的转变。这种智能化服务不仅提高了信息获取效率，也通过优化用户体验，重新定义了数字时代优质内容的标准。

2. 新媒体时代消费者行为的特点

（1）追求趣味性，注意力成为关键

在新媒体环境下，消费者的思维方式和行为习惯发生了显著变化。面对海量信息的冲击，他们往往同时进行多项操作，对信息的趣味性和关联性提出了更高要求。如果内容缺乏吸引力，就难以获得用户的关注，企业也因此面临更大的营销挑战。只有满足消费者对趣味性内容的需求，才能有效提升品牌传播效果。

（2）强调互动性，参与感影响决策

随着互联网和搜索引擎的发展，消费者逐渐从被动接受信息转变为主动获取和分享信息。如今的消费路径已演变为"感知—兴趣和互动—链接与交流—购买行动—信息分享"的闭环过程。在线社区和即时通信工具的普及，使用户能够轻松获取真实评价，并通过互动深入了解产品。这种高度互动的环境，促使企业在营销过程中更加注重与消费者的实时沟通和反馈。

（3）倾向个性化，拒绝千篇一律

互联网时代催生了消费者对个性化的强烈追求。相比工业化时代的大规模生产和统一供给，现代消费者更倾向于选择符合自身风格和喜好的商品和服务。他们乐于尝试新鲜事物，希望通过消费展现独特的生活方式，从而实现自我表达和身份认同。

（4）易引发超前消费，刺激购买欲望

网络平台的无限货架空间和精准推荐机制，使长尾商品获得更多曝光机会。通过大数据分析用户行为并进行交叉推荐，商家可以有效激发消费者的潜在需求，促使他们产生超出原计划的购买行为。这种现象反映出新媒体环境下消费冲动更容易被引导和放大。

3. 新媒体营销下消费者的行为模式

（1）社交行为：社会化社区的兴起

在新媒体时代，社交活动主要发生在社会化社区中。这类社区聚焦于拥有共同兴趣或身份的人群，通过社交媒体渠道促进互动和交流。这种环境下的社交行为成为人们日常活动中不可或缺的一部分，极大地丰富了用户的社交体验。

（2）搜索行为：内容发布与信息寻找

社会化发布是新媒体时代的重要特征之一，它涉及博客、媒体分享网站、微博及新闻网站等平台的内容传播。这些渠道不仅为个人和组织提供了展示内容的机会，也激发了消费者的搜索行为。通过这些平台发布的信息，能够有效地引导用户主动寻求更多信息，促进知识的扩散和共享。

（3）娱乐行为：新媒体中的娱乐体验

新媒体时代，娱乐行为占据了消费者活动的很大比例。借助社会化游戏、视频游戏以及增强现实游戏等多种形式，新媒体为用户提供了一个融合娱乐与互动的平台。这使得消费者能够在享受娱乐的同时，体验到新媒体带来的创新和乐趣。

（4）购买行为：新媒体对消费决策的影响

新媒体营销的最终目标是推动消费者的购买行为。在这一过程中，社交化媒体扮演了重要角色，帮助消费者在线上完成产品或服务的选购。通过互动和协作，新媒体增强了购买过程中的用户体验，使其购买行为变得更加便捷高效。这种方式不仅提升了消费者的满意度，也为企业带来了更多的销售机会。

（二）新媒体营销时代的用户定位

1. 构建用户画像

进行用户定位时，需要使用用户画像来对目标用户进行描述，从而确定用户的情况。用户画像最早由交互设计之父阿兰·库珀（Alan Cooper）提出，指的是对真实用户的虚拟化代表。它是一种基于大量属性数据构建的目标用户模型，又称为"用户角色"。通过大数据收集用户相关信息，并进行分析和标签化处理，最终形成一个清晰的虚拟用户形象，用于描述某一类用户的整体特征。

在进行用户画像构建前，需要对用户属性和用户行为进行分析。其中，用户属性是指用户的自身分类属性，包括性别、年龄、身高、职业、地址等基本信息。用户行为则是由用户意向左右的行动，用户意向就是用户选择某种内容的主观倾向，表示用户接受某种事物的可能性，是潜在心理的表现。

因此在构建用户画像时，需要整理用户属性和行为的分析结果，从而建立基本的用户画像模型，再将收集和分析的数据按照相近或相似的原则进行整理，提炼出其中的重要用户特征，形成用户画像框架，并按照重要程度进行排序，最后再进行丰富与完善即可完成用户画像的构建。

2. 确定营销平台

现在新媒体营销平台众多，不同的平台有不同的用户群体，在做新媒体营销时，选择合适的营销平台也是关键步骤。目前市面上常用的新媒体营销平台有微信、微博、抖音、小红书等，了解这些平台可以帮助新媒体营销人员做好初期定位。

（1）微信：私域流量的深度运营引擎

作为中国领先的社交平台，微信通过公众号、小程序、视频号等功能，构筑了完善的私域流量生态系统。其中，公众号作为企业发布内容和与用户互动的核心平台，支持包括图文、视频在内的多种内容形式，从而加强品牌与用户之间的长期联系；小程序则提供了无须下载即可使用的轻量化电商服务，促进了线上交易的闭环；视频号则依托社交关系链，将短视频内容与朋友圈、群聊等场景深度整合，进一步增强了用户的黏性。微信营销的核心策略在于通过社群管理、朋友圈广告、个性化推送等手段，实现用户分层运营和精准触达，尤其适合那些重视用户生命周期价值的品牌。

（2）微博：热点驱动的社交传播平台

微博以短平快的传播效率著称，是话题营销和事件营销的核心阵地。用户活跃度高，信息扩散速度快，企业可通过创建或参与热门话题迅速扩大品牌曝光。微博直播和微博小店功能进一步拓展了营销场景，支持实时互动与即时转化。其开放性使企业能直接与消费者对话，及时收集反馈并调整策略。微博营销强调创意内容与热点结合，适合追求短期爆发力和舆论引导的品牌，尤其在年轻群体和泛娱乐领域表现突出。

（3）抖音：短视频时代的流量利器

抖音凭借算法推荐机制和海量用户生成内容，成为短视频营销的标杆平台。企业可通过挑战赛、达人合作、品牌剧情等形式创作趣味化内容，快速吸引用户关注。直播电商的成熟使抖音成为"内容种草＋即时购买"的闭环场景，商家可通过直播展示产品细节、解答用户疑问，实现高效转化。抖音的用户以年轻人为主，偏好新颖、视觉冲击力强的内容，适合通过创意短视频和互动玩法获取用户注意力，尤其在美妆、食品、3C 等行业效果显著。

（4）小红书：生活方式的种草与信任经济

小红书以"种草经济"为核心，聚焦女性用户的生活方式分享，涵盖美妆、时尚、旅行等领域。用户通过笔记、测评、合集等形式传递真实体验，形成高信任度的社区氛围。品牌可通过 KOL 合作、品牌自运营、活动植入等方式渗透目标人群，实现从内容曝光到消费决策的转化。小红书的用户黏性强，口碑传播效果显著，适合需要建立情感联结和长期信任的品牌。其内容生态更偏向"软性种草"，强调用户体验的真实反馈，与电商平台形成互补。

3. 产品服务定位

通过前面的定位已经基本确定在进行新媒体营销时的目标用户，但这不代表着用户定位已经结束，企业要在用户心目中树立独特的形象，还需要根据产品和用户需求做好产品服务定位。

通过营销手段展示产品及服务，不仅可以让企业选择目标用户，还可以让目标用户主动选择企业。为达到通过新媒体手段让企业和目标用户互选的目的，可以通过以下步骤来进行产品服务展示。首先，充分了解企业所属行业，了解自身产品特点，再根据行业和产品特点有针对性地进行产品服务定位，将服务定位在用户更加偏好的方面，让目标客户觉得产品服务能够满足他们的需求，与他们的需求一致。其次，还要从目标客户需求的角度体现出产品服务的差异化，突出与竞争对手之间的区别，打造出属于自身的特色产品和服务，让用户一提到品牌就知道对应的产品和服务。

四、任务评价与反馈

通过本任务的学习，大家已经了解如何进行用户定位。请根据表 2-1 进行自我评价。

表 2-1　确定用户定位学习评价表

评价目标	评价项目	评价要点	自评	互评	教师评
知识目标	定义及特点	了解新媒体营销时代用户的变化特点（20分）			
		了解消费者行为特点（20分）			
		掌握用户画像定义（20分）			
能力目标	用户定位	能够理解并确定消费者行为特点（10分）			
		能够描述用户画像（10分）			
		能够确定新媒体营销用户定位（10分）			
素养目标	职业素养	通过持续学习，适应平台规则迭代与用户需求变化，提升职业竞争力（10分）			
总评成绩					

注：自评、互评、教师评三项分数取平均值，计为总评成绩。评价结果分为 A 优秀（85 ~ 100分）、B 良好（75 ~ 84分）、C 合格（60 ~ 74分）、D 待合格（60分以下）四个等级。

五、任务检测

（一）单选题

1.根据马斯洛需求层次理论，用户从被动接收信息到主动创作内容的转变主要满足了哪类需求？（　　　）

A.生理需求　　　　　　　　　　　　B.安全需求

C.社交与自我实现需求　　　　　　　D.尊重需求

2.以下哪个平台以"私域流量深度运营"为核心特点，强调用户分层和精准触达？（　　　）

A.微博　　　　　　　　　　　　　　B.抖音

C.微信　　　　　　　　　　　　　　D.小红书

3.新媒体时代消费者购买行为的闭环路径是（　　　）。

A.感知—购买行动—兴趣互动—分享信息

B.感知—兴趣互动—链接交流—购买行动—分享信息

C.兴趣互动—感知—购买行动—分享信息

D.链接交流—购买行动—感知—分享信息

（二）多选题

1. 以下哪些属于新媒体时代用户需求的演变特点？（　　）

A. 从被动接收信息到主动创造信息　　　　B. 信息传播受限于物理载体

C. 从信息过载到精准供给　　　　　　　　D. 依赖传统媒体单向传播

2. 抖音作为短视频营销平台的核心优势包括哪些？（　　）

A. 算法推荐机制　　　　　　　　　　　　B. 私域流量闭环

C. 直播电商即时转化　　　　　　　　　　D. 高信任度的社区氛围

3. 构建用户画像时，需要分析哪些基本要素？（　　）

A. 用户属性（如性别、职业）　　　　　　B. 企业产品特点

C. 用户行为及意向　　　　　　　　　　　D. 竞争对手策略

（三）判断题

1. 微博的营销核心在于长期用户生命周期价值的运营。（　　）

2. 小红书的用户群体以男性用户为主，注重科技产品测评。（　　）

3. 新媒体时代消费者更倾向于选择标准化、统一化的产品。（　　）

4. 用户画像的构建需要基于大数据对用户属性和行为进行分析。（　　）

5. 抖音的"推荐"功能体现了从"人找信息"到"信息找人"的转变。（　　）

（四）简答题

1. 简述新媒体时代用户从"被动接收"到"主动创造"的驱动因素。

2. 微信、抖音、小红书三个平台在营销定位上的核心差异是什么？

3. 构建用户画像的基本步骤包括哪些？

（五）技能题

请根据本任务所学的知识技能，为你熟悉的一个品牌做一份新媒体定位策划方案。

任务 2
确定内容创作定位

一、任务导入

随着新媒体平台的多元化发展与用户注意力的碎片化趋势，内容创作已成为企业实现品牌曝光、用户黏性提升及商业转化的核心抓手。在短视频、直播、图文等多形态内容并存的环境中，用户对内容质量、相关性及情感共鸣的要求持续升级，单纯依靠创意灵感的内容生产已难以满足市场需求。精准的内容创作定位，即通过科学地分析用户需求、平台特性及品牌调性，设计出契合目标受众的内容策略，已成为新媒体营销从业者的核心能力之一。

掌握新媒体内容创作定位的方法论与执行流程，是优化内容传播效率、降低试错成本的关键路径。本节任务旨在引导学生系统地学习内容定位的底层逻辑，包括挖掘用户需求、内容调性设计、平台适配策略等内容，并通过实践操作掌握从用户画像构建到内容主题策划的完整流程。

二、引入案例

"与辉同行"文旅直播模式创新

"与辉同行"于2024年春节期间开创"文旅直播"新形态，将电商直播场景从室内直播间延伸至历史文化景区。在西安站直播中，团队以兵马俑博物馆、大唐不夜城等景点为实景舞台，采用"文化主播＋专业导游"的双人解说模式，通过4小时深度漫游式直播，带领观众沉浸式体验历史文化。直播过程中设置了"弹幕选路线"功能，观众实时投票决定下一步探访的展馆区域，并在文物修复实验室环节邀请资深修复师演示兵马俑色彩还原技术，同步讲解文物保护知识。直播间的商品链接并非传统零售商品，而是整合了景区电子门票、文创周边、历史文化书籍等文旅相关产品。

据抖音官方数据显示，该系列直播单场最高在线人数突破600万，直播间商品点击转化率达18%，远高于行业平均的5% ~ 8%。后续效应监测显示，直播结束

素养看点

该案例不但让我们认识新媒体内容传播中的直播形式，更加让我们明白新媒体内容定位的重要性，作为从业人员应当掌握好相关知识和技能。

后一周内，西安文旅局官方小程序访问量增长 320%，陕历博文创旗舰店销售额环比提升 450%。专家指出，这种"内容＋场景＋即时转化"的模式重构了文旅营销链路：一方面，通过知识性内容提升用户停留时长；另一方面，借助实时互动打破传统旅游决策的时间壁垒，为文旅行业开辟了"所见即所购"的新消费场景。

（数据来源于网络，编者整理）

三、任务实施

（一）新媒体内容表现形式

新媒体营销内容的表现形式丰富多样，文字、图片、视频、音频等元素都是常见的内容表达形式。这些元素每个都有不同的表达力和特点，独立或者结合在一起可以充分满足新媒体营销的内容呈现。接下来将分别介绍这四种基础元素。

1. 文字

信息最直接的表达方式是文字，它能有效地传递核心信息，减少用户理解上的偏差。文字的表现形式丰富，不同的写作策略能够带来不同的营销成效，迅速吸引并打动用户。新媒体营销中，无论是标题、微博短文还是长篇内容，都经常利用文字来展现。在以文字方式呈现长篇内容时，通常涉及较多字数和较长篇幅。此时，需确保描述精确，语言简练。同时，每个段落应避免过长，以利于用户阅读。大量文字容易导致阅读疲劳和用户反感。因此，除非内容专业性要求高或需要详细的文字解释，否则不推荐使用大段文字描述。

2. 图片

图像相较于文字，拥有更为强烈的视觉表现力，并能为观众提供丰富的想象空间。在新媒体营销领域，图片的呈现可以纯粹是视觉元素，亦可将文字巧妙地融入其中，这样图片不仅能够更生动地传递主题，还能迅速增强用户的阅读感受。然而，必须注意的是，图片中文字的比例和字体大小要恰到好处，确保在浏览图片时，文字信息能够清晰可见，且不会妨碍图像本身的呈现效果。

3. 视频

相较于文字和图片这类传统内容，视频已成为新媒体中更为流行的表现形式。它以更生动、直观的方式呈现信息，拥有强烈的视觉冲击力和吸引力，从而提升用户对营销信息的信任度。在运用视频作为新媒体内容的展示手段时，可以现场录制信息，或者对视频进行后期编辑，但必须确保内容的真实性，避免为了营销目的而拼凑虚假的视频片段。

4. 音频

新媒体营销中，音频作为一种重要的内容形式，不仅具备吸引力，还能有效拉近与受众的距离，增强互动性。然而，录音时的外部干扰可能导致信息不全，影响受众接收信息，从而遗漏关键内容。因此，在运用音频进行营销时，确保录音环境安静无杂音，发音清晰，语速适宜，并使用简洁明了的语言，以便受众更好地理解和接受信息。

（二）内容定位原则

新媒体营销人员通过内容定位来明确营销的方向，需遵循几个关键原则。

1. 风格一致性

内容需与企业产品或品牌定位相匹配，保持风格和用语的统一性，以提升内容的专业性和用户的阅读体验。

2. 高频内容输出

内容产出的频率需保持在一定水平，高频内容输出从构思到成品的整个过程需要花费时间、精力和成本。尤其在新媒体营销初期，内容产出的频率至关重要。若内容更新速度不及竞争对手，将失去竞争优势。一旦拥有稳定的用户基础和自传播能力，内容产出频率可适度降低。

3. 用户需求满足

内容定位应考虑用户需求，挖掘用户的痛点，并通过内容形式吸引用户。

4. 营销目标符合性

不同的营销目标需要不同的内容创作方向和侧重点。若目标是广告投放，则内容应聚焦阅读量，结合热点、娱乐等元素；若目标是个人品牌建设，则应注重内容的质量与专业性，以累积个人口碑；若目标是销售产品，则应注重引流和转化，选择能够直接引导到产品链接页面的营销平台，并在内容中突出目标用户的痛点或可以获得的好处。

5. 运营人员能力匹配

内容创作并非易事，它与运营人员的写作能力是密切相关的。如果没有对内容的策划、写作和整合能力，即使有再好的点子也无法呈现出来。同时，运营人员也要明确自己在做运营时具有什么优势，尽量利用自己的优势进行内容定位，这样才能更好地写作内容，如资源优势、写作能力等。

（三）内容定位过程

与传统的产品营销不同，新媒体内容营销通常借助内容作为媒介，以加速品牌传播和提升产品销售转化率。为了成功实施内容营销，运营人员必须具备紧抓流行内容和实施有效营销策略的能力。

1. 确定目标受众

确定产品目标受众意味着识别出具有高价值的用户群体。通常，潜在用户范围较广，例如，主要针对婴幼儿的无刺激产品，也会吸引众多女性用户。然而，并非所有用户都会对产品产生兴趣。因此，企业需要识别核心目标用户，以缩小营销范围，深入理解他们的消费行为、习惯和心理，挖掘他们的购买动机和痛点，从而制定针对性的营销策略，提升推广的精准度。

2. 选择恰当的营销手段

针对不同的产品、品牌、营销目标和途径，通常存在各自适宜的营销手段。例如，许多知识型自媒体通过出版书籍和发布热门文章进行推广，知名人士和网络红人则可能通过演讲、直播或视频拍摄进行宣传。选择营销手段没有固定模式，关键在于该手段能否恰当地表达营销内容，或者是否为营销者擅长的领域，从而可以针对选定的手段进行专门的内容策划。

3. 寻找合适的传播媒介

优质内容需要通过合适的媒介和渠道进行推广和传播，以便得到更多用户的发现和关注，实现真正的营销价值。此时，营销媒介和渠道的选择变得至关重要。新媒体为内容营销提供了广阔的平台，每个平台都有其特点和优势。企业可以根据营销策略选择适合自己的平台或进行平台推广。此外，企业还可以利用有影响力的人力资源进行推广，例如自由撰稿人、合作伙伴的推广渠道、行业领袖、高人气达人和忠实粉丝等。

4. 策划和包装内容

许多看似偶然成功的营销案例，实际上往往是经过精心策划的结果。因此，内容的包装是内容营销中极为关键的环节。优质内容需要有效的宣传，通过在不同时间段反复使用和包装内容，可以有效扩大内容传播的范围和深度，同时保持在核心目标用户中的曝光率。

5. 创造内容亮点

内容营销的核心在于创造亮点，以创造更多的品牌或产品价值。在内容营销过程中，尽管并非每个亮点都能产生效果，但亮点仍然是内容营销的重点。内容营销的亮点通常围绕关键词、价值、品牌和用户等因素进行打造。

① 关键词：只有被用户关注和搜索的内容，才能发挥出营销价值，因此关键词在文章中扮演着重要角色。如果用户在阅读内容推送后，能够记住推送者想要强调的关键词，那么这个内容推送就是成功的。

② 价值：价值涵盖多个方面，包括内容推送的价值、品牌价值和产品价值等。在当前市场上，产品类型、价格、销售渠道等同质化现象严重，普通用户难以区分看似相似的产品，因此内容营销应突出自身价值，使产品在同类产品中脱颖而出。

③ 品牌：网络营销趋势正逐渐向品牌化发展，品牌能有效提升用户对产品的识别度、接受度和忠诚度，品牌化产品更易被大众接受。因此，内容营销应有意识地建立和宣传品牌，塑造独特风格，打造个性化品牌。

④ 用户：用户是内容营销的核心，只有拥有用户，才能实现最终的营销效果。要拥有用户，就必须了解用户，挖掘他们的痛点，提供他们真正需要的信息。因此，许多内容营销活动都是从用户角度出发进行内容策划的。

6. 设计易于转化的入口

无论是视频、音频、图片还是文章，任何优质的内容营销在推出时都需要一个方便用户采取行动的入口，如快速关注、直接购买、了解更多、收藏转发等，让用户能够及时通过简单便捷的入口对信息进行关注、购买、收藏等操作。通常，用户刚接触信息时是转化的最佳时机，时间越久，入口操作越复杂，用户的转化率就越低。由于内容营销的发布渠道众多，每个渠道都有不同的入口和功能，因此营销人员可以选择合适的渠道进行内容的营销和发布，也可以创建方便用户转化的二维码或导向链接。

7. 追踪效果并反馈

通常，衡量内容营销的质量和效果可以参考内容制作效率、内容传播广度、内容传播次数、内容转化率等指标。根据这些指标的实际数值对内容营销的效果进行评估和判断，再对表现不佳的指标进行优化改进，从而获得更大的营销价值。

四、任务评价与反馈

通过本任务的学习，大家已经了解了如何进行内容定位。请根据表 2-2 进行自我评价。

表 2-2　确定内容定位学习评价表

评价目标	评价项目	评价要点	自评	互评	教师评
知识目标	定义及特点	了解新媒体营销内容表现形式（20分）			
		了解内容定位原则（20分）			
		掌握内容定位过程（20分）			
能力目标	用户定位	能够进行新媒体营销内容定位（10分）			
		能够利用内容定位原则进行内容定位（10分）			
		能够合理利用文字、图片、视频和音频素材进行内容创作（10分）			
素养目标	职业素养	通过内容策划过程，强化伦理意识，避免标签化歧视或过度营销行为（10分）			
总评成绩					

注：自评、互评、教师评三项分数取平均值，计为总评成绩。评价结果分为 A 优秀（85 ~ 100分）、B 良好（75 ~ 84分）、C 合格（60 ~ 74分）、D 待合格（60分以下）四个等级。

五、任务检测

（一）单选题

1. 在新媒体营销中，使用文字作为内容形式时，以下哪项建议是正确的？（　　）

A. 尽量使用大段文字详细描述　　　　　　　B. 确保段落简短，避免阅读疲劳

C. 仅适用于专业性强的长篇文章　　　　　　D. 完全避免使用纯文字内容

2. 音频作为新媒体内容形式，需特别注意（　　）。

A. 增加背景音乐以增强吸引力　　　　　　　B. 确保录音环境安静，发音清晰

C. 使用复杂语言提高专业性　　　　　　　　D. 仅用于长篇文章的配套说明

3. 内容定位原则中，"高频内容输出"在哪个阶段尤为重要？（　　）

A. 用户转化阶段　　　　　　　　　　　　　B. 品牌成熟阶段

C. 营销初期阶段　　　　　　　　　　　　　D. 产品研发阶段

（二）多选题

1. 新媒体内容的表现形式包括（　　）。

A. 文字　　　　　　　　　　　　　　　　　B. 图片

C. 视频　　　　　　　　　　　　　　　　　D. 音频

2. 内容定位原则中的"营销目标符合性"可能包括以下哪些方向？（　　）

A. 聚焦阅读量结合热点　　　　　　　　　　B. 注重内容质量与专业性

C. 强调品牌故事的情感化　　　　　　　　　D. 突出用户痛点以促进转化

3. 内容营销中"创造亮点"的要素包括（　　）。

A. 关键词　　　　　　　　　　　　　　　　B. 用户痛点

C. 品牌价值　　　　　　　　　　　　　　　D. 产品价格

（三）判断题

1. 图片中文字的比例和字体大小需控制，以免影响视觉呈现效果。（　　）

2. 视频内容允许拼凑虚假片段以增强营销效果。（　　）

3. 在内容定位过程中，选择传播媒介时需优先选择平台推广。（　　）

4. 内容营销的入口设计越复杂，用户转化率越高。（　　）

5. 内容营销效果可通过"内容转化率"等指标进行追踪和优化。（　　）

（四）简答题

1. 简述新媒体内容中视频形式的优势及注意事项。

2. 内容定位原则中的"运营人员能力匹配"指什么？

3. 内容营销中"设计易于转化的入口"需考虑哪些因素？

（五）技能题

请根据本任务所学的知识技能，为你熟悉的一个品牌做一份内容创作策划案。

项目三　微信营销

任务 1　认识微信营销

任务 2　掌握微信营销的内容
策划与技巧

学习目标

一、知识目标

1. 熟悉微信营销的主要方式。

2. 掌握微信的账号注册方法及运营机制及微信营销的主要策划及推广方法。

3. 理解微信营销方式的效能发挥与运营机制的关系，思考不同商务营销需求下新媒体营销营销平台及推广方式选择的差异性。

二、技能目标

1. 能够通过全面的微信营销需求分析，独立判断应使用的微信营销方式、方案类型等。

2. 能独立完成微信营销平台的相关垂直领域的账号注册。

3. 能独立使用微信营销平台进行文字、图片、视频等营销内容的制作与发布，并开展相关的运营、推广工作。

三、素质目标

1. 在了解微信营销方式的过程中，培养学生关注国家和社会热点话题，引导学生树立国际视野。

2. 培养学生在微信营销推广工作中的社会法治意识与职业道德，提升其政治认同。

3. 融入大国自信和家国情怀，开展爱国主义教育，增强国家自豪感。

项目导读

随着移动互联网技术的迭代升级，微信的快速发展催生了微信营销模式不断创新，这种依托社交生态的精准化营销方式，正成为数字经济时代企业创新商业模式的重要实践。在 5G 技术普及与微信用户规模持续扩大的双重驱动下，该平台构建了突破地域限制的营销生态体系，使商家与用户间得以建立深度交互的社交化商业关系。基于这种高黏性的沟通场景，用户可精准获取定制化信息与消费服务，商家则借助微官网搭建、场景化内容推送、社交裂变活动设计、闭环式支付系统等多元触点，实现精准用户触达与私域流量沉淀。

本项目围绕微信营销的核心逻辑展开系统性讲解，内容涵盖基础概念解析、平台差异化优势剖析、个人账号朋友圈运营策略、公众号矩阵搭建与运维等核心模块。通过理论讲解与实操案例相结合的教学模式，使学生系统地掌握微信营销所需知识及技能。

任务 1
认识微信营销

一、任务导入

微信作为当代中国人最广泛使用的社交工具之一，它不仅可以让人们快速通过网络传递信息，还可以帮助人们获取更多消息。微信从一个简单的社交软件，逐渐变为常用的新媒体平台，也是常用的营销工具。本节任务重点在于介绍微信营销的基本概念、特点、分类等相关内容，为进行微信营销做好准备。

二、引入案例

伊利的微信闭环营销

作为唯一同时服务夏季奥运和冬季奥运的"双奥"乳制品企业，伊利为响应"推动三亿人参与冰雪"的号召创办了活力冬奥学院，2018年伊利在微信广告营销生态里使这个活动获得了较大的曝光。

（一）通过朋友圈视频广告获得大量的关注

2018年12月3日伊利上线了朋友圈广告，这则广告以直白明了的文案——"打个飞的去滑雪，别再过个假冬天"并且配合现场亲临感十足的全幅式卡片广告吸引了海量用户点击关注。仅12月3日当天，这则广告的曝光量就达到了将近八千万次，大大提高了伊利活力冬奥学院的曝光度。

（二）通过创建微信品牌官方沉淀品牌价值

伊利不仅上线了朋友圈视频广告，同时还上线了微信品牌官方区，它也成为了行业内第一个尝试做微信品牌官方区的品牌。品牌官方区可以让品牌直接展示在搜索下的专属区域，伊利除了将自身品牌及活动名称作为搜一搜的关键词外，还抢占了"滑雪"这一极具时效性的IP热词。

素养看点

从该案例中不但让我们了解到微信生态圈营销对品牌的影响，更让我们了解一个好的微信营销应当要从哪几个方面入手，一个好的新媒体营销从业人员应当了解自己所使用的营销工具，并要掌握大部分营销方式。

（三）通过微信小程序进行资源整合

伊利品牌官方区首次打通了京东开普勒小程序，用户只需要点击小程序就能够进入伊利京东自营旗舰店购买商品。这对于品牌而言极大地降低了开发和运营成本，实现了多渠道资源的高效整合。

（四）通过联动线下的电梯广告促进了营销的立体化

伊利在全国各地投放了众多电梯楼宇广告，在每一幅广告的画面上面都有绿色醒目的微信"搜一搜"搜索框图示，借此引导线下的潜在兴趣用户在微信搜索活力冬奥学院活动。

（资料来源于网络，编者整理）

三、任务实施

（一）微信营销的定义

微信营销是指企业或个人基于微信平台搭建社交网络，并借助移动互联网特有的功能而进行的一种网络营销方式。微信用户与周围同样注册的微信"好友"自然形成了一种多网点联系，凭借这种联系，网络中的用户可以订阅自己所需要的信息，购买自己所需要的产品或服务，同样也可以为他人提供所需的信息、产品或服务。同时，由于微信营销网络是由用户间的社交关系所形成的，因此这是一个相对真实、私密、用户价值高的营销网络，因而更容易实现点对点的精准营销。

随着微信平台的不断更新，微信的功能越来越多，微信营销的方式也越来越丰富。商家不再局限于在微信朋友圈、微信群里发布一些营销推广信息，而是通过微信公众平台或第三方服务平台进行二次开发，开展更深入、更立体的互动营销活动，从而形成了一种全新的营销模式。相对于传统营销模式，微信营销具有比较明显的优势与特色。

（二）微信营销的特点

微信营销是基于微信平台而兴起的一种营销模式，具有微信应用独有的特色及表现形式。

1. 点对点精准营销

作为一款即时性的通信工具，用户之间的互动是"点对点"的，因此商家可以根据目标客户反馈的具体信息，对客户进行标注及分组，从而进行针对性的信息推送及服务提供，给客户带来一种量身定制的感觉。此外，微信提供LBS功能，即用户可以显示其所在的地理位置，商家还可以根据客户所在位置，针对某一地区的客户进行区域定位营销。这种"点对点"的互动营销方式显得更为精准、私密，更具个性化，拉近了商家与客户之间的距离，使客户黏性更高。

2. 紧密的关系式营销

微信营销这种聊天式的互动方式，可以使商家与客户之间由普通关系变为强有力的朋友关系，也许客户不会相信陌生人，但不会不信任自己的朋友，一旦形成朋友关系，客户对商家的认同度、信任度都会大幅度提升。这使商家在传播品牌形象、推送产品信息、促进销售成交、提供咨询服务等过程中都更为高效。

3. 营销互动更及时

微信的营销推广信息是通过通知的方式推送到客户手机上的，这样的信息传达方式多数是有针对性的。当目标客户收到信息后，微信平台会在第一时间以铃声、角标等方式提醒客户查看，因此信息的送达率很高。再加之微信官方的数据统计显示，有50%以上的用户每天平均使用微信的时间超过了120分钟，这足以保证微信沟通的即时性。

4. 营销形式更丰富

随着微信版本的更新，微信提供的沟通互动功能越来越多，微信营销的形式也愈加丰富，如朋友圈、微信群、摇一摇、漂流瓶、附近的人、公众平台、开放平台等。不仅让商家与客户之间有了多维度的联系，也让商家营销活动变得更加精彩、有趣。

5. 较低的营销成本

相对于传统传播媒介，微信的营销推广成本是相当低的。商家下载并使用微信软件是免费的，只要连接上网络，即可向客户发送文字、图片、音频、视频等，甚至进行实时的视频通话。商家通过申请公众平台账号，还能给更多的目标客户分享资讯、提供服务，大大降低了企业的宣传推广费用。

（三）微信营销的优势

1. 用户基数大

微信自推出以来迅速积累了庞大的用户群体，日活跃用户数超过10亿，覆盖了从一线城市到下沉市场的广泛人群。用户年龄结构合理，涵盖年轻人、白领、商务人士等群体。依托腾讯的强大用户基础，企业可以借助公众号、小程序、视频号等多种形式，实现高效市场覆盖，触达多样化的用户群体。

2. 互动性突出

作为社交属性极强的平台，微信支持多种形式的互动，如评论、转发、私信、群聊等，增强了用户与品牌之间的连接。企业可以通过定期推送内容、开展投票、抽奖、话题互动等方式，提高用户参与度，增强品牌忠诚度。同时，基于信任建立的内容更容易被接受和传播，有助于提升用户黏性和复购率。

3. 精准触达用户

微信支持基于用户画像的精准推送，包括性别、地域、兴趣、行为等多维度定向。企业可以利用用户分组、标签管理等功能，实现个性化内容推送。此外，微信的封闭式社交关系链，也提高了信息传播的可信度和转化率。通过私域流量运营和朋友圈广告，企业能够高效触达目标人群，提升营销转化效果。

4. 形式灵活多样

微信提供多种传播形式，如图文、视频、语音、直播、H5、小程序等，极大地丰富了内容表达方式。企业可以通过公众号发布品牌故事、产品介绍，通过朋友圈广告进行精准投放，通过小程序实现交易闭环，通过视频号进行内容引流。这种多样化的内容策略，提升了用户参与感和品牌传播力。

5. 成本投入较低

相比传统营销方式，微信营销的成本显著降低。平台本身免费开放，功能齐全，企业无需投入大量资金即可完成注册、运营和推广。无论是内容制作、用户互动，还是数据分析和广告投放，操作门槛都较低，适合中小企业快速上手。同时，其高效的传播机制也为企业节省了大量推广预算。

6. 私域运营高效

微信是私域流量运营的重要阵地。企业可以通过公众号、社群、朋友圈、一对一沟通等方式，建立与用户的长期联系。通过持续的内容输出和服务互动，不仅能够提升品牌影响力，还能增强用户信任感和归属感。这种基于关系链的深度运营，有助于企业实现用户沉淀与复购转化，形成长期稳定的客户关系。

（四）微信营销的价值

鉴于微信的独特功能，微信个人号与微信公众号均可作为有效的营销工具，且各自具备不同的营销价值。

1. 微信个人号的营销价值

（1）塑造个人品牌形象

作为移动社交时代的个人形象展示平台，微信个人号通过朋友圈内容运营、个性签名设置及实时互动功能，助力用户建立专业化与情感化兼备的个人品牌形象。持续性的内容输出可提升公众认知度与信任度，为商业价值转化奠定基础。

（2）社交电商转化通道

依托微信强关系链的特性，个人号构建了朋友圈产品展示、私聊沟通咨询、微信支付闭环的完整交易链路。借助熟人信任背书与场景化内容推送，显著降低用户决策成本，实现高转化率的社交电商模式。

（3）维护客户关系

基于点对点私聊的精准服务与朋友圈的日常互动，实施客户分层维护策略。通过个性化需求响应与情感化内容触达，建立超越交易关系的长期信任纽带。

2. 微信公众号的营销价值

微信公众号至少具备以下六个方面的营销价值。

（1）信息门户

在移动互联网时代，微信公众号成为企业向用户提供信息访问的正式入口。用户无须通过搜索引擎即可直接访问企业的官方账号，了解产品服务、联系方式等信息，或点击微信公众号菜单跳转至官方网站。

（2）客户服务

客户关系管理系统通过用户行为深度分析，持续优化营销策略与服务体系，旨在构建从潜客触达、存量运营到忠诚度提升的全周期管理闭环。微信作为高黏性社交平台，天然具备用户交互优势，其公众号功能与企业客户关系管理系统无缝对接后，可形成多座席协同响应机制，大幅提升服务效率。同时依托关键词预设规则，实现高频咨询场景的智能自动应答，有效降低人工客服负荷，使企业资源更多地聚焦于维护高价值客户关系。

（3）电子商务渠道

微信公众号作为零售渠道，为企业构建全闭环交易链路。通过精准的选品策略与营销指引，公众号能实时推送商品动态，缩短用户决策路径。消费者在浏览图文内容时，可直接在微信平台内完成商品选购、在线支付及物流追踪，无须跳转至第三方平台。该模式不仅可以减少跨平台操作障碍，更将售后服务整合至会话窗口，实现从营销触达到交易达成的全流程数字化服务闭环，显著提升零售业务运营效率。

（4）市场调研工具

市场调研是企业战略决策的核心环节。传统调研方式依赖专业部门或第三方机构实施问卷投放与电话访谈，存在成本高企与样本偏差的双重局限。微信公众号凭借精准触达目标客群的功能，通过定向推送与交互数据分析，有效降低调研成本并提升数据有效性。

（5）品牌推广平台

微信公众平台作为全媒体内容载体，支持发布图文、音频、视频等多形态信息，通过精准推送机制实时传递企业营销动态。其核心优势在于构建双向交互场景，用户不仅能即时获取品牌资讯，更能通过留言互动、活动参与等行为深化品牌认知。这种高时效性、强互动性的传播模式，在有效提升品牌曝光效率的同时，显著降低了单位用户触达成本。

（五）微信营销应用形式

作为一个多功能营销平台，微信可应用的营销形式十分丰富，且这些营销形式的功能各具特色，可带来不同的营销效果。微信个人号可以帮助我们塑造个人品牌、促进产品销售、维护客户关系，而微信公众平台则可作为信息入口，开展电子商务、用户调研、品牌宣传、客户服务等营销推广活动，并通过公众平台实现线上与线下的互通。目前，微信营销主要的应用形式有以下几种。

1. 朋友圈

微信用户可通过朋友圈发布文字、语音或图片等，不仅可以传播信息，还可以与粉丝进行一对一的交流与互动。

2. 微信群

微信群的营销特点是既能一对一地互动，也能进行一对多的互动交流。这对于那些需要进行大范围传播的广告内容，或是潜在客户需求意向比较统一的产品或服务，建立微信群的营销方式都是极为合适的。

3. 个性签名

个人微信号中的"个性签名"，可算是一个免费的宣传推广平台，商家附近的微信用户都能通过"附近的人"查看到个性签名信息。商家还能通过个性签名，不断更新宣传信息，这对于陌生人和微信好友来说，都是一个很好的信息触达渠道。

4. 微信公众平台

通过微信公众平台，无论是个人还是企业，都可以打造自己的微信公众号。通过微信公众平台功能设置及第三方授权开发，商家可以通过文字、图片、语音、微信文章等多种方式与公众号粉丝进行全方位沟通和互动，还可进行二次开发，设置小程序、微商城、微活动、微支付等，为粉丝提供更丰富、更具个性的互动服务。

四、任务评价与反馈

通过本任务的学习，大家已经了解了微信营销的定义、特点及微信营销主要的应用类型。请根据表 3-1 进行自我评价。

表 3-1　认识微信营销学习评价表

评价目标	评价项目	评价要点	自评	互评	教师评
知识目标	定义及特点	了解微信营销的定义（20分）			
		了解微信营销的特点（20分）			
		掌握微信营销的应用类型（20分）			
能力目标	主要应用类型	能够理解并初步了解朋友圈（10分）			
		能够理解并初步了解微信群（10分）			
		能够理解并初步了解微信公众号（10分）			
素养目标	职业素养	通过微信营销分类实训，培养学生关注国家和社会热点话题（10分）			
总评成绩					

注：自评、互评、教师评三项分数取平均值，计为总评成绩。评价结果分为A优秀（85～100分）、B良好（75～84分）、C合格（60～74分）、D待合格（60分以下）四个等级。

五、任务检测

（一）单选题

1.微信营销的核心特点是（　　　）。

A.高曝光率 　　　　　　　　　　　B.点对点精准营销

C.仅依赖付费推广 　　　　　　　　D.仅适用于年轻用户

2.微信公众平台允许商家（　　　）。

A.仅发送文字信息 　　　　　　　　B.通过语音、图片、文章与粉丝互动

C.仅用于线下活动 　　　　　　　　D.限制用户扫码关注

3.微信营销的高曝光率主要得益于（　　　）。

A.用户主动搜索 　　　　　　　　　B.多种提醒方式（如铃声、角标）

C.付费广告推送 　　　　　　　　　D.仅限朋友圈分享

（二）多选题

1.微信营销的优势包括（　　　）。

A.高精准度 　　　　　　　　　　　B.营销成本低

C.仅限一线城市用户 　　　　　　　D.形式灵活多样

2.微信营销的应用形式包括（　　　）。

A.朋友圈推广 　　　　　　　　　　B.微信群互动

C.微博话题营销 　　　　　　　　　D.个性签名广告

3.微信营销的受众群体特征包括（　　　）。

A.高端商务人士 　　　　　　　　　B.仅限年轻人

C.真实私密的用户关系 　　　　　　D.覆盖一线大城市用户

（三）判断题

1.微信营销的推广成本远高于传统营销方式。（　　　）

2.个性签名是微信中免费的宣传推广方式。（　　　）

3.微信用户主要分布在二线城市。（　　　）

4.朋友圈营销仅支持文字信息发布。（　　　）

5.微信营销有助于维护老客户关系。（　　　）

（四）简答题

1.列举微信营销的五个核心特点，并简要说明每个特点的作用。

2.微信营销在"维护老客户"方面有哪些优势？

3.微信公众平台的主要功能是什么？举例说明其应用场景。

（五）技能题

　　请根据本任务所学的知识技能,选择一家你所熟悉的公司,对其经典的微信营销案例进行分析。

任务 2
掌握微信营销的内容策划与技巧

一、任务导入

在移动社交生态深度重构商业规则的当下，微信平台凭借其强社交属性与场景化服务能力，已成为企业连接用户的核心阵地。这种基于信任关系的传播特性，要求微信营销内容必须具备更强的用户洞察力与情感穿透力。微信个人号与公众号的文案创作，是构建品牌人格化形象、激活用户交互行为的关键载体。不同于传统广告的单向输出，微信生态的文案需深度融合社交语境。本节任务的重点在于介绍微信个人号与微信公众号的内容创作及发布技巧。

二、引入案例

某家纺家居公众号的营销

某家纺是一家以家纺用品为主的电商平台，通过微信公众号进行产品销售和品牌推广。他们通过微信的图文推送、直播和短视频功能，为用户提供优质的购物体验，增加用户对品牌的认知和好感度。

成功原因如下。

个性化推送：某家纺家居公众号了解到用户对家纺用品的需求是个性化的，因此他们通过分析用户的行为和兴趣偏好，实现个性化推送，提高了用户的购买满意度和留存率。

多样化内容：该公众号不仅仅推送产品信息，还定期发布有关家居装修和家居创意的图文和短视频，提供更广泛的家居装修咨讯和灵感，吸引用户的关注和留存。

用户互动：该公众号通过微信的直播和短视频功能，与用户进行互动和沟通，展示产品的使用效果和特点，加强用户对品牌的信任和好感度。

素养看点

从该案例中了解到了某家纺家居的公众号情况，也让我们了解，作为新媒体从业人员应当具备的职业素养。

三、任务实施

（一）微信个人号文案创作及发布技巧

微信个人号营销主要依赖于微信平台，通过与他人的沟通交流，建立并加强信任关系。微信个人号文案编辑主要涉及个性签名以及朋友圈内容的创作。

1. 微信个人签名

微信个人号的个性签名作为身份标识的关键要素，直接影响陌生用户添加决策。该功能支持30个字符以内的文本编辑，需通过精准文案设计传递个人核心价值，既可选用专业严谨的商务风格，亦可采用趣味化表达。运营实践表明，空白签名易引发用户信任缺失，过度商业化的硬广表述则会导致添加拒绝率上升。有效策略应聚焦差异化定位，将行业属性、服务优势等核心信息浓缩呈现，在兼顾辨识度与可信度的前提下提升好友通过率。

2. 朋友圈文案创作及发布技巧

（1）朋友圈文案创作技巧

在人际交流中，朋友圈是展示个人形象的重要平台，因此朋友圈的形象管理至关重要。在朋友圈内进行营销推广时，必须摒弃硬广推销的思维，避免无差别地直接发布硬广。因此，微商文案创作需掌握一定的技巧。微信朋友圈作为私人社交空间，发布在其中的文案应更贴近个人生活。朋友圈文案创作需注意应用以下技巧。

① 优秀的朋友圈文案应图文并茂，合理排版。通常，微信朋友圈文案会配以不同数量的图片来表达主题。这类单图文案中的图片可以是经过处理的拼接图，也可以是完整的拼合图。对于纯商家宣传推广的微信号而言，发布朋友圈文案时会根据不同的情况搭配不同的图片。

② 朋友圈文案需注意尺度。微商在撰写文案时，应避免过度自夸或乱喊口号，以免引起反感。此外，在发布朋友圈内容时，还需注意内容的尺度。在全民自媒体时代，人们同时扮演信息接收者和传播者的角色。由于个人难以对众多信息做出专业判断，有人可能会在无意中相信并传播谣言。在发布朋友圈内容时，还需注意内容的尺度，避免编写违背社会主义核心价值观的低俗、阴暗内容。

③ 朋友圈广告发布不宜过于硬性。朋友圈作为私人社交空间，频繁发布硬广会引起他人的不满，可能导致账号被屏蔽。对于从事微信营销的人员而言，在文案创作时应避免硬广，可借助小故事发布软广告。整体文案风格应更接近趣味故事或生活见闻体验，而非纯粹的广告内容。

④ 朋友圈文案不宜过长。在无特殊情况下，微信朋友圈文案以控制在140字左右为宜，并且内容应轻松有趣。如果还需补充其他信息，可以搭配图片来进行宣传。

（2）朋友圈发布技巧

若朋友圈拥有众多好友，可采取特定策略以提高受众的精准度，并避免长期刷屏。

① 按组发布。在朋友圈中，存在不同角色，如朋友、父母、同事等，某些信息不宜公开发送。在发布朋友圈时，可选择公开或分组公开。分组公开可选择特定人群观看，以便更精准地向目标客户推荐合适内容。分组时，用户可采用层次化管理思路来管理微信好友，用户层次结构与策略如下。

· 陌生人：打破僵局，首先互动并结识，即潜在客户。

· 潜在客户：保持熟悉关系，持续发布高质量内容，转化为普通客户。

· 普通客户：至少已达成交易，但需改善并稳定关系。

· 核心客户：主动发布朋友圈进行自我推广，并主动提供所需服务。

② 按时间发布。通常，可抓住以下四个黄金时间点进行发布：早晨7：00—9：00，新的一天开始，人们上班时需打发时间，信息需求量大；中午11：30—13：30，人们用餐和午休时，更可能使用手机；傍晚18：00—19：00，人们下班路上；晚上22：00之后，许多人躺在床上使用手机，也是发布信息的好时机。

③ 使用提醒功能。注意使用"@"提醒功能，提醒目标客户。但需注意，提醒功能的使用应精准，旨在提醒重要且准确的客户关注重要信息。

④ 朋友圈发文不宜刷屏。频繁在朋友圈发布广告会导致被屏蔽或拉黑，因此需注意相同文案或同类型文案的发布频率，尤其是微商的产品推广信息，发布频率需控制，避免反复刷屏。

（二）微信公众号软文创作方法及发布技巧

微信公众平台的核心功能包含信息传播、用户管理与交互服务三大模块。支持粉丝分组运营与实时双向沟通，借助编辑模式预设回复规则及开发模式定制接口建立智能应答系统。当公众号关注量突破500后可申请官方认证资质，用户可通过搜索公众号名称或扫描二维码建立关注关系完成连接。

1. 微信公众平台分类

微信为用户提供了四种类型的公众平台，分别是：订阅号、服务号、企业微信、小程序。

（1）服务号

为企业和组织提供更强大的业务服务和用户管理功能，主要侧重于交互服务，提供绑定信息等功能。

适用人群：媒体，企业，政府或其他组织。

群发次数限制：服务号可以在1个月内（以自然月份为准）群发4次消息。

（2）订阅号

这为媒体和个人提供了一种新的信息传播方式。其主要功能是向微信用户传达信息。其功能类似于报纸和杂志，提供新闻信息或娱乐内容等。

适用人群：个人、媒体、企业、政府或其他组织。

群发时间限制：认证的订阅号可以在1天内群发1次消息，未认证的订阅号群发次数则受到更多限制。

（3）企业微信

企业微信原为微信企业号，管理员可以通过微信官网登录并管理微信。

（4）小程序

小程序类似于微信时代的网站。如果将微信比作浏览器，则小程序相当于网页。用户可以通过扫描二维码访问小程序，而无须输入URL链接。

2. 微信公众平台的选择

订阅号主要承担信息发布的职能，便于展示企业特色、文化和理念，进而构建积极的企业品牌形象。通过持续的内容输出，订阅号在宣传推广领域具有显著的利用价值。因此，众多企业及媒体机构更倾向于选择开通订阅号，以实现品牌影响力的拓展和用户关注度的提升。

服务号的核心功能在于提供多样化的服务，尤其适用于对客户服务品质有较高追求的企业。例如，招商银行的服务号支持用户绑定个人银行账户，并在每次操作后接收微信通知，显著提升了服务效率和用户体验感。对于需要开展交易或支付功能的企业，开通订阅号的同时，通常也会考虑申请服务号，并在完成认证后接入微信支付功能。

企业微信主要用于企业内部的沟通与管理，其功能类似于企业内部管理系统，适用于处理员工之间或上下游合作伙伴之间的协作事务。对于管理结构相对简单、管理需求不强的中小企业而言，企业微信的实际应用价值可能相对有限。

小程序主要服务于连接用户与具体的服务内容，适合拥有线下服务场景或线上服务平台的企业和组织。企业可以在已开通公众号的基础上开发或关联小程序，以增强服务能力，提升用户交互体验感。

总体而言，若主要目标为发布信息、进行宣传和促销活动，建议优先选择订阅号；若业务涉及商品销售，则应首先申请服务号，并在认证后开通微信支付功能；若目的是提升企业内部管理效率，则可以使用企业微信；而对于希望更好地整合线上线下资源、优化服务流程的企业来说，开发并使用小程序将是一个理想的选择。

3. 微信公众号的定位

（1）品牌型公众号：强化企业形象

品牌型公众号的核心目标是展示企业形象，其定位类似于品牌类官方网站。通过发布品牌故事、背景文化和发展历程等内容，使目标用户深入了解企业，建立深刻的品牌印象。这类账号适合有品牌推广、商务展示或产品介绍需求的企业，重点在于传递品牌价值和理念。

（2）吸粉型公众号：聚焦用户吸引

吸粉型公众号的主要功能是获取潜在用户的关注。这类账号通常以用户兴趣为导向进行内容策划，不强调原创性，而注重内容是否符合目标群体的需求。只要内容能够满足用户的偏好，并促使他们主动关注，即可实现有效的粉丝积累。

（3）销售型公众号：推动产品转化

随着移动电商的发展，越来越多的用户习惯于在移动端完成购物行为。销售型公众号正是基于这一趋势而设，主要用于引导用户进入销售平台，实现商品展示与交易的闭环。它通常会链接到企业的电商平台，提升销售转化效率。

（4）服务型公众号：提升用户体验感

服务型公众号旨在为用户提供高质量的服务体验，包括售前咨询、售后服务、投诉处理、信息查询等功能。通过完善的服务体系，提高用户满意度和忠诚度，促进重复消费和口碑传播。企业在运营时应结合自身业务特点和用户需求来设计具体服务内容。

（5）媒体型公众号：打造内容影响力

媒体型公众号的核心在于内容输出，其运作方式类似于传统媒体。无论是新闻资讯、行业分析还是娱乐八卦，都需要围绕目标受众的兴趣和需求进行规划。此类账号要求具备明确的媒体属性、独特的内容视角和持续的优质输出能力，虽然运营难度较高，但比传统媒体更灵活、门槛更低。

（6）矩阵型公众号：多账号协同运营

矩阵型公众号是指围绕企业战略构建多个相关账号，形成统一管理的运营体系。根据不同的运营目的，可划分为品牌矩阵（服务于多个品牌）、区域矩阵（覆盖不同地区市场）、业务矩阵（按产品线划分）和用户矩阵（围绕不同用户群体）。这种模式有助于实现精细化运营和资源高效整合。

（7）混合型公众号：融合多种功能

混合型公众号结合了以上多种类型的特性，综合运用品牌传播、用户吸引、销售转化和服务支持等多种功能，以达到更全面的运营效果。目前，许多靠近互联网的大中型企业都采用该模式进行多账号布局，有的甚至运营上百个公众号，以实现品牌与市场的双重覆盖。

4. 微信公众号软文创作技巧

（1）如何创建微信公众号内容

① 原创内容：打造独特价值。原创内容在公众号运营中具有较强的竞争力。虽然创意和写作能力可能是一些人的短板，但公众号内容并不需要过于复杂。通常建议控制在1000字左右，语言通俗易懂，便于碎片化阅读。原创内容可以通过多种方式实现，如通过访谈收集行业专家、企业负责人或用户的观点，使用图片、漫画等视觉形式表达内容，或者加入音视频素材以增强可读性，使内容更生动、更具吸引力。

② 二次创作：提升内容实用性。对于难以独立完成原创内容的运营者来说，可以尝试对现有内容进行再加工。例如，整理某一领域的盘点类文章、结合真实案例进行分析、用数据图表呈现信息，或将优质内容以 PPT 的形式重新展示，以提升内容的专业性和传播力。

③ 新闻采写：贴近热点快速响应。如果公众号定位涉及时效性内容，新闻采写是一种有效的方式。相较于专业媒体的新闻报道，公众号新闻要求不高，关键在于事件本身是否具有吸引力，并能清晰地传达核心信息。也可以参考网络上的新闻素材，用自己的语言重新组织和表达。

④ 转载内容：需注重授权与筛选。由于高质量原创内容产出难度较大，许多公众号会选择转载相关内容。但转载必须获得原作者授权，不能抱有侥幸心理。可以通过平台留言、搜索作者联系方式等方法获取授权。同时，在内容选择上要把握三个要点：一是了解用户需求，确保内容符合受众的兴趣；二是具备良好的内容筛选能力；三是保持对互联网流行趋势的敏感度，及时捕捉优质内容资源。

⑤ 用户投稿：激发社群参与。鼓励用户投稿也是一种有效的创作方式，但前提是账号具备一定的影响力。若用户无法提供完整稿件，也可由用户提供素材，编辑进行后期加工处理，从而形成适合发布的高质量内容。

（2）微信软文标题及封面创作

微信软文的标题是吸引读者点击阅读的关键因素之一。在信息高度碎片化的阅读环境下，用户往往只有一两秒的时间决定是否点开一篇文章，因此标题必须具备足够的吸引力和引导力。同时，微信软文中展示给读者的第一印象就是标题与封面图片，这两者共同决定了文章能否获得较高的点击率。

在公众号的推送中，通常首篇文章会以较大的封面图的形式展示，而后续推文则采用较小的图文排列方式。虽然不同公众号的推送样式可能有所不同，但根据微信系统的设置，首篇文章始终占据更突出的位置，其封面设计也更加显眼，区别于下方的其他推送内容。这种视觉上的差异使得首文更容易引起用户的注意，也对标题和封面的配合提出了更高的要求。因此，在撰写微信软文时，不仅要重视内容本身的质量，更要精心打磨标题与封面设计，使其能够精准抓住目标用户的兴趣点，从而有效提升文章的打开率和传播效果。

① 微信软文标题创作技巧。

a. 换位思考，贴近用户心理。在撰写微信软文标题时，编辑不仅要从自身角度出发，更要站在读者的角度进行思考。设想如果自己是用户，会通过哪些关键词来搜索相关内容，从而让标题更符合用户的阅读需求和心理预期。在实际操作中，可以通过搜索引擎输入关键词，查看用户关注的问题和热门文章的标题结构，借鉴其中的有效元素，使标题更具吸引力和可读性。

b. 保持新颖，提升原创度。标题的新颖性是提升文章质量的重要因素。如果标题与其他文章过于相似，容易被平台判定为非原创，影响审核通过率。因此，在拟定标题时应尽量避免重复，注重创新表达，以独特的内容视角吸引用户点击。

c.注重收录，提高传播可能性。一篇优秀的文章只有被平台收录，才能实现有效传播。而标题在很大程度上决定了文章是否能被收录。编辑在创作标题时，可以结合事实、热点或流行语，提高文章的可识别性和收录概率。同时，也可以将初步拟定的标题在网上搜索，若发现大量类似标题，则应考虑调整优化。

d.阶段适配，精准定位目标人群。针对含有产品推广信息的软文，标题应根据产品营销的不同阶段进行调整。不同阶段的用户需求不同，所使用的关键词也应有所区别。编辑在拟定标题时，需结合目标受众的心理状态和消费阶段，选择合适的关键词，以获得更精准的营销效果。

e.关键词组合，提升搜索排名。高流量文章的标题往往包含多个关键词，并通过合理组合提升整体曝光率。相比单一关键词的标题，多关键词组合更有助于提升搜索引擎排名和内容传播效果。因此，在标题策划中应注重关键词的选取与搭配，增强文章的可检索性和吸引力。

② 微信软文封面创作。微信文案的封面图片是内容的视觉入口，能起到简要说明和吸引用户点击的作用。优秀的封面图能够在第一时间吸引用户的注意力，激发其阅读兴趣，提升文章的点击率。根据内容形式的不同，封面图片主要分为两种类型。

a.单图文封面：突出主题，强化信息传达。单图文封面通常尺寸较大，展示效果更清晰，适合用于重点推广某一篇文章。这类封面设计可以借鉴海报的设计思路，通过在图片中加入关键文案、产品形象或活动主题，增强视觉冲击力和信息表达的完整性，从而提升用户的点击意愿。

b.多图文封面：简洁直观，突出视觉统一性。多图文推送中的封面图片尺寸较小，主要用作展示一组内容的视觉引导图。由于空间有限，建议避免在图片上添加过多文字，保持画面简洁明了，突出核心元素。图片风格应统一、清晰，便于用户快速识别内容主题，提高整体阅读体验感。

（3）微信软文正文写作

① 选择符合用户喜好的文案语言风格。在微信公众号内容创作中，选择合适的文案风格是提升用户点击率和阅读兴趣的关键。根据当前公众号内容的流行趋势，以下15种类型较为受用户欢迎，在撰写文案时可参考并选择合适的内容方向。

a.新闻类内容：紧跟热点，吸引关注。无论公众号定位如何，新闻类内容都应作为常规选题之一。这类内容主要分为两类：一是与账号领域相关的行业新闻；二是大众普遍关注的社会热点事件。及时发布相关内容，有助于提高文章的时效性和关注度。

b.知识类内容：传递信息，提升价值。知识型内容可以涵盖公共常识、行业知识或专业技能，例如健康科普、生活技巧等。这类内容具有较强的实用性和传播性，能够帮助用户获取有价值的信息。

c.经验类内容：分享技巧，解决实际问题。经验类内容主要来源于人们在日常生活或工作中的实践总结，包括各类技巧、方法和心得。无论是通用经验还是专业经验，都能有效满足用户的实际需求。

d.行业类内容：聚焦垂直领域。针对特定行业的深度内容，更适合垂直领域的公众号运营者使用。这类内容通常受到行业内人士及部分普通用户的关注，适合用于建立专业影响力。

e.搞笑类内容：轻松幽默，转发率高。搞笑风格的内容以轻松有趣的形式呈现，能快速吸引用户的注意力。不论是文字、图片还是视频形式，只要足够有趣，就容易获得高转发率。

f.情感类内容：打动人心，引发共鸣。情感类内容的核心在于"与用户情感达到共鸣"，常通过讲述真实故事、回忆过往或表达情绪来引发读者的情感变化，增强用户黏性。

g.心灵鸡汤类内容：激励人心，引发思考。励志性质的心灵鸡汤类内容在朋友圈中广受欢迎。它通过简洁有力的语言传递积极向上的价值观，深受广大用户的喜爱。

h.爆料类内容：揭示内幕，制造话题。爆料类内容往往涉及公众难以接触到的信息，如行业黑幕、隐藏规则等。这类内容因其独特性和意外性，容易引发关注和讨论。

i.故事类内容：情节引人，易于传播。从童年到成年，故事一直是人们最喜爱的阅读内容之一。无论是虚构小说、真实经历还是行业案例，好故事总能吸引大量读者。

j.励志类内容：鼓舞人心，激发动力。在快节奏、高压力的社会环境下，励志类内容具有较强的吸引力。它通过展现成功案例或奋斗历程，给予读者信心和鼓励。

k.八卦类内容：娱乐性强，易于转发。娱乐八卦、名人动态等内容长期活跃于社交媒体，是用户乐于阅读和分享的类型之一，特别适合媒体类账号使用。

l.观点类内容：思想碰撞，引发讨论。观点型内容强调独特的见解和深度分析，只有具备争议性、原创性或深刻性的观点，才能引起用户的关注和互动。

m.排行类内容：结构清晰，便于阅读。排行榜形式的内容因条理清晰、信息集中而广受欢迎。例如"十大推荐""最受欢迎榜单"等形式，能有效提升文章点击率。

n.案例类内容：真实可信，贴近生活。案例型内容多基于真实人物的经历，具有高度的真实性、操作性和贴近性，容易让用户产生代入感和信任感。

o.研究类内容：用数据支撑，增强权威性。研究型内容通常包含数据分析、调查报告等，能够帮助用户获得深入的理解和新的认知，因此也较受用户欢迎。

② 合理地在软文中穿插热门事件作为案例。撰写微信文案时，可以利用一个既感人又引人入胜的故事，让用户能够全身心地沉浸其中并被故事触动；在故事的最后，可以巧妙地提及产品或品牌。在创作这类文案的过程中，确保故事情节合乎逻辑，并且能够找到其与产品或品牌之间的联系，以便于自然地融入内容。

③ 在微信软文中合理植入软广告。

a.用故事代替硬广，增强代入感。通过完整的情节和情感起伏，故事型软文更容易吸引用户关注。企业可以讲述自身的发展历程、员工趣事或客户案例，将品牌信息自然地融入其中。这种方式不仅避免了传统广告的生硬感，还能让用户在阅读过程中感受到企业文化，提升品牌亲和力。

b.借助图片展示品牌信息。相比纯文字内容，图文结合的方式更受用户欢迎。在软文中适当插入与品牌相关的图片，如产品使用场景、企业活动等，能够更直观地传达信息，提高广告的接受度和传播效果。

c.利用段落巧妙植入，提升趣味性。采用幽默风趣的语言或富有创意的表达方式，在段落中自然引入广告内容，是一种较为隐蔽且有效的方法。优秀的内容创作者能够在不破坏阅读体验的前提下，将产品信息巧妙地嵌入故事或话题中，让用户在轻松氛围中接受品牌信息。

d.以视频形式增强宣传力度。视频比文字更具表现力，是提升广告效果的重要手段。企业可以在微信内容中嵌入宣传视频或语音，甚至邀请公司负责人出镜讲解，既能体现诚意，也能增强用户的信任感。若条件允许，也可邀请具有一定影响力的公众人物参与视频录制，以提升关注度。

e.结合热点事件进行营销植入。借助当前社会热门话题或突发事件，将品牌信息巧妙地融合到相关内容中，是一种高效的内容营销策略。热点事件本身具有高关注度，容易引发用户讨论和转发，从而带动品牌曝光。

f.围绕商品核心展开文案创作。最常见的软文写作方式是以商品为中心，围绕其功能、优势或使用体验进行描述。通常有两种写作思路：一是"个体击破法"，即突出某一个最具吸引力的产品卖点，并通过图文配合详细说明；二是"核心扩展法"，先明确文章主旨，再从多个角度展开叙述，使整篇文案围绕一个中心点展开，逻辑清晰，引导性强。

④ 在文章末尾推荐相关阅读链接。在微信公众号文章的末尾提供推荐文章的链接，是一种有效提升用户黏性和增加文章阅读量的方法。通过这种方式，不仅可以引导读者进一步探索相关内容，还能延长他们在公众号内停留的时间。

⑤ 软文发布前的排版编辑要点。完成微信软文创作后，合理地进行排版编辑是提升阅读体验和内容专业度的重要环节。运营者可以选择在微信公众号后台直接排版，也可以借助第三方软文编辑器进行更精细的设计。

a.字号设置要清晰易读。微信公众号常用的正文字号为14px，这是目前较为流行的字号大小。字号范围一般控制在12～20px，其中正文最小不小于12px，标题最大不超过20px。文章中的小标题通常使用18px字体，以区分正文内容，增强层次感。

b.行距与段距影响阅读舒适度。公众号后台默认行距为1倍，但视觉上略显拥挤，因此多数编辑器会采用1.75倍或1.8倍的行距，使文字看起来更舒展。段落之间应空出一行，避免文字堆砌，增强"呼吸感"。同时注意合理分段，避免大段文字连续出现，提高可读性。

c.边距与色彩搭配需统一协调。在边距设置方面，常见数值为8或16，既能保证内容居中显示，又不会显得过于紧凑。颜色方面，默认字体颜色为黑色，全文使用的颜色不应超过三种，以避免视觉混乱。若标题使用了特定颜色，在正文中强调关键词时也应保持一致或相近的色调，以提升整体美观度。

d.控制篇幅，图文结合更吸引人。为了提升阅读效率，微信软文建议控制在2000字以内。纯文字内容容易让用户产生疲劳感，因此应适当插入图片、图表等视觉元素，使内容更加生动有趣。

e.排版遵循对齐、对比、重复与统一的原则。微信软文排版通常采用左对齐方式，若正文较短也可使用居中对齐，极少数情况下如诗歌类内容可使用右对齐。标题与正文、重点与非重点内容之间要有明显对比，可通过加粗、放大字体、改变颜色或背景色等方式突出关键信息。

在样式使用上，应坚持"少即是美"的原则，避免过多变化导致视觉混乱。一个公众号最好形成固定的排版风格，便于用户识别，即使文章被转载也能保留品牌特征。

f.统一性是提升专业感的关键。排版时要做到五个方面的统一：一是字体大小与段落标题统一；二是小标题的样式与颜色统一；三是标题与正文的对齐方式统一；四是插入图片的尺寸与清晰度统一；五是图片与段落之间的间距统一。只有做到整体风格协调一致，才能提升内容的专业性和阅读体验。

（4）微信公众号软文发布及互动技巧

① 掌握最佳推送时间，提升阅读率。微信公众号内容发布后，选择合适的推送时间对提升打开率和阅读量至关重要。根据订阅号信息展示规则，最新推送的内容会排在最上方，因此发布时间直接影响文章的曝光位置。结合用户日常使用习惯，以下几个时间段较为适合内容推送。

·8：00—9：00：一天开始，用户查看手机频率较高，是获取信息的高峰期。

·11：30—13：00：午休时段，用户有较多空闲时间浏览内容。

·20：00—21：00：用户处于放松状态，更容易接受各类信息，也是广告推广的理想时段。

② 运用互动技巧增强用户参与感。在软文撰写过程中，可适当加入引导性语句，鼓励用户进行评论、点赞或分享。例如，在文中设置"留言点赞满100即抽奖"等有奖互动活动，不仅能提升用户参与度，还能增加文章的传播范围和粉丝黏性。通过有效的互动设计，可以增强用户对公众号的关注与认同，实现更好的营销效果。

四、任务评价与反馈

通过本任务的学习，大家已经完成了微信公众号账号的申请、微信软文写作及微信软文发布。请根据表3-2进行自我评价。

表3-2　掌握微信营销的内容策划与技巧学习评价表

评价目标	评价项目	评价要点	自评	互评	教师评
知识目标	账号注册	注册账号的名称是否有代表性（5分）			
		账号的头像与账号定位的一致性（5分）			
		账号信息设置的合理性（10分）			
能力目标	作品发布	发布作品封面选择的恰当性（10分）			
		发布作品标题设置的合理性（10分）			
	作品创作技巧	能够精准账号定位（10分）			
		能够创作微信推送软文（20分）			
		能够合理编辑微信文章文案（10分）			
		微信文章发布时间的合理性（10分）			
素养目标	职业素养	通过公众号的注册与运营实训，培养学生新媒体营销从业人员的社会法治意识与职业能力（10分）			
总评成绩					

注：自评、互评、教师评三项分数取平均值，计为总评成绩。评价结果分为A优秀（85～100分）、B良好（75～84分）、C合格（60～74分）、D待合格（60分以下）四个等级。

五、任务检测

（一）单选题

1.微信个人号个性签名的字符数限制是（　　　）。

A.20字符　　　　　　　　　　　　　　B.30字符

C.50字符　　　　　　　　　　　　　　D.无限制

2.微信服务号的群发次数限制是（　　　）。

A.每天1次　　　　　　　　　　　　　B.每月4次

C. 每周 3 次 D. 无限制

3. 微信软文排版中正文字号的常用设置是（　　　）。

A. 12px B. 14px

C. 16px D. 20px

（二）多选题

1. 微信朋友圈文案创作技巧包括（　　　）。

A. 图文并茂，合理排版 B. 文案不超过 140 字

C. 频繁发布硬广告 D. 使用 "@" 提醒功能

2. 微信公众号的定位类型包括（　　　）。

A. 品牌型公众号 B. 销售型公众号

C. 娱乐型公众号 D. 媒体型公众号

3. 微信软文标题创作技巧包括（　　　）。

A. 换位思考，贴近用户心理 B. 使用单一关键词

C. 结合热点事件 D. 强调付费推广

（三）判断题

1. 微信个人号个性签名空白不会影响用户添加好友的信任度。（　　　）

2. 朋友圈发布硬广告可以频繁刷屏以提升曝光率。（　　　）

3. 微信公众号、服务号适合需要交易支付功能的企业。（　　　）

4. 微信软文封面设计应统一风格以增强品牌识别度。（　　　）

5. 微信软文最佳推送时间包括晚上 20：00—21：00。（　　　）

（四）简答题

1. 简述微信朋友圈文案创作的四项核心技巧，并说明其作用。

2. 微信公众平台的自定义菜单设置有哪些注意事项？

3. 微信软文排版中需遵循哪些统一性原则？举例说明其重要性。

项目四　微博营销

任务 1　认识微博营销

任务 2　创作及发布微博内容

任务 3　掌握微博营销推广技巧

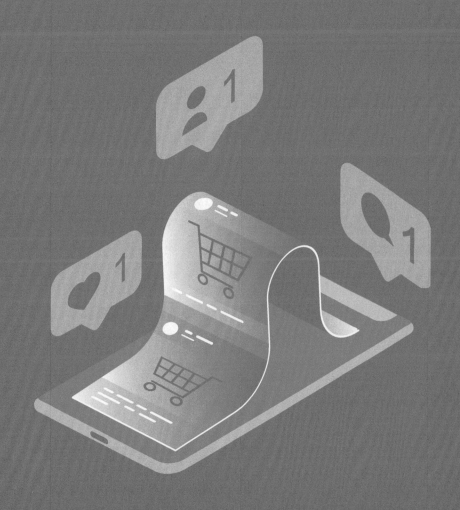

一、知识目标

1. 熟悉微博营销的主要方式。
2. 掌握微博的账号注册方法、运营机制及微博营销的主要营销策划及推广方法。
3. 理解微博营销方式的效能发挥与运营机制的关系，思考不同商务营销需求下新媒体营销营销平台及推广方式选择的差异性。

二、技能目标

1. 能够通过全面的微博营销需求分析，独立判断应使用的微博营销方式、方案类型等。
2. 能独立完成微博营销平台的相关垂直领域的账号注册。
3. 能独立使用微博营销平台进行文字、图片、视频等营销内容的制作与发布，并开展相关的运营、推广工作。

三、素养目标

1. 在了解微博营销方式的过程中，培养学生关注国家和社会热点话题，引导学生树立正确价值观。
2. 通过培养学生微信营销推广从业人员的责任意识、文化自信，传承文化基因。
3. 融入大国自信和家国情怀，开展爱国主义教育，增强民族自豪感。

项目导读

微博，即微博客（Microblog），是一种基于用户关系信息分享、传播以及获取，并通过关注机制分享简短实时信息的广播式的社交网络平台。从2006年美国网站"推特"（Twitter）推出微博客服务后，人们发现自己可以随时随地分享自己的最新动态、所见所闻、想法及看法，并得到更多人的回应及转发，一时间推特风靡美国，进而在全世界流行起来。国内外众多名人、著名企业、机构纷纷在推特上"落户"，正式开启了一个微博时代。

随着推特的兴起，国内微博也开始发展起来，从"饭否"到"Follow5"，再到"新浪微博""腾讯微博"，国内微博经历了三个发展阶段。微博也具备了更明显的媒体特性和社交特性，使用人群更为广泛，拥有极大的用户数量。优质的内容不仅得到了更广泛的传播，用户也更愿意为自己感兴趣的内容付费。通过对用户信息进行大数据挖掘，基于微博用户开展营销推广、实现精准营销的思维方式及做法应运而生。

任务 1
认识微博营销

一、任务导入

无论是个人微博提升个人品牌价值，还是企业微博开展营销推广，对微博账号进行准确定位是微博运营的第一步。这需要结合自身资源、优势、目标人群以及营销目的等多方因素，进行综合分析，以清晰明确微博的定位。

二、引入案例

《创业家》杂志

《创业家》杂志拥有 200 万粉丝，是普遍认为经营得较好的媒体微博之一。在一个纸媒盈利难的年代，《创业家》杂志创造了一个又一个出色的业绩。双十一期间，社长牛文文发起的《创业家》杂志团购接力活动，总共卖掉了超 1 万本的全年订阅量，一举成为业界佳话。

《创业家》的成功是基于微博内容经营和杂志内容经营分开。杂志的内容采编可能是传统的媒体采编流程。大部分的传统媒体开微博，都围绕着自身的采编流程和内容体系来经营。这事实上束缚了自己的手脚。微博无论是采编方式，和传播方式都和传统媒体迥然不同。而微博经营却需要时时刻刻紧跟热点，精准定位。

《创业家》杂志的创始人牛文文写微博写得很好，让他赢得了大量粉丝的支持。《创业家》的成功是社会化媒体时代双品牌策略的成功，即老板个人品牌与企业品牌的双赢。

（案例来源自网络，编者整理）

素养看点

该案例让我们了解《创业家》杂志成功的关键是迎合时代发展趋势，将企业发展策略与新媒体发展趋势相融合。

三、任务实施

（一）微博营销的含义

微博营销是指通过微博平台为商家、个人等创造价值而执行的一种营销方式，也是指商家或个人通过微博平台发现并满足用户各类需求的商业行为方式。在微博这个营销平台上，每一个用户都是商家或个人潜在的营销对象，商家或个人通过与粉丝的互动沟通，或者发布大家感兴趣的话题，来传播商业信息，树立良好的品牌形象，实现产品或服务的转化和购买，从而达到营销的目的。

（二）微博的特征

微博大致有如下五个特征。

1. 操作和要求简单，易于运营

微博注册和操作方式简单，对于文字功底和其他技术的要求也没有那么高，一张图片一句话就能成为一篇简短的博文，大大降低了准入门槛，方便了微博的普及，十分契合现代社会快节奏的生活方式。

2. 传播内容多样化

微博能借助多种媒体技术手段，如文字、图片、视频等形式，多样化地传播内容，信息表现形式更为生动形象，增强了用户的阅读体验感，提升了它的使用黏性。而且，微博采用跟随式的互动方式，可以实现点对点、一点对多点的互动，信息传播更为广泛高效。

3. 信息传播实时快速，收发方式多样

微博用户可以通过网页、WAP 页面、手机短信、彩信、即时通信软件以及开放 API 接入的第三方互联网工具发布和转发信息。微博打破了地域、时间的限制，实现了信息传播跨媒体、跨系统、跨平台式的实时传播，信息扩散的速度也呈几何式增长，能在短时间里传达给尽可能多的人。

4. 传播信息的碎片化和去中心化

"碎片化"是描述当前中国社会传播语境的一个形象说法，原意是完整的东西被破解成诸多零块。就传播影响力而言，以往依靠专业权威媒体掌控话语权的时代已经不存在了，信息传播的路径更为多元。微博作为信息传播的一个有效路径，其所生产、传播的信息也具有碎片化特征。

5. 虚拟身份和社会身份在极大程度上重合

一般来说，微传播的主体信息都是个人化、社会化，甚至是流水账式的记录，很容易将自己的生活、工作、情感状态还原。大部分微博使用者都有意无意地将自己的虚拟身份和真实的社会身份对应并公开。这两种身份的对应重合，产生两种规律性的微传播效应：一是凸

显个性叙事；二是形成意见领袖，他们也是微博营销中最具价值的代表。

（三）微博账号类型

微博账号有五种类型，分别为个人微博、企业微博、政务微博、校园微博及其他类微博。

1. 个人微博

是新浪微博账号占比数量最多的一类，可以以个人名义、动物口吻、虚拟人物等多种方式申请账号。

2. 企业微博

不少企业都开设了官方微博，有些还形成了以官方微博、企业家微博、产品微博为一体的矩阵式经营模式。

3. 政务微博

指代表政府机构和官员的、因公共事务而设的微博，主要用于收集意见、倾听民意、发布信息、服务大众。

4. 校园微博

是指由各大高校开设的官方微博账号类型，在高校传播信息、沟通交流、教育教学、危机公关等方面都起着较为重要的作用。

5. 其他类微博

除以上四类主要类型，还有很多其他类型的微博账号，例如，为了某活动推广而特别开设的微博，具有一定的时效性，短期内可以实现快速传播。

（四）微博运营的模式

微博运营有以下几种模式。

1. 明星模式

微博是粉丝追逐明星的聚集地，各大企业常常请明星为其代言并发微博营销其产品，利用明星在微博中的影响力宣传自己的品牌。

2. 网红模式

网红和明星模式很类似，网红是在互联网上的名人，是以优质原创内容或某些事件成名拥有大量粉丝的博主。网红的热度高、数量多，其传播信息的速度快、效果好。很多厂商愿意支付这笔费用去寻找这种流量博主，为自己的品牌、产品等做宣传。

3. 企业家模式

微博有一大好处就是可以拉近企业和粉丝间的距离，同时也拉近了企业家和粉丝的距离。企业家从幕后转到舞台中央，制造热点，为自己的企业助力。

4. 媒体模式

互联网改变了政府、国企、事业单位等的传统传媒方式，由传统的单线传播，到现在官媒的新媒体特征转为互动。自媒体模式个人品牌建立,一个成功的微博应该有影响力与号召力,在这方面,一些官方微博往往不如个人微博鲜活立体,而现在有不少官方微博纷纷以虚拟人格的形式出现。

5. 专家模式

专家具有垂直领域的优势,借助微博的高互动、高曝光,汇聚众多同行业粉丝的同时,借助微博上的付费阅读和打赏,使得各领域的专家更好地服务于更多用户,借助过硬技能快速崛起。

6. 电商模式

一些电商平台和微博的合作,促进了电商模式的形成,微博橱窗、淘宝直连、寻找商机、客户服务、品牌宣传……社会化电子商务突飞猛进,由于微博互动性和传播性好,依旧是很多电商新品和爆款推广的首选平台。

(五)微博账号定位

1. 个人微博定位

对于个人微博,定位时首先要塑造一个鲜明具体的人设形象,拥有自己独特的形象气质,这样更容易吸引同类人群的注意,引起他们的共鸣。大多数微博红人都是以其鲜明的人物形象吸引了不少潜在的目标人群,再加以产出优质内容,成为了受粉丝群体喜爱的网红博主。

其次,在定位个人微博时,要通过文风树立符合身份定位的独特个性,如专业型、幽默型、内涵型、乖萌型等。例如,某知名时尚博主的微博主题几乎都与时尚潮流相关,又运用了图文、视频、活动链接等多种内容形式,体现了专业且时尚的博主形象。当然,要树立独特个性,也要适当突破身份限定进行一些创新定位,如某医生博主打破了公众对医生的常规形象认知,以幽默接地气的微博内容,让更多人了解到医院工作的幕后故事,收获了大批忠实粉丝。

2. 企业微博定位

企业微博营销定位主要是指其形象及功能定位,企业在营销推广中将策划与其定位相吻合的营销内容及一系列活动,因此定位是否清晰明确将会直接影响微博营销的效果。一般来说,我们给企业微博定位,主要有以下几种类型。

(1)品牌推广类

这类微博主要用于树立企业品牌形象,提高其品牌知名度。微博发布内容主要以企业品牌内涵、重大新闻事件、品牌活动、新品发布等为主。

(2)内容互动类

这类微博主要用于维系企业与粉丝的关系,在互动交流中潜移默化地与粉丝成为朋友,走进他们的生活,以情感导向提升粉丝的认可度和忠诚度。

(3)业务服务类

业务服务类微博则是直接定位于产品销售或客户服务的,营销目的十分明确,就是为了促进销售或为客户答疑解惑而开设的。一般主要发布相关产品的促销活动、产品小贴士、市场调查等。

四、任务评价与反馈

通过本任务的学习，大家已经学会了微博账号分类、微博账号申请、微博账号定位。请根据表 4-1 进行自我评价。

表 4-1 认识微博营销学习评价表

评价项目	评价要点	自评	互评	教师评
要素掌握	注册账号的名称是否有代表性（10分）			
	账号的头像与账号定位的一致性（10分）			
	账号信息设置的合理性（10分）			
	账号定位的精准性（20分）			
主要应用	能够注册微博账号，准确进行账号定位（20分）			
	能够独立并合理设置账号信息（20分）			
职业素养	通过微博内容选题策划实训，提升学生中国特色社会主义道路自信，催促学生奋发图强（10分）			
总评成绩				

注：自评、互评、教师评三项分数取平均值，计为总评成绩。评价结果分为 A 优秀（85 ~ 100分）、B 良好（75 ~ 84分）、C 合格（60 ~ 74分）、D 待合格（60分以下）四个等级。

五、任务检测

（一）单项选择题

1.新浪微博正式上线的时间是？（   ）

A. 2006 年 3 月   B. 2009 年 8 月

C. 2010 年 1 月   D. 2011 年 7 月

2.微博取消 140 字限制的时间是？（   ）

A. 2014 年   B. 2015 年

C. 2017 年   D. 2021 年

（二）多项选择题

1. 微博的主要特征包括（　　）。

A. 操作简单　　　　　　　　　　　　B. 信息传播单向

C. 内容碎片化　　　　　　　　　　　D. 虚拟身份与真实身份重合

E. 依赖传统媒体

2. 微博的运营模式包括（　　）。

A. 明星模式　　　　　　　　　　　　B. 政府模式

C. 专家模式　　　　　　　　　　　　D. 教育模式

E. 电商模式

3. 微博账号类型包括（　　）。

A. 个人微博　　　　　　　　　　　　B. 企业微博

C. 政务微博　　　　　　　　　　　　D. 新闻微博

E. 校园微博

（三）判断题

1. 微博的信息传播是单向的。（　　）

2. 商界领袖模式通过企业领袖与粉丝互动来助力企业。（　　）

3. 微博的内容必须严格遵循传统媒体的采编流程。（　　）

4. 微博的碎片化传播导致信息无法形成热点。（　　）

5. 政务微博主要用于品牌宣传。（　　）

（四）简答题

1. 简述微博营销的含义。

2. 分析《创业家》杂志微博成功的因素。

3. 比较明星模式与专家模式的异同。

（五）技能题

根据本任务所学知识与技能，申请一个个人微博账号，并且做好相关的个性化设置。

任务 2
创作及发布微博内容

一、任务导入

明确微博定位后，则需根据定位策划微博的具体内容。发布一条好的微博内容，不仅能达到营销目的，还能吸纳更多的粉丝，传播效果可能呈金字塔式增长。可策划内容优质的微博却并不容易，不仅要考虑具体内容的编排，还需要注意内容发布的时机与技巧。

合格的博主想要编辑好一篇微博推文，不仅要写得一手好文章，还要了解微博平台的运营机制、发布方式及运营技巧。

二、引入案例

《博物》杂志微博账号的内容创作

《博物》杂志官方微博账号自 2009 年开始运营，逐渐形成了专业科普与年轻化表达相结合的独特内容风格。其创作的核心是把严谨的科学知识转化为大众易于理解和便于接受的内容。该团队凭借《博物》杂志的这一专业背景，确保其发布的每一条涉及动植物、地质、天文等领域的科普内容均经过权威查证，以此确保科普知识的准确性。同时在文字表达方面，他们巧妙地融入网络语境，借助"博物君"这一拟人化形象与网友进行互动，运用幽默、通俗易懂的语言解答公众的疑问。例如，当面对网友拍摄的不明生物照片时，团队会采用拟人化的口吻进行回应，如将水中的浮游生物称作"海雪"，或者把鸟类的行为描述成"恋爱日常"，这极大地增强了内容的趣味性和大众传播性。同时，该账号灵活运用图文、动图、短视频等形式，并设置了"本周物种""冷知识问答"等固定栏目，以提高用户的参与度。

通过持续优质的内容输出，该账号的粉丝量已突破千万，多条科普内容阅读量超亿次，多次入选微博年度影响力账号。其成功不仅提升了公众对自然科学的关注

素养看点

从该案例中不但让我们见识到该账号科学精神与社会责任的坚持，同时也积极传播生态文明理念，倡导尊重自然、保护生物多样性，更让我们了解新媒体从业人员在内容创作时应当坚守科学底线，拒绝猎奇心理与伪科学，引导公众以理性和敬畏之心认识世界。

度，也探索出一条传统媒体在新媒体平台实现科学传播的有效路径，成为国内科普传播的标杆案例。

（资料来源于网络，编者整理）

三、任务实施

（一）微博内容创作的基本要求

创作微博内容的时候，要注意内容的优质度与原创度，不要直接抄袭别人的微博文案，更不要带上任何链接和二维码，防止被降低权重。微博内容创作的基本要求如下。

1. 导语

导语要简洁有力，与文章内容相呼应，且能够激发用户的阅读兴趣。例如，如果标题是《转行新媒体运营必备的 10 个知识（2）：如何在三个月内转行新媒体运营》，导语就可以这样写："这里是一份快速转行新媒体运营的指南"。

2. 封面图

头条文章的封面是有最佳尺寸的，根据官方给出的尺寸是 1000×562px，信息安全区是 1000×400px。信息安全区也就是当用户打开头条文章进行阅读的时候，信息安全区的内容都可以看到。那么，除开信息安全区的区域，其他区域用户是看不到的。同理，在 1000×562px 的尺寸中，1000×400px 的区域显示，其他 162px 的区域是显示不出来的。经过测试，其中不显示的 162px 区域，上下各占 82px。所以，封面图的重要内容就会集中在中间 400px 区域。

3. 正文

除了内容质量要过关之外，还要注意排版，图文并茂，字数以控制在 1000～3000 字为宜。

4. 结尾

文章结尾要设置 CTA 来引导用户转化。但是由于微博平台放入任何外链或二维码都会降低权重，因此可以让用户回复关键词获取链接或相关资源。

（二）微博的内容形式

若新媒体营销企业所处行业是快消品等领域，需要在微博平台进行广泛的品牌传播，需要跟用户进行深入的互动，这时就应该进行人格化运营。社会化媒体时代，企业营销的一个重要标志就是持续拉近与用户的距离，微博等社会化平台为企业提供了可能性。如下人格化不仅是企业微博运营的技巧，更是企业品牌营销的趋势。微博的表现形式及主要内容。

1. 纯文字

纯文字微博常用于发布某话题。一条纯文字微博并不是通过图片的搭配来增强吸引力的，一般来说，这种形式很难吸引用户注意，通常要求文案水平高、文字少而精。

2. 图文

图文微博有文字描述主题，有图片增强吸引力，是最常见的微博形式。发布图文微博时，推荐使用九宫格配图，这样图片在内容上更丰富、更美观、更有吸引力。

3. 视频

视频微博在用户浏览时会自动播放，其丰富的内容元素比图文更能吸引用户。企业微博也应适时进行视频形式的内容创作，以更多元的视听效果与用户互动，进而提高用户关注度和互动深度。

4. 头条文章

头条文章是为长文章而生的一种微博形式，方便写作者进行长文章的创作。头条文章的标题和封面展示效果更强，能够提升对用户的吸引力。

5. 话题

话题是微博的一种内容形式。当参与讨论某一共同话题时，用两个"#"号把话题包围，则话题生效，文字显示成橘红色，同时单击话题能进入话题页面，查看到与该话题相关的所有微博。

话题是微博的一种重要产品形态，体现了微博的开放性和媒体属性。任何用户都可以参与到话题的讨论中，发表自己的观点。微博公开展示的热门话题榜，是热门社会事件的风向标。微博鼓励用户参与话题的讨论，既给用户提供了热门话题资讯，又给用户提供了参与讨论的机会，这能带动平台的整体活跃度。

企业可以参与话题的讨论，也可以自己创建话题并发布，引导用户参与讨论。需要注意的是，话题字数一般不宜过多，最好控制在 10 个字以内，而且话题应该是一个短语，是某件事的浓缩，不宜带标点符号。企业可以设置与自己相关的话题，在微博的日常运营中形成固定栏目，引导用户持续参与讨论。

（三）微博内容创作的特点

微博中的信息不同于普通新闻网页或博客中的信息，具有原创性、时效性、草根性、随意性、碎片性、重复性等特点。

1. 原创性

微博鼓励用户与他人分享自己的所见所闻所思所想，而人天生拥有表达的欲望，当人们遇到新鲜事情尤其是突发事件时，会拿起手机或打开网页，在这样一个便捷的平台上发布一句话、一张图片、一个链接或者一段评论。另外，有些用户喜欢用微博记录自己生活中的点点滴滴并与他人进行分享。微博中，用户亲自写的文字和亲自上传发布的图片占有较大比例，使微博呈现出原创性的特点。

2. 时效性

微博中的信息多是用户此时此刻的见闻感受，很少是人们经过深思熟虑后的深刻见解或者经过认真推敲得到的文字。这样的信息本身就具有较强的新闻特性和实时交流特征，其价值会随着时间的流逝而迅速衰减。另外，微博中的内容是按时间顺序排列的，新的内容总是呈现在最前面，旧的内容随着新内容的发布会被挤得越来越靠后，这在组织结构上也决定了微博信息的时效性。

3. 草根性

在被称为自媒体的微博中，不仅精英群体具有话语权，其他普通人也都具有话语权。人人都可以发布信息而不必担心自己所发布信息的质量是否比其他人的差，使人人都有话说，人人都愿意说。在任何人都可以表达自己、呈现自己的微博中，专业媒体的权力相对地被削弱了，而普通人发布的信息占有较大比例。所以在微博中普通人的声音更多一些，这使微博比其他信息平台更具有草根性。

4. 随意性

微博具有"4 any"特性（anytime、anywhere、anyway、anyone），即任何人可以在任何时间任何地点，以任何方式发布任何信息。不同的用户所处环境的随意性与心理状态的不确定性，使其发布的信息也具有较强的随意性和多元性。同时，微博包容不经过深思熟虑而发布的随意性信息，对用户发布的信息几乎没有任何限制与要求。这种随意性的信息，如同普通朋友之间的对话，拉近了人与人之间的距离。用户在这种信息的交流中，既了解了身边的朋友或明星大腕，满足了获取他人信息的欲望，也使自己得到了适当的展示，满足了自己分享的欲望。

5. 碎片性

微博中信息比较简短，字数上限一般为140字，个别微博字数上限为164字或200字，也有的微博平台不设上限，但用户实际发布的微博内容比较简短，多数只有十几个字或几十个字。这样简短的文字或是某件具体事情某一刻的描述，或是不成系统的闲言碎语，或是唠叨琐碎的生活细节，或是一时的感慨想法，与传统的新闻报道或通常百千字的博客形成了鲜明的对比。此外，现在越来越快的生活节奏也助长了微博信息快、碎、新的特性。

6. 重复性

一方面，微博存在转发功能，即任何人都可以把他人发布的或者转发的信息转发在自己的微博页面上。很多用户喜欢转发他人的信息，把自己看到的有趣的信息分享给自己的朋友。另一方面，用户评论他人的消息时，可以把这条评论当成一条信息发布在自己的页面上，同时在自己页面的这条微博信息下附有原信息。以上情况会造成同样的信息在不同的微博页面重复出现，使整个微博空间中的信息具有较强的重复性。

（四）微博内容的类型

1. 新鲜型的微博帖子

新鲜型的微博帖子主要是最新发布的内容及比较稀罕的内容。最新发布的东西当然更容易成为焦点。应该充分利用微博可以随时随地发布最新信息的特点，在第一时间将相关的信息或所见所闻发布出来。不少企业也将微博作为部分信息首发的渠道。比较罕见的内容自然也容易得到关注。"物以稀为贵"，别人在这里能看到别处不易看到的内容，自然就愿意关注。

2. 趣味型的微博帖子

多数情况下，人们用微博是为了消费一种"快餐文化"，就是为了找到轻松和开心的感觉，此时，如果能投其所好，自然获得青睐的可能性就比较大。事实也证明，在新浪草根粉丝榜上长期占据前三的有两个都是这类账号。这样说，并不是说要在微博中发布许多笑话或段子，而是应该将精力放在能否将与企业所在领域及业务相关的信息写得更有趣。除个别低俗话题外，通常不要把微博里的信息呈现得很严肃，而应该尽可能让其表现得轻松、幽默、好玩一些。

3. 利益型的微博帖子

显然，能给用户带来利益的微博帖子很容易获得较高的关注度与参与度，这也非常符合正常的用户心理需求。所以许多企业的抽奖活动会有很多人参与。利益性的微博并不意味着要经常搞抽奖活动，而应该把精力放在微博内容价值上，通过高价值的内容吸引更多的关注。

4. 专业型的微博帖子

专业型的内容有其特有的价值，特别是那些角度特别、观点独特、思考深入或总结全面的微博帖子，往往也会获得不少人的关注。对于企业而言，专业型的微博帖子主要包括企业所在领域的专业知识、最新动态及一些专业的意见。它们有助于向外界展示出企业的专业水平。

5. 互动型的微博帖子

微博本来就是互动性相当强的互联网产品，如何充分利用其利于互动的特点是许多企业需要经常思考的问题。涉及互动型微博帖子的发帖方式有很多种，如提问式、调查式及活动式。其中提问式可以通过一个问题来吸引别人参与讨论；调查式则可以提出一些有趣的问题选项让用户选择，有时可以配合投票；活动式则主要是通过组织让用户参与的活动来实现更多的互动。

6. 神秘型的微博帖子

神秘的信息会让许多人感到好奇。在微博内容中可以卖些关子，发布一些神秘感比较强的微博帖子，能引来许多好奇的网民。当然，对于企业微博营销而言，神秘型的微博需要多收集素材，且建议最好能与企业的品牌或业务挂钩。

7. 感人型的微博帖子

如果发布的信息让人感动引发共鸣，那么许多网民就愿意转发。其中既可能是一些公益的事情，也可能是一些感人的人或事。

8. 奇特型的微博帖子

奇特型显然也很容易吸引眼球，任何媒体渠道都有这个特点，微博也是这样。如果发现了奇特的人或事，完全可以将它迅速地发布到微博上，也许很快就会引来一大批人的关注。

（五）微博的内容管理

1. 保证内容质量

微博内容应该坚持以一种务实的态度编写，而不是记流水账似的随意发布，就算转发博文也应认真挑选，为目标人群提供有价值的博文内容，这样才能在粉丝群中产生较高的认可度和信任度。只有能够吸引粉丝、留住粉丝的内容才能达到预期的影响力和传播效果。

2. 加强趣味互动

微博内容在保证质量的同时，还需通过多种方式加强内容的趣味性和互动性。趣味性让粉丝在阅读时更加轻松，幽默诙谐的文风能让更多粉丝参与评论、转发。同时，有趣且个性化的微博形象也能拉近个人博主、企业与粉丝之间距离，使账号更具亲和力，利于形象塑造和品牌传播。

在内容的互动方面，我们可以发布一些互动性的话题博文或活动博文。关于微博话题的设计，可以从两方面寻找话题素材，一是针对目前热点话题借势进行发挥，二是结合自身定位及营销目的制造话题。为了突出微博话题，在内容编排上可以把关键词用"#"标记起来，形成专属话题，让该话题容易被粉丝以外的人搜索到，增加话题浏览概率。如果话题设计得好，引发大家共鸣，参与度自然就更高，就有可能成为热门话题，进入微博热门话题榜。

要想设计出有吸引力的话题，临时找设计灵感是不行的，需要在日常工作、生活中积累各种素材。如细心观察自己身边发生的一些事、留意网络上的热门事件、多积累跟自己专业领域相关的文章和图片，把这些素材记录、收集并整理起来，一旦需要用到的时候就可以信手拈来。

在加强与粉丝的互动时，还需要做到经常查看粉丝的评论，在评论区中与粉丝进行积极互动，把一些比较精彩的回复或评论进行加工整理，利用活动抽奖等形式进行展示，达到二次传播的效果。通过查看粉丝评论，我们还可以据此综合分析了解到粉丝的偏好内容，在后续微博内容发布时，能对所发布的话题及内容进行针对性的挑选及编排。

3. 原创与转发合理搭配

一个微博账号想要做出自己的品牌，其微博文章要有一定比例的原创作品。虽然原创运营的难度较大，但一味转发，很难让人产生耳目一新的感觉，难以增加粉丝数量。即便在原创作品时，我们也需要注意作品的生命力，要有自己独特的见解，要有带给别人价值的内容，而不是人云亦云。

坚持原创不是一件容易的事，但其实写作素材来源于生活中的点点滴滴，我们可以随时记录发布实时的短微博，无数个短微博经过整理、归类、再加工，就可以成为成体系的精华博文。即使在转载别人的文章时，也尽量加上自己转载的理由，给出自己对转载内容的分析见解，使转载也具有独特性，富有创意。我们在转载信息时还需要注意以下几点：

① 越是惊人的消息，越需要三思而后行，得到实质证据时才能转载；

② 要确认发布者的身份；

③ 营销"大V"发布的消息，建议先搜索一下消息来源；

④ 尽量不转发看似专业但无实际科学依据的文章；

⑤ 拒绝转发具有煽动、对立情绪的内容；

⑥ 禁止转发色情、反动信息。

4. 避免硬广植入

在发布营销推广信息时，一定要避免硬广植入，尽量把要发布的广告信息嵌入有价值的文章内容中，或以多种文风形式发布，如利用讲故事、温馨小贴士、趣味游戏、互动活动、幽默小段子等形式进行广告植入。这样既能达到广告宣传的效果，又不会让粉丝们难以接受。

5. 多种内容表达形式相结合

目前，微博发布的内容形式愈发多样化，不仅可以发布文字、图片，还能发布视频、音频，内容中还可以进行投票、点评等，同样的微博文字信息，结合不同的表达形式，会产生不一样的效果。

一般图文并用的形式是微博内容发布时最常用的，一条好的微博内容需要配上适合的图片，图文结合相得益彰，将会极大提升微博内容的可读性。图文并用的设计思路有两种，一是以文字内容来挑选图片，二是根据图片来设计文案。当文字内容较多时，可以把最关键的信息以简洁明了的方式先表达出来，这是因为微博只能直接显示140个字的文字内容和图片，超过140个字的部分，文字将被折叠起来，不能在第一时间全面展示。在当下，越来越多的人不愿意阅读文字，以简洁明了且带有趣味性的文字或直接用图片、视频来表达，更符合当今网民的使用微博的习惯。

（六）微博的内容发布

1. 规划合理的发布时间及频率

在规划内容发布时间时，微博内容运营应该从每天、每周、每月这三个时间维度去考虑，具体技巧如下。

（1）每天

根据微博平台活跃度统计发现，每天粉丝活跃高峰期主要集中在9：30—12：00、15：30—18：00及20：30—24：00这三个时间段，这与我们的生活作息习惯是相吻合的。如下班时间，不少人会利用通勤的碎片时间上网浏览信息，更多网民则是在晚饭后到睡觉前这段时间集中浏览网络内容。因此在这几个时段内发布的微博内容，能容易被人们查阅到，能达到更好的传播效果。

（2）每周

对于每周的时间，一般来说，周末是每周休息时间最集中的时段，因此这个时间段在一周之中也是粉丝最活跃的时候。我们可以考虑在周末尽量发布一些互动内容，如互动话题、互动活动等，加强与粉丝们的互动交流。

（3）每月

对于每月的发布时间规划，则需从全年的时间节点进行全局考虑，如每月的重大事件、活动以及节假日等。微博运营可以提前制作时间节点规划图，把重要时间节点标注出来，有利于更好地进行内容策划。

此外，微博发布频率也需结合粉丝的活跃程度，发布频率要适度。内容发布太频繁，重要内容反而容易被覆盖，也容易引起粉丝反感；反之，太长时间不更新内容，也会让粉丝失去耐心，不再关注该微博账号。一般来说，保持每天都有更新，每天发布量控制在10—15条比较合适。

2. 选择适当的发布时机

掌握常规的发布时间后，还需要选择适当的时机发布内容，比较合适的时机如下。

① 如果粉丝中外国朋友居多，需要考虑时差影响。

② 对于不同的粉丝人群，要结合人群的生活习惯来选择发布时机，如粉丝主要是大学生群体，那么也许在晚上九点以后发布内容更合适。

③ 利用节假日发布微博内容时，最好选在节假日即将开始的时候，预热效果会更好。

④ 对于突发性重大事件，要抢在第一时间进行发布，还需跟进事件的发展，进行连续内容发布。

⑤ 对于活动发布，选择实时发布效果更佳。

⑥ 发布有思考、有深度的博文内容时，最好在人们休息的时间，让人们有时间与之共鸣。

3. 定期整理已发布内容

内容发布后，还需定期对已发布内容进行整理。

① 把时效性较强或价值不高的微博内容清理掉，让微博主页看起来更加简洁。

② 对有价值的微博内容进行梳理，分门别类，为原创博文提供基础素材。通过这样的梳理，便于形成好的博文，提升微博内容深度。

四、任务评价与反馈

通过本任务的学习，大家已经学会了内容编辑、内容发布步骤、内容发布时间等技巧。请根据表4-2进行自我评价。

表 4-2　创作及发布微博推文学习评价表

评价项目	评价要点	自评	互评	教师评
推文编辑	微博内容编辑（15分）			
	微博内容策划技巧（15分）			
	微博推文发布（15分）			
推文发布	能够掌握微博推文发布技巧（20分）			
	能够掌握微博推文发布时机（20分）			
职业素养	通过微博推文编辑及发布实训，提高学生新媒体营销和运营的洞察策划能力（15分）			
总评成绩				

注：自评、互评、教师评三项分数取平均值，计为总评成绩。评价结果分为A优秀（85～100分）、B良好（75～84分）、C合格（60～74分）、D待合格（60分以下）四个等级。

五、任务检测

（一）单项选择题

1.微博头条文章封面图的最佳尺寸是（　　　）。

A. 800×600px

B. 1000×562px

C. 1200×800px

D. 500×300px

2.以下哪种微博内容类型适合通过抽奖活动吸引用户参与？（　　　）

A. 专业型

B. 利益型

C. 神秘型

D. 感人型

3.微博内容创作特点中，"用户可随时随地发布信息"对应的是（　　　）。

A. 原创性

B. 时效性

C. 随意性

D. 碎片性

（二）多项选择题

1.微博的内容形式包括（　　　）。

A. 纯文字

B. 图文

C. 视频

D. 头条文章

E.直播

2.以下属于微博内容类型的有（　　　）。

A.利益型 　　　　　　　　　　　　B.互动型

C.学术型 　　　　　　　　　　　　D.神秘型

E.广告型

3.微博内容编排的要点包括（　　　）。

A.保证内容质量 　　　　　　　　　B.减少粉丝互动

C.加强趣味性 　　　　　　　　　　D.直接插入外链

E.积累日常素材

（三）判断题

1.纯文字微博对文案水平要求较低，无须精心设计。（　　　）

2.微博话题字数应尽量控制在10个字以内。（　　　）

3.转发他人微博会降低账号的原创性权重。（　　　）

4.感人型微博内容只能用于公益宣传。（　　　）

5.视频微博在用户浏览时会自动播放，有助于提高互动深度。（　　　）

（四）简答题

1.简述微博内容创作的基本要求。

2.列举微博内容创作的六个特点，并简要说明其中一个特点。

3.如何设计互动型微博内容？请举例说明

（五）技能题

　　根据本任务所学的知识与技能，选择一个主题撰写一条微博。

任务 3
掌握微博营销推广技巧

一、任务导入

社交网络营销已经成为时下热门，各大企业越来越重视通过社交网络进行宣传推广。在社交化网络营销里，微博是一个重点战场。如能合理地利用微博进行宣传推广，或能收获爆炸性的宣传效应。在微博的推广里，学习营销推广技巧，以达到推广的目的。

微博平台可以有力协助企业账号做好明确定位。对于企业蓝 V 而言，可以通过品牌传播、推广、营销转化等不同的营销目的，在微博设定矩阵账号，以此满足多种营销需求，不论品牌还是效果需求客户，在蓝 V 代运营账号沉淀积累之后，都能带来长期持久的品牌曝光和价值转化。

二、引入案例

某白酒品牌以"新国风"微博定位实现品牌突围

某品牌作为聚焦"新国风"设计的白酒新品牌，自 2020 年起在微博平台展开系统性布局，着力破除传统白酒"厚重""陈旧"的刻板认知，以吸引年轻消费群体。其微博营销以"文化年轻化表达"为核心策略，采用"内容场景化、用户共创、热点借势"的三步举措来打造年轻化的品牌形象。该品牌持续发布融合书法、水墨、古建筑等东方美学元素的视觉内容，并结合二十四节气、传统节日等时间节点，推出主题海报与短视频，例如"清明·诗酒踏青"和"中秋·月映云纹"系列，以此强化品牌文化特质。同时，发起"我的国风时刻""新中式生活"等话题，激励用户分享国风穿搭、茶酒雅集等生活方式，构建普通用户原创作品内容池。在新品发布期间，与国风 KOL、汉服达人联合开展沉浸式场景推

素养看点

该案例不但让我们了解中华优秀传统文化的创造性转化与创新性发展，同时也展现了品牌引导青年群体关注和传承民族文化的意识，增强文化认同与自信，更让我们认识到作为新媒体从业人员应当在进行品牌推广传播中尊重文化本源，避免对传统文化的误读，传播的内容需要契合社会主义核心价值观。

广，并通过微博投票、直播品鉴会等形式增进与粉丝的互动，达成从推广到销售转化的完整流程。

通过持续输出高品质、高辨识度的国风内容，该品牌在微博平台成功建立起"年轻化、有文化感"的品牌形象。其主账号粉丝稳步增长，多条节气主题内容获百万级阅读与广泛转发，品牌话题总阅读量突破15亿次。据第三方监测数据显示，2022年其微博渠道带来的品牌搜索量同比增长120%，有效助力其在竞争激烈的白酒市场中实现差异化突围，成为"新国货"品牌内容营销的典型范例。

（资料来源于网络，编者整理）

三、任务实施

（一）微博推广的概念

微博推广是通过在微博平台上发布广告或推广内容，以达到品牌宣传、产品推广、粉丝互动等目的的一种营销手段。随着微博的兴起和用户数量的不断增长，微博推广已成为众多企业和个人进行网络推广的重要渠道之一。微博推广可以通过微博账号、微博广告、微博直播、微博达人等多种方式实现，具有传播速度快、受众广泛、互动性强等特点。

（二）微博推广的优势

1. 操作简便

微博整体操作简单，只需要将企业的营销内容发送到自己的微博中，就能够达到不错的效果。而且现在发布微博推广的内容也比较容易，并不需要什么长篇大论，可以做到编写完成后立刻发布，这会节省很多时间。

2. 互动性强

相比其他的营销手段来讲，微博营销的互动性是一个先天的优势。信息发布之后随时能和粉丝们进行互动，一旦有什么好的建议或者是反馈，可以及时对用户的问题给予回应。

3. 营销成本低

微博申请账号是免费的，整个维护的成本也很低，耗费的主要是时间和人力，除开这些并不需要投入很多的资金。相对其他的营销方法来说，确实算得上是低成本了。

4. 精准定位人群

一般来说，会关注企业微博的粉丝有着很强的针对性，大多是对企业比较感兴趣的群体。这就表示粉丝中有很多的潜在用户群，只要推广方法合适，就能做出精准营销，直接带来收益。

5. 影响力大

微博有着庞大的用户基数，如果时常互动和粉丝们的关系很好，粉丝们会主动的帮助账号进行转发，这样传播的效果就会很好，影响力也会直线上升。

（三）微博运营的方法

微博运营的具体技巧有很多，有效的、有目的性的方法概括起来有如下几种。

1. 原创内容发布

定期发布有吸引力的原创内容，包括文章、图片、视频等形式，以提供有趣、有价值的信息给粉丝。内容要与受众兴趣和品牌定位相契合，引起用户的兴趣和互动。

2. 热点话题参与

关注和利用时事热点和社会话题，及时发布相关内容，参与讨论和互动，以提高微博的曝光度和关注度。通过结合品牌的特点，将热点话题和品牌形象有机结合，吸引用户的关注和参与。

3. 用户互动和回应

积极与粉丝进行互动，回复评论、私信和提问等，建立良好的互动关系。及时回应用户的需求和问题，提供有用的信息和帮助，增加用户的参与度和忠诚度。

4. 活动和赛事策划

策划和组织有趣、有创意的微博活动和赛事，如送礼品、线上抽奖、线下活动等，通过活动吸引用户的参与和转发，扩大品牌影响力和用户范围。

5. 微博合作推广

与其他自媒体、大 V 和 KOL 等进行合作推广，通过与影响力较大的账号进行合作，提高微博的曝光度和传播效果。合作推广可以是品牌营销活动、产品推介、品牌故事分享等形式。

6. 社群管理和互动

建立和管理微博社群，与粉丝互动和分享有用的内容。通过社群互动，增强用户的参与度和忠诚度，更好地了解用户需求和反馈。

7. 数据分析和优化

定期分析微博运营的数据，包括粉丝增长、互动情况、内容效果等指标。根据数据分析，对运营策略和内容进行优化和调整，提高运营效果和品牌影响力。

（四）微博增粉

微博粉丝量作为微博营销中一个重要组成部分，也是营销推广效果的基础保障，下面提供一些提升微博粉丝量的技巧。

1. 新账号快速增粉

新开通的微博账号，在完成明确定位和基本内容策划后，最迫切的就是快速增加第一批粉丝，只有拥有一定粉丝量之后，才能迅速传播微博内容，提升微博品牌形象。一般新账号快速增粉有以下三个小技巧。

①　通过与亲朋好友互粉。

②　通过有一定粉丝量基础的好友推荐，借用好友的微博平台推广新账号，能在短时间内获得较高的粉丝信任度。

③　通过关注同类人群，同类人群有着同样的喜好，一般关注对方后，对方往往也会同时关注该账号，在互相交流过程中还能进行多方推荐。

2. 通过外部平台引流增粉

如果博主能在其他社交平台上聚集大量粉丝，则可在这些平台的个人简介中、发布内容中或私信中植入自己的微博账户信息，借此进行引流增粉。此外，还可以通过个人博客、粉丝口碑、出版书籍、个人名片、邮件签名等多种渠道进行账号推广。

3. 通过内容策划增粉

通过内容增粉，也就是采用"内容营销"的方式，只要微博内容有价值、有质量、够有趣，就能吸引更多的粉丝阅读、评论、转发扩散。有时一条热门微博引发的粉丝增长量令人难以想象，但仅靠一两条优质微博是难以留住粉丝的，因此内容策划是一个长期过程。

4. 通过活动增粉

在微博平台上可以利用活动在一定程度上提高粉丝的参与度，以达到吸引粉丝、增加粉丝量的目的。平台活动中心也提供了如幸运转盘、限时抢购等几种基本活动功能，可以使用这些功能策划一些转发抽奖类活动、话题讨论类活动，以及 DIY 制作等。但需要注意的是，在策划以增粉为目的的活动时，活动条件的设置应尽量降低门槛，以保证尽量多的粉丝参与此活动。关于微博活动策划的一些具体技巧，将在下一小节中详细列举。

此外，我们还可以与线下活动相结合，以达到相互呼应、实力增粉的效果，如线下路演活动、线下分享会、线下体验活动、优惠活动等。因为多数线下活动都需要活动目标对象亲临活动现场或一对一地互动交流，能参与到活动中的人几乎都是需要尽力争取的潜在客户，只要在活动中能获得客户认同，就会收获一大批忠实粉丝。这类粉丝比平台活动中增加的粉丝更加真实，更具黏性，且互动性更高，更愿意主动分享给自己的亲友。

线下活动要取得更好的增粉效果，有以下五个小技巧：

①　保证高质量、有内涵的活动内容；

②　在所有活动参与者能接触到的宣传媒体中，都留下自己的微博账户信息；

③　活动开场时就给出微博关注信息，以便活动参与人在活动中随时加关注；

④　活动交流中尽量采用微博互动的方式，如用微博展示讲解内容、通过微博分享此次活动资料等；

⑤ 在活动结束时，再次留下自己的微博账户信息，方便进一步与活动参与人进行交流和互动。

5. 借助微博"大V"增粉

作为微博新用户，如果自身粉丝量太少，即便有优质文章或策划了微博活动，由于粉丝参与人数太少或参与度不高，也很难达到较好的传播效果。此时我们可以选择与微博发布内容相关的微博"大V"合作，请微博"大V"转发微博内容或发起活动，借助"大V"已有的影响力和粉丝量快速增粉。

6. 申请 VIP 认证

一般在新用户注册时，微博会为新用户推荐一些他们感兴趣的认证用户，因此当我们申请 VIP 认证后，有可能会出现在新用户的默认推荐账号中，增加新用户关注的可能性。

（五）微博活动策划

微博活动是利用微博平台进行营销推广最直接有效的方式之一，通过活动既可以传播品牌形象，又能更好地调动粉丝参与的积极性，提高现有粉丝黏性，增加新的粉丝量。

1. 微博活动策划流程

步骤1：确定活动主题

活动主题是整个活动实施的宗旨，也是活动的名称，可结合营销目的来确定。活动主题要简单大气，体现企业核心价值，有时带有趣味性的主题也是一种尝试。

步骤2：明确活动目标对象

明确本次活动针对的目标人群，根据目标人群的特点设计出适合的活动方式、活动内容。

步骤3：制定详细的活动方案

包括活动实施步骤、文案、海报的设计、活动物料的准备、人员配备、经费预算、风险预测等内容。

2. 微博活动常用方式和手段

（1）有奖转发

有奖转发是通过活动来增粉的最有效、最常用的一种方式，一般设置门槛比较低，只需要参与人转发或者转发并评论、转发并 @ 好友就能获得中奖机会。目前活动主办方在制定具体活动规则时，一般都选择采用后面两种形式，有的还会要求 @ 多个好友。

（2）有奖征集

有奖征集就是通过征集某一问题的解决方法来吸引粉丝参与，常见的征集主题有广告语、段子、祝福语、创意点子等。通过奖品的诱导，充分调动粉丝参与的积极性，再将征集应用结果进行二次传播，形成连环效应。

（3）有奖竞猜

有奖竞猜是有奖活动中最具趣味性的一种，通过发布一条谜语或题目，邀请粉丝参与答题，最后揭晓答案再抽奖。竞猜方式可以是猜图片、猜文字、猜结果、猜价格等。虽然这种方式目前应用得还不多，但其互动性及参与性都比较强，如果设计环节很有趣味性，可以带来不小的转发量。

（4）有奖调查

有奖调查主要是商家或个人通过奖品诱导来收集用户的反馈意见及建议，一般不是为了直接销售或宣传商品。粉丝通过回答问题，再转发微博即可获得抽奖机会。

四、任务评价与反馈

通过本任务的学习，大家已经学会了微博增粉、微博活动策划及技巧、微博营销官网咨询或预约。请根据表4-3进行自我评价。

表4-3　掌握微博营销推广技巧学习评价表

评价项目	评价要点	自评	互评	教师评
微博增粉及活动策划	新账号快速增粉（10分）			
	外部平台引流增粉（10分）			
	策划活动（10分）			
	设置活动流程（20分）			
	设置活动方式（20分）			
微博营销	微博营销优势（10分）			
	微博营销官网（10分）			
职业素养	通过微博营销推广技巧实训，有利于对学生进行价值观引导，提升学生综合职业素养能力（10分）			
总评成绩				

注：自评、互评、教师评三项分数取平均值，计为总评成绩。评价结果分为A优秀（85～100分）、B良好（75～84分）、C合格（60～74分）、D待合格（60分以下）四个等级。

五、任务检测

（一）单项选择题

1.微博推广的核心优势之一是"低成本"，这是因为（　　　）。

A. 微博广告投放费用极低

B. 账号注册和维护成本低，主要投入时间和人力

C. 粉丝会自动付费参与活动

D. 平台提供免费流量补贴

2. 微博推广中"传播碎片化"的特点是指（   ）。

A. 信息内容短小且形式多样　　　　　B. 用户必须通过多个平台转发

C. 所有信息必须经过专业审核　　　　D. 仅限文字内容传播

3. 策划微博活动时，提高参与度的关键设置是（   ）。

A. 活动门槛极高以筛选精准用户　　　B. 活动规则复杂以增加趣味性

C. 降低参与门槛，吸引更多用户　　　D. 仅限 VIP 用户参与

（二）多项选择题

1. 微博推广的五大特点包括（   ）。

A. 操作简单，原创性强　　　　　　　B. 传播内容单一化

C. 信息传播实时快速　　　　　　　　D. 虚拟身份与真实身份重合

E. 仅依赖专业媒体传播

2. 新账号快速增粉的方法包括（   ）。

A. 通过付费广告直接买粉　　　　　　B. 与亲朋好友互粉

C. 关注同类人群并互动　　　　　　　D. 强制用户关注账号

E. 通过好友推荐引流

3. 微博活动策划的常用方式有（   ）。

A. 有奖转发　　　　　　　　　　　　B. 限时封禁账号

C. 有奖征集　　　　　　　　　　　　D. 线下路演结合线上互动

E. 强制用户分享个人信息

（三）判断题

1. 微博推广中应避免插入外链或二维码以防止降低权重。（   ）

2. 微博的"去中心化"特点意味着所有用户的影响力均等。（   ）

3. 申请微博 VIP 认证可以增加新用户的默认推荐曝光机会。（   ）

4. 纯文字微博对文案要求较低，适合所有企业使用。（   ）

5. 线下活动增粉时，应在活动全程多次提示微博账号信息。（   ）

（四）简答题

1. 简述微博推广的五大特点，并说明"虚拟身份与真实身份重合"的营销意义。

2.列举微博增粉的三种外部平台引流方法，并说明其作用。

3.微博活动策划的基本流程是什么？请结合具体步骤说明。

（五）技能题

根据本任务所学的知识与技能，把个人微博进行合理地推广。

项目五　直播营销

任务 1　认识直播营销
任务 2　搭建直播间
任务 3　为直播间引流

学习目标

一、知识目标

1. 掌握直播营销硬件筹备知识。
2. 掌握直播营销平台应用实操技能。
3. 掌握直播营销方案制定的方法。
4. 掌握直播营销环节设计的流程。
5. 掌握直播前引流的方法和技巧。
6. 掌握直播中付费引流的方法和技巧。

二、技能目标

1. 能够根据要求筹备直播营销所需的硬件设备，同时根据实际情况挑选直播平台，并且完成平台注册。
2. 能够根据直播营销的需求，设计直播营销的环节及直播营销流程策划方案。
3. 能够在直播前制作直播引流海报、直播引流短视频为直播引流。同时，在直播过程中，利用付费投流的方式完成直播间引流工作。

三、素养目标

1. 践行社会主义核心价值观，树立直播营销人才的职业操守和法治意识。
2. 树立直播营销人才的团队协作意识，培养良好的沟通协作能力及良好的职业素养。

项目导读

　　直播是一种实时性和互动性显著的互联网内容传播形式，不同于文字、图片、视频等内容，直播能够实时与用户进行交互，直观地掌握用户的反馈。直播营销是随着直播的兴起而产生的营销方式。直播营销是指在现场随着事件的发生、发展进程同时制作和播出，在直播平台上展示给直播平台用户，以达到企业获得品牌提升或是销量增长的目的。具体来说就是企业通过直播场景的搭建，设置相应的直播环节，在主播与观众的互动当中，巧妙地将产品或企业服务信息植入到直播活动中，引导目标受众进行品牌宣传或产品购买的过程。本项目就给大家介绍直播营销需要完成的场景搭建、内容策划及直播引流方案等。

任务 1
认识直播营销

一、任务导入

　　随着直播营销的兴起，在互联网直播中进行产品销售营销活动的账号越来越多。也有越来越多的用户习惯于观看直播并从直播中购买产品。全面的直播营销策划是直播成功的关键之一。为了让直播更成功，在直播开始之前需要设计整个直播流程，并制定相应的直播话术。本节任务重点在于专门策划针对直播营销活动的方案，并根据策划方案来完成直播营销活动。一般而言，直播方案包含直播目的、直播互动内容、人员构成及分工时间安排、预算控制等相关内容。在直播正式进行时，需要根据直播执行方案来进行直播，以达到营销宣传、售卖商品的目的。

二、引入案例

佰草集的创意直播间运营

　　"宫廷"这一元素大家并不陌生，直播大家也不陌生，佰草集把宫廷元素带进直播间就是把旧元素的重新组合。佰草集直播间就是完全的营销结果，直播间场景搭建、主播服装、话术、表演等都是精心策划的。主播在直播间的话术，还有几个副播和主播之间的合作，都有浓浓的"后宫"代入感，用户沉浸式体验"娘娘直播"，在回答观众问题的时候，主播采用古代一些常用的称呼，比如，公主、娘娘、王爷、格格等。

　　除此之外，佰草集还将这类创意产品化，推出宫廷小剧场，在抖音平台上进行传播。佰草集这一新的直播形式，给直播电商的营销策划带来了一波新思路，除了能够在直播间声嘶力竭地大喊低价，还可以在直播形式上做出新的改变。

（案例来源于网络，编者整理）

素养看点

　　该案例不但让我们认识直播间有各种各样的直播内容策划，更加让我们明白在进行直播时，在保证遵守国家和平台规则的情况下，应当具有创新意识。

通过以上案例不难看出，直播间的创意直播内容可以给企业的产品宣传和品牌宣传带来不一样的效果，实现快速打开知名度的目的。目前企业的直播间想要吸引直播平台的用户观看，需要用心地对直播内容进行策划。因此，本项任务我们就教大家如何策划直播内容，并且进行直播策划的实施，从而达到企业预期的营销目标。

三、任务实施

（一）直播营销的概念

直播营销是一种基于互联网直播平台的营销方式，它指的是企业或个人通过现场直播事件的发生和过程来进行营销活动，以实现品牌提升或销售额增长的目标。具体来说，直播营销就是通过搭建直播场景、设计直播环节的创意，以及在主播与观众的互动过程中巧妙地植入产品或企业信息，从而引导或促使目标受众进行品牌传播或购买产品。

直播营销的核心在于通过直播平台的传播力和互动性，将产品或企业信息融入直播活动中，以吸引观众的注意力并激发他们的购买欲望。在直播场景的搭建过程中，企业和主播可以精心设计直播的背景、道具和氛围，以营造出与产品或企业形象相符的环境，从而增强观众对品牌的认知和好感度。

此外，直播环节的创意设计也是直播营销的重要一环。企业和主播可以通过创新的直播内容、互动游戏、抽奖活动等方式，吸引观众的参与和互动，增加观众对直播活动的黏性和参与度。同时，主播在直播过程中的表达方式和互动技巧也至关重要，他们需要具备亲和力和说服力，以吸引观众的关注并引导他们进行品牌传播或购买行为。

（二）直播营销的特点

直播营销作为新媒体营销的重要手段之一，其营销形式比较丰富新颖，推广效果也比较明显，但却并不是所有内容都适合直播营销，直播营销有其独有的特性。只有掌握了其特性，才能真正发挥直播营销的裂变效果。

1. 高度的实时性和互动性

直播营销最大的特点之一就是其高度的实时性。观众可以在同一时间观看直播内容，这种实时性使得观众能够及时获取最新的信息和动态。此外，观众还可以通过发送弹幕、发表评论、点击点赞等方式与主播进行实时互动，这种即时的互动方式不仅能够增加观众的参与度，使他们感到自己是直播的一部分，而且还能够增强观众对品牌的忠诚度。并且这种即时的互动方式还可加强品牌与消费者之间的情感联结，使消费者更加信任和喜欢品牌。

2. 广泛的受众覆盖

直播平台拥有庞大的用户群体，这使得直播营销可以将产品或服务推向更广泛的受众。无论是年轻人、中年人还是老年人，无论是男性还是女性，都可以通过直播平台找到自己感兴趣的内容。这种广泛的受众覆盖有助于品牌扩大其影响力，提升品牌的知名度和认知度。

3. 直观的产品展示和演示

直播营销为产品展示和演示提供了一个非常直观的平台。主播可以通过实时展示产品的特点、使用方法、效果等，让观众更直观、更真实地了解产品。这种直观的产品展示和演示方式，不仅可以让观众更深入地了解产品，还可以提高观众的购买意愿，从而提高购买的转化率。

4. 引发情感共鸣和深入沟通

直播营销能够引发观众的情感共鸣。通过主播的讲解和演示，观众能够更深入地了解产品的故事和品牌的文化。这种深入的沟通方式，不仅可以让观众更深入地了解产品和品牌，而且能够增强观众对品牌的认同感和信任感。

5. 精准定位和识别目标人群

虽然直播营销具有广泛的受众覆盖，但是观众在观看直播时需要在特定的时间进入播放页面，这种播出时间上的限制，使得直播营销能够真正识别出并抓住具有忠诚度的精准目标人群。这种方式不仅可以让品牌更精准地进行营销，还可以提高营销的效果和效率。

（三）直播营销的优势体现

直播营销作为一种新兴的营销方式，已经给商家带来了前所未有的商业机会。这种更加形象、直观且覆盖范围更广的营销推广方式，在产品的展示及销售、客户的沟通与服务方面，相较于传统的营销方式，具有显著的优势。

1. 直播营销能够提供更直观的营销场景

通过直播，商家可以真实地展示产品试用过程，甚至是生产过程，让目标客户能够直观地看到产品的全貌。这种方式无须客户通过文字、图片等信息自己去构建产品的模拟使用场景，从而能够快速地将客户带入营销场景，引发他们的兴趣和购买欲望。同时，直播的多方互动模式也更容易营造出氛围良好的产品销售环境。在直播过程中，用户与主播的实时交流，以及用户发布的弹幕信息，都能够起到引导消费的作用。人们在决定是否购买产品时，往往会受到从众心理的影响，而直播营销正好能够利用这一点。

2. 直播营销的成本相对较低

无论是传统营销中的电视、广播、报纸、杂志、户外广告媒体，还是互联网搜索引擎广告、电商平台首页广告以及一些自媒体大V号的软文推广，广告费用在营销成本中都占有不小的比例。然而，直播营销主要依靠视频平台，对宣传场地、物料等需求较少。此外，观看直播的观众多为具有类似特征的同一群体，这意味着宣传推广的目标受众比较明确及精准，因此直播营销的宣传推广到达率相对更高，宣传成本也相对比较低。

3. 直播营销能够实现更高效的互动沟通

在直播营销活动中，主播与用户的交流是双向的、即时性的。这就意味着，商家不仅能够通过直播直观地展示产品，更能通过直播为用户提供及时高效的服务体验。同时，商家还能在直播互动中了解并收集用户对产品或服务的意见反馈，这对于后续的经营中对产品或服务进行有针对性的优化是非常有帮助的。

（四）直播营销策划内容

1. 选品策划

（1）物有所值

消费者在选择购物平台时，通常会考虑两个主要因素：便利性和价格。直播购物平台作为一种工具，同样遵循这一原则。高价商品在直播间的销售可能会遇到困难，因此，低价或高性价比的商品更适合直播销售，满足消费者对物有所值的期待。

（2）高匹配度

确定直播商品的价格区间后，下一步是选择与产品相匹配的主播进行推广。无论是达人主播还是商家主播，产品的推广应与粉丝群体的特征和主播的形象相符合。例如，未婚女性主播推广母婴用品可能缺乏说服力，而针对年轻消费群体的品牌则不适合由形象成熟的主播来带货。

（3）需求及时性

在确保产品具有性价比和匹配性之后，还需要考虑产品是否符合当前的活动和粉丝需求。例如，在大型销售日，如双十一、双十二、品牌日等，消费者的购买力和参与度较高，因此需要准备充足的产品库存，并挖掘与活动主题相关的产品故事。同时，平时也要注意收集粉丝希望在直播间看到的产品，关注产品的独特性、特点、优势和情感价值。

产品独特性是指产品的独特卖点，可以通过以下公式来阐述：

买点 = 产品特点 + 产品优势 + 粉丝利益 + 赋予情感

其中，产品特点描述了产品的独特成分或功能；产品优势是从产品角度出发阐述的优势；粉丝利益是从用户角度出发，描述产品如何解决用户的问题；赋予情感则是与粉丝情感产生共鸣，展现同理心。以一款粉底液为例，其价值提炼如下。

·产品特点：不油腻、不含硅、无香料防腐剂，添加丁香花植物干细胞成分。

·产品优势：具有滋润、抗氧化、防晒等天然矿物质修复功能。

·粉丝利益：经某协会推荐，安全系数高，适合宝妈使用，不用担心化妆品伤害皮肤，且直播间有空前优惠。

·赋予情感：能滋润肌肤的粉底液。

2. 价格策划

直播商品的价格是影响消费者下单的重要因素。因此在进行直播策划时需要对价格进行策划，以下是常用的定价策略。

①竞品对比策略：通过比较同行业内的商品价格，凸显自家产品的价格优势。

② 突出性价比策略：与线下或其他渠道的常规商品价格进行对比，展现直播间主推商品的高性价比。

③ 促销价格策略：利用粉丝优惠、限时折扣、限量秒杀等手段，提供直播间独有的价格优势。

④ 价格阶梯策略：如第一件商品 29.9 元，第二件 19.9 元，以此类推，刺激消费者购买多件商品。

⑤ 惊喜策略：在直播过程中，为粉丝提供意料之外的优惠，增加购买的冲动。

⑥ 锚点效应策略：设置较高的初始价格作为锚点，提升用户对产品的价值感知，然后展示实际较低售价。

⑦ 塑造惊喜策略：制造意外的优惠情况，使消费者感到惊喜，并迅速下单。

⑧ 损失规避策略：避免让消费者感受到多次支出的痛苦，比如将邮费包装成免费服务，以减少消费者的支付压力。

⑨ 诱饵效应策略：在产品列表中放置高价商品作为诱饵项，使得其他商品相对显得更划算，引导消费者选择目标项。

⑩ 话术引导策略：利用巧妙的话术描述套装产品，例如将赠品描述为额外赠送，增强消费者的获得感。

这些策略可以单独使用，也可以组合使用，以提高消费者的购买意愿和转化率。

（五）直播营销策划设计

步骤 1：明确直播目的。

每一次的直播都是有一定的营销目的的，如推广产品或服务、传播企业品牌形象、吸引潜在目标客户、完成既定的营销目标等，因此营销目的可以通过对产品、用户的分析，并结合当期的营销目标综合提炼得来。

产品分析主要是分析其产品优势，可以从产品形态、成分、功能、效果等方面入手。用户分析主要是根据用户属性及行为特征分析用户喜好，挖掘用户真实需求，针对用户需求提炼营销目的，同时帮助直播设计有针对性的活动。通过产品及用户分析，结合企业营销目标制定出的直播营销目的，必须是具体的、量化的、合理的、有时效性的。

步骤 2：选择直播营销的方式。

明确营销目的后，则需根据营销目的和目标用户群的特点，选择不同的营销方式。企业营销目的基于用户听说、了解、决策、购买的整个行为流程，可对应分为传播推广、重点展示、优化评价、促进交易等四类。可以选择的营销方式有以下几种。

① 颜值营销：利用高颜值主播吸引直播观众观看直播。

② 明星营销：借助明星自带流量进行直播，为直播间带来人气。

③ 稀有营销：利用稀有的产品进行营销。

④ 利他营销：站在用户角度进行直播，传播对其有利的内容或产品信息。

⑤ 才艺营销：利用主播的才艺展示进行直播来积聚人气。

⑥ 对比营销：直播时对比同类型竞品，凸显自身产品的优势。

⑦ 访问营销：直播通过互动交流访问他人的形式，以第三人的观点阐述引导，实现直播营销的目的。

步骤 3：设计直播要素组合。

在明确营销目的，选择了适当的营销方式后，接下来就要设计直播营销要素组合。直播要素主要由人物、场景、产品、创意四个部分组成。直播要表达的基本内容就是什么人（即人物）在什么场所或渠道（即场景）购买了什么产品（即直播产品），通过完整的购买过程重现，去引导说服消费者购买。

步骤 4：设计直播流程。

明确营销目标，选择营销方式，设计好营销要素组合后，就需要设计整个直播流程。通常情况下直播分为三个部分：直播开场、直播过程、直播结尾。

① 开场设计：需要让用户了解直播的内容、形式和主播信息，给用户留下良好的第一印象，进而影响用户对直播观看性的评价。一般而言，此次直播的主播需要进行自我介绍、直播内容介绍、直播时间介绍、直播期间的活动介绍。让用户可以全方位地对一次直播的内容有大概的了解，从而判断其是否继续留在直播间进行观看。

② 过程设计：直播过程主要是对直播内容的详细展示。主要设计内容介绍过程，比如先讲什么后讲什么，给所有的内容进行排序。同时还可以在此期间穿插一些活动吸引并留住观众，比如抽奖、红包等。

③ 结尾设计：直播间从开始到结束，观看直播的用户人数是不断地在变化的。因此不管在结尾留下多少用户在观看直播，都需要对这些用户进行引导。引导此类型用户关注直播间，为下一次直播的流量进行储备。还可以预告下一次直播的时间。

步骤 5：进行人员分工。

根据直播流程和要素设计，安排好直播间的人员。比如几个主播、几个助播；谁进行中控，控制商品上架；多少人作为观众进入直播间对其他用户进行引导；等等。

步骤 6：直播时间。

根据选择的平台的流量大小、用户活跃时间确定直播时间和直播时长。通常而言，一场直播时间不会低于 2 小时，同时也会选择在平台流量爆发之前开始直播。

步骤 7：撰写直播营销策划方案。

根据设计好的内容，撰写直播营销策划方案。方案一般包括直播目的、直播活动简述、人员构成及分工、时间安排、预算控制等内容。每部分内容的撰写要点见表 5-1。

表 5-1　直播营销策划方案撰写要点

序号	方案正文内容	撰写要点建议
1	直播目的	是指本次直播营销活动要达到的目的，如需要完成的销售目标、直播参与人数、活动内容转发量等
2	直播活动简述	简述内容包括采用的直播形式、选择的直播平台、突出的直播亮点、直播主题等信息
3	人员构成及分工	是指说明人员的构成以及明确相应的分工内容，如分组说明，道具组、现场组、文案组等，需详细说明每块任务的负责人及任务内容
4	时间安排	主要包含整个直播策划和实施过程的时间节点安排，如每个小组的任务完成时间节点和直播各环节的时间节点等
5	预算控制	指整个活动在人力、物力、信息资源等各方面的经费预算及控制，若出现超出预算的情况，有相关预案或上报流程可依据

（六）直播营销策划执行

步骤 1：根据直播策划，进行开播前检查。

主要检查直播时所需要使用的商品样品、辅助道具、直播平台的开播设置是否准备完善、直播间需要用到的软装是否已经摆设到位。

步骤 2：进行直播。

根据直播策划安排进行直播。因为现在很多平台，一些功能性的词汇属于敏感词，不能够在直播中提及。因此在直播时，主播的描述话术中不能够涉及该类词汇。同时，主播还应该注重与用户之间的互动。互动时注意表情和动作要能够带动气氛，还需要多利用红包、抽奖等已经安排好的福利内容不断地留存用户。同时作为直播的助播人员要注意直播间用户的互动评论和用户的反馈，及时发现用户提出的问题，并给予快速的反馈。

步骤 3：完成直播后，评估直播效果。

完成直播后要对直播的效果进行总结。主要包括直播活动统计数据与既定的营销目的的对比，以及直播过程中的经验教训总结。直播活动统计数据可使用直播平台后台数据分析得来的数据，在后台进行相应设置即可。同时，如果需要更细的或平台无法提供的数据，则需安排相关人员进行人工统计。

四、任务评价与反馈

通过本任务的学习，大家已经完成了直播营销的策划与执行。请根据表 5-2 进行自我评价。

表 5-2　认识直播营销学习评价表

评价项目	评价要点	自评	互评	教师评
直播营销策划	直播营销策划的可执行性（5分）			
	直播活动安排的合理性（5分）			
	直播人员分工的合理性（5分）			
	直播时间选择的恰当性（10分）			
	直播方案的完整性（10分）			
直播营销执行	直播执行和策划内容的精准性（10分）			
	直播背景音乐选择的恰当性（5分）			
	主播话术的合规性（10分）			
	直播效果分析的有效性（5分）			
	直播执行过程的完整性（5分）			
直播营销策划能力	能够根据直播产品设计直播营销环节（10分）			
	能够根据直播产品进行直播营销策划（10分）			
职业素养及法律意识培养	通过直播营销策划，培养实事求是的职业素养，以及不进行虚假宣传的法律意识（10分）			
总评成绩				

注：自评、互评、教师评三项分数取平均值，计为总评成绩。评价结果分为 A 优秀（85 ~ 100分）、B 良好（75 ~ 84分）、C 合格（60 ~ 74分）、D 待合格（60分以下）四个等级。

五、任务检测

（一）单项选择题

1. 直播营销的核心优势之一是"低成本"，这是因为（　　　）。

A. 直播平台提供免费流量补贴

B. 主要投入为时间和人力，场地、物料需求少

C. 观众会自动购买高价商品

D. 主播费用由政府补贴

2. 直播营销中"锚点效应策略"的目的是（　　　）。

A. 通过高价商品提升用户对产品价值的感知力　　B. 强制用户购买多件商品

C. 减少直播时长以降低成本　　D. 利用明星流量吸引观众

3. 直播策划中"需求及时性"的选品原则强调（　　　）。

A. 产品需符合当前活动主题和粉丝需求　　B. 产品必须低价且质量一般

C. 仅限母婴用品推广　　D. 必须由未婚主播带货

（二）多项选择题

1. 直播营销的显著特点包括（　　　）。

A. 实时互动性强　　B. 仅依赖文字信息传播

C. 受众覆盖广泛　　D. 产品展示依赖用户想象

E. 情感共鸣与精准定位

2. 直播价格策划的常用策略有（　　　）。

A. 竞品对比策略　　B. 强制捆绑销售策略

C. 锚点效应策略　　D. 损失规避策略

E. 虚拟身份伪装策略

3. 直播流程设计的核心环节包括（　　　）。

A. 开场设计（自我介绍、活动预告）　　B. 强制观众分享个人信息

C. 过程设计（内容排序、抽奖活动）　　D. 结尾设计（引导关注、下次预告）

E. 关闭弹幕以简化互动

（三）判断题

1. 直播营销中"高匹配度"要求主播形象必须与粉丝群体特征一致。（　　　）

2. 直播营销的"损失规避策略"可通过免费邮费包装减少消费者的支付压力。（　　　）

3. 直播策划中的"颜值营销"仅适用于美妆类产品。（　　　）

4. 直播结尾无须引导用户关注，因为观众留存率已固定。（　　　）

5. 直播营销的"需求及时性"要求产品库存与活动主题无关。（　　　）

（四）简答题

1. 简述直播营销的四大核心优势，并说明"高效互动沟通"如何提升用户体验。

2. 列举直播选品策划的三个关键原则，并以母婴用品为例说明"高匹配度"的应用。

3. 直播流程设计中"过程设计"包含哪些内容？请结合具体案例说明如何通过抽奖活动提升观众黏性。

（五）技能题

1.完成一份化妆品的直播策划。

2.完成一份零食产品的直播策划。

3.完成一份电子产品的直播策划。

任务 2
搭建直播间

一、任务导入

随着移动互联网的飞速发展，国内直播营销也有了长足的进步，从以前的娱乐化主播逐渐地转变成为了直播营销。直播营销兴起于 2015 年，并迅速成为新媒体营销中的主流营销方式。要完成一个直播营销必须有特定的直播环境以及相关的设备。做好直播硬件设备的筹备，并且选择好直播平台是直播营销中的基本工作。本节任务重点在于介绍在实施直播前，需要根据直播的要求准备好哪些硬件设备及平台选择，并按照直播要求布置好直播场地，准备好直播软件。

二、引入案例

直播电商，让老牌国货跟上时代

2021 年 7 月，鸿星尔克因向受到暴雨洪灾的河南捐赠了 5000 万元物资登上过热搜。当网友们知道鸿星尔克在常年亏损的情况下还默默捐款以后，备受感动。一时间鸿星尔克的线下店和直播间都"人满为患"。

据统计，当时鸿星尔克官方旗舰店在淘宝的直播销售额突破了 1.07 亿元，总销量 64.5 万件，观看人次近 3000 万。而在它的抖音直播间，三个矩阵号在两天内的销售额就超过了 1.3 亿元。

在此波流量爆发之前，鸿星尔克刚刚建立好配置齐全、规律开播的直播间。而捐款事件冲上热搜后，鸿星尔克董事长吴荣照第一时间注册了抖音账号，对捐款一事进行回应。此条回应视频的点赞量接近 680 万。

此后，吴荣照频繁出入鸿星尔克直播间，大有要成为网红的趋势。与此同时，鸿星尔克的直播间也迅速响应，24 小时不间断直播，完美承接住了蜂拥而至的流量。

不仅仅是鸿星尔克，这两年靠着直播电商承接流量的还有很多国货品牌。比如"10

素养看点

从该案例中，我们不但认识到直播电商为国货企业带来新的发展机遇，更为有鸿星尔克这样有企业担当的中国良心商家而骄傲。

年只涨两块钱"的蜂花、"三分之一残疾人员工、拒绝日资收购"的白象等。虽然大多数网友为了情怀买单后都逐渐散去，但这也让企业真正有了深入了解消费者想法的机会，并做出改善。比如被吐槽包装难看后，蜂花立刻更换了新包装，并表示"换新包装也不会涨价"；而白象被评价口味太少、味道太淡后，也很快推出了一系列多种口味的"火鸡面"。

（资料来源于网络，编者整理）

通过以上案例不难看出，直播营销能够使企业的产品快速被推广和售卖出去，并且快速提升市场占有率。所以，目前企业想要提升品牌知名度，提高销售量，利用直播营销是一个不错的选择。从案例中还可以看出，直播营销想要成功，最开始需要有配置齐全的直播间。

三、任务实施

（一）直播营销介绍

直播营销是一种实时、互动性强的营销方式，它能够有效地帮助企业提升品牌知名度，增加产品销量，是现代企业在市场竞争中不可忽视的一种重要营销手段。它的核心在于在事件发生的当下，随着事件的发展进程，实时地制作和播出节目，并在直播平台上展示给广大的用户。具体来说，在直播营销的实施过程中，企业需要通过精心策划和搭建直播场景，设置一系列有趣、吸引人的直播环节，以吸引观众的注意力。在主播与观众的实时互动中，企业需要巧妙地将产品或服务的相关信息融入直播活动中，使观众在观看直播的过程中，自然而然地了解到产品或服务的信息。

（二）直播硬件介绍

1. 直播场地

根据直播的内容和环节设计，直播场地可分为室内和户外两大类。

室内场地主要用于进行产品推介、产品试用演示、用户分享、知识培训等直播内容。常用地点有室内直播间、室内活动场地、店铺、工作室、住所、休闲茶室等。

户外场地主要用于进行活动环节互动性较强的直播内容，如需要人流量较充足的街头访问、产品试用体验、互动游戏等。在选择户外场地时，除了需要考虑户外环境、人流量等因素外，还需根据活动设计内容、场地安全性、天气状况等考虑是否圈定封闭区域及搭建相应的设施，以保证直播环节的顺利进行。

2. 活动道具

活动道具主要有需要展示的产品、配套产品、宣传耗材及用品等。展示的产品不仅包括主产品，还包括产品展示架、产品相关宣传海报、资料、产品标志形象及周边配套产品等。

宣传耗材及用品包括在直播场景中出现的活动海报、现场装饰、场景搭建道具等。

3. 直播设备

直播设备主要是指进行视频录制所需要的拍摄设备，包含手机、网络、电源、手机支架、收音设备、补光灯、提词板、相机、电脑等可以保证直播进行和直播效果的设备。

（三）直播筹备

1. 选择适合的直播场地

在选择直播场地时，首先要考虑直播的内容和产品类型。例如，如果直播的内容是介绍美妆类产品，那么可以选择室内环境进行直播，以展示产品的使用效果和使用场景。同样，如果直播的内容是售卖水果，也可以选择在室内进行直播，以便更好地展示水果的新鲜度和口感。然而，如果是果农直接销售自家种植的水果，可以考虑在户外进行直播，以展示果园的自然环境和水果的品质。

2. 购买必要的直播道具

在进行直播时，除了产品本身，还可以通过购买相关的道具和制作宣传海报来增加直播的吸引力。例如，如果直播的内容是美妆类产品，可以购买一些样品，以便在直播中进行实际的演示和试用。同时，可以制作一些与产品相关的宣传海报，以便在直播中展示给观众。此外，还可以根据产品的特点和风格，配合室内装饰，创造出适合直播的氛围。

3. 购买直播设备并确保无线网络畅通

为了确保直播的顺利进行，需要购买一些必要的直播设备。首先，需要一部性能良好的手机作为直播工具。其次，需要一个稳定的手机支架，以保证手机的稳定性，避免画面抖动。此外，还需要一个补光灯，以便在光线不足的情况下提供足够的光线，保证画面的清晰度。提词板也是必备的设备，可以帮助主播在直播过程中提醒自己要说的重要内容。最后，还需要办理能够支持直播的无线网络，以确保直播过程中的网络稳定性和流畅性。

总之，选择适合的直播场地、购买必要的直播道具和设备，并办理稳定的无线网络，这些都是进行成功直播的重要准备工作。通过合理的场地选择和道具设备的准备，可以为观众提供更好的观看体验，增加直播的吸引力和互动性。

（四）直播平台介绍

1. 淘宝直播

淘宝直播是电商直播的代表，是目前发展直播电商模式最为成熟的平台，主要分为达人带货和商家自直播。与抖音和快手不同，目前的淘宝直播内容全是直播带货。

淘宝直播作为电商直播的代表，其具备以下特点。

① 拥有庞大的用户群和高转化率。淘宝直播作为国内最大的直播营销平台，背靠淘宝网，具有天然的直播电商属性。目前，在国内众多直播营销平台中，淘宝网的用户数量最多。同时，

淘宝直播拥有庞大的商户资源、商品SKU（stock keeping unit，即最小货存单位）和用户群，是目前最大的直播营销平台。以购物为目的的淘宝直播进店转化率超过65%。手机淘宝的流量和高转化率是其得天独厚的优势。

② 各种直播版块多，推送个性商品给用户。针对不同性别和年龄的人群，淘宝直播开通了多种子菜单，包括美妆、美食、旅游、穿搭、饰品、母婴、男性专区等诸多方面。用户可以根据自己的兴趣爱好或消费水平选择喜欢的直播间观看。直播平台还根据用户常看的直播板块，在后台进行大数据分析，为用户推送更多个性化的首选产品。此外，淘宝直播进一步优化了直播入口和菜单分类。例如，针对男性用户，淘宝直播在菜单分类中增加了男性专区，进一步简化了直播的入口和页面，提升了他们的观看体验感，帮助他们尽快找到商品的购买链接，完成购物。

③ 准入门槛低，每个人都可以参与其中。统计数据显示，淘宝直播平台上活跃的专业主播数量增长迅速，其中女性占总数的80%，每月带货超过100万元的直播工作室超过400家。很多其他直播平台的主播也纷纷转战淘宝直播，打造人人都能参与的新经济模式。

④ "消费者主动购物 + 主播引导购物"模式。淘宝直播营销的消费模式可以概括为"消费者主动购物 + 主播引导购物"。首先，对于淘宝直播来说，它自身的特点决定了它与其他直播平台的区别，即消费者登录淘宝就是为了消费而来，消费者有购物的主动性，这称为目的性消费。其次，淘宝主播可以通过推荐和评论其他商品来引导消费者购买其本来没有打算购买的产品，这就是创造性消费。在淘宝直播中，主播的讲解是刺激消费者购物的催化剂，而消费者购买商品的原因更倾向于该商品本身。

2. 抖音直播

抖音是一款音乐创意短视频软件，也是一个典型的内容电商平台。它在前期短视频平台运营期内累积的庞大用户基础，使其在进军电商并开通直播后占据了头部直播平台的位置。抖音为扶持直播还推出了一系列的流量政策，鼓励商家和普通用户参与到抖音直播当中。

抖音直播作为短视频直播的代表，其具备以下特点。

① 互动性强。抖音的弹幕功能为主播与观众之间的即时沟通提供了平台。与传统的15秒短视频相比，直播能够提供双向交流的机会，这种实时的互动性更能吸引喜欢参与和互动的观众。观众可以与主播进行现场互动，如提问和回答，这种互动形式增加了趣味性，并显著提升了购买频率。

② 原创内容优势。抖音等短视频平台的生态结构特点是"短视频 + 直播"的结合。商家可以通过创意短视频吸引粉丝、种草，然后引导流量到直播间，这样做可以减少消费者的购物决策时间，帮助品牌实现精准营销，最大限度地利用粉丝经济。抖音直播的流量扶持是基于直播内容的质量来决定的，而不仅仅依赖于主播原有的粉丝数量。抖音平台会对高质量内容进行流量扶持。官方的流量支持是根据一系列平台规则来分配的，这些规则考虑了短视频和直播的内容质量，以及用户行为与内容的匹配程度，从而向可能感兴趣的用户推荐内容。

③ 维持粉丝。直播不仅可以将普通观众转化为粉丝，还可以通过主播的现场表演和与观众的互动来提高粉丝的忠诚度，将他们培养成忠实粉丝，这为后续的商业变现提供了坚实的基础。

④ 数据可视化。通过分析抖音直播带货的传播范围和效果，例如关注数据、观看数据、转发数据、评论数据和互动数据等，主播和商家可以通过这些数据分析出直播的优缺点，进而调整和优化直播内容，以提高效果。

⑤ 双重效益。对于抖音主播而言，直播的收益体现在两个方面：一是直播过程中的即时收益，二是直播后的个人曝光度和粉丝黏性的提升。虽然短期内收益可能不会迅速增加，但从长远来看，主播可以实现在高流量下获得更高的利润和更广泛的触达机会。

3. 快手直播

快手与抖音类似，也是由短视频平台打开市场，积累大量的用户后开通直播功能，并且处于行业前列。虽然快手和抖音是竞品，但其用户群体略有不同，直播的受众也有所差别。

快手直播作为短视频直播的代表，其具备以下特点。

① 给用户带来绝佳体验的"老铁经济"。快手直播的内容多样，涵盖了行业相关直播，主播多来自工厂、农产品原产地和产业链。他们的直播内容通常是自身生活和工作的自然展现，这种方式有助于建立起主播与用户之间的深厚联系，即所谓的"老铁关系"，这种关系类似于现实生活中的朋友关系，基于相互了解和信任。

② 高转化率。与娱乐性较强的抖音相比，快手的直播内容更接地气，更贴近用户的日常生活，这使得快手的消费转化率较高。快手平台上的KOL拥有自己的"老铁圈"，这是一群忠实的粉丝，他们不仅是观众，也是消费者，为快手运营者提供了稳定的商业变现基础。

③ 强大的变现能力。快手庞大的用户群体和深厚的用户信任为运营者提供了多种变现途径，包括直播打赏、电商带货、知识付费、广告合作等。变现方式的多样化，能够满足不同用户群体的需求，同时也为主播和商家创造了多元化的收入来源。

④ 普惠的流量。快手平台提供的流量分配机制较为均衡，不仅头部主播能够获得流量和资源，中腰部和新手主播也有机会获得平台的支持。这种普惠策略对于新入驻的主播来说非常友好，降低了入门门槛，使他们有机会在平台上成长和发展。

（五）直播平台选择

1. 检查直播平台是否符合自身定位

直播的主播风格和直播间的定位需要选择与直播平台相符合的，才能够准确定位到用户。常用直播平台定位如下。

① 淘宝直播：属于电商直播，国内最大的电商平台，拥有8亿以上用户，女性用户占比超过70%。适合于拥有淘宝店铺或者天猫店铺的店主或品牌，以及品牌或者MCN机构培养的带货达人或主播。

② 抖音直播：属于娱乐和带货直播，以 25 ～ 40 岁的三线以上城市人群为主。适合于有较好内容创作能力的品牌、个人或 MCN 机构。

③ 快手直播：属于娱乐和带货直播，男女用户比例较为均衡，三四线及以下城市为主要受众群体。面向下沉市场的大众消费品。

2. 分析平台用户特色

明确平台用户是否为目标客户群体，能够节省一定推广成本。常用直播平台的用户特点如下。

① 淘宝直播用户：淘宝用户群体主要分布为 20 ～ 40 岁，观看直播主要以女性用户为主。活跃时间集中在每天 18：00 之后，21：00—22：00 迎来流量高峰。

② 抖音直播用户：抖音用户主要分布为 24 ～ 40 岁，观看直播的男性用户比例高于女性。活跃时间集中在每天 8：00—22：00，其中高峰为晚上 20：00 左右。

③ 快手直播用户：用户群体年轻化，30 岁以下用户比例超 70%，观看直播用户性别比例比较平均。活跃时间集中在每天 8：00—22：00，其中高峰为晚上 20：00 左右。

四、任务评价与反馈

通过本任务的学习，大家已经掌握了直播间搭建的基本内容。请根据表 5-3 进行自我评价。

表 5-3　搭建直播间学习评价表

评价项目	评价要点	自评	互评	教师评
直播间硬件筹备	直播间场地符合直播产品特性（10 分）			
	直播间道具准备的全面性（5 分）			
	直播间布置的合理性（10 分）			
	直播设备选择的恰当性（5 分）			
选择直播平台	平台选择的恰当性（10 分）			
	平台入驻的准确性（10 分）			
	平台分析的合理性（10 分）			
	平台用户分析的准确性（10 分）			
能够搭建适合的直播间场景	能够根据直播营销需要搭建直播硬件设备（10 分）			
	能够根据需求注册直播平台账号（10 分）			
职业素养及团队协作意识	通过直播环境搭建及直播账号注册，培养实事求是、独立思考的职业素养以及团队协作意识(10 分)			
总评成绩				

注：自评、互评、教师评三项分数取平均值，计为总评成绩。评价结果分为 A 优秀（85 ～ 100 分）、B 良好（75 ～ 84 分）、C 合格（60 ～ 74 分）、D 待合格（60 分以下）四个等级。

五、任务检测

（一）单项选择题

1. 淘宝直播的"高转化率"主要得益于（　　　）。

A. 用户以男性为主　　　　　　　　　B. 消费者主动购物 + 主播引导购物

C. 仅依赖短视频引流　　　　　　　　D. 平台流量补贴高

2. 选择直播场地时，美妆类产品最适合的场景是（　　　）。

A. 户外果园　　　　　　　　　　　　B. 街头人流量大的区域

C. 室内直播间　　　　　　　　　　　D. 封闭式工厂

3. 快手直播"老铁经济"的核心特点是（　　　）。

A. 主播与用户关系类似现实朋友　　　B. 仅限头部主播获得流量

C. 用户集中于一线城市　　　　　　　D. 依赖明星带货

（二）多项选择题

1. 抖音直播的核心特点包括（　　　）。

A. 互动性强（弹幕实时沟通）　　　　B. 流量分配仅依赖主播粉丝量

C. 数据可视化分析直播效果　　　　　D. 用户以三、四线城市为主

E. 原创内容结合"短视频 + 直播"

2. 直播设备筹备的必要设备包括（　　　）。

A. 补光灯　　　　　　　　　　　　　B. 无线网络

C. 户外广告牌　　　　　　　　　　　D. 提词板

E. 固定电话

3. 淘宝直播的用户群体特征包括（　　　）。

A. 女性用户占比超70%　　　　　　　B. 活跃高峰为凌晨1：00—3：00

C. 用户年龄集中在20 ~ 40 岁　　　　D. 以三、四线城市为主

E. 用户登录目的以主动购物为主

（三）判断题

1. 快手直播的流量分配机制更倾向于扶持中腰部和新手主播。（　　　）

2. 抖音直播的流量扶持完全取决于主播原有的粉丝数量。（　　　）

3. 淘宝直播的商家入驻需店铺销量达标且等待 24 小时才能申请。（　　　）

4. 直播场地选择时，水果售卖只能通过户外果园直播展示。（　　　）

5. 快手直播的"老铁关系"建立在主播刻意编排的表演基础上。（　　　）

（四）简答题

1. 简述淘宝直播的四大特点，并说明其"消费者主动购物＋主播引导购物"模式的优势。

2. 列举直播设备筹备的三个步骤，并说明补光灯和提词板的作用。

3. 对比抖音直播与快手直播的核心差异（至少三点），并举例说明适用场景。

（五）技能题

1. 注册一个淘宝直播账号，并搭建直播间。

2. 注册一个抖音账号，并搭建直播间。

3. 注册一个快手账号，并搭建直播间。

任务 3
为直播间引流

一、任务导入

直播间收入的多少，取决于直播间的流量有多大，有多少人观看并购买了直播间内的相关产品。掌握直播间引流的方法和技巧是直播间获得满意收益的关键因素。为了在直播期间获取更多的流量，现需要掌握直播前引流方式及直播后引流方式，并开展直播引流。本项任务重点在于介绍在直播前利用短视频或海报对直播进行引流和在直播过程中使用付费流量的方式，对直播进行引流。直播前引流和直播中引流，可以给直播间带来较大的流量，使更多的消费者看到直播间内所售卖的商品，以达到宣传的目的。

二、引入案例

家装行业抖音直播间引流案例

随着短视频行业的发展，抖音、快手用户数量直线上涨，继而短视频直播也如火如荼地进行着。抖音原生直播的发展，是通过直播间引流并引导用户在直播间内发生一系列转化行为，这是很多广告主非常迫切的直播需求。

在非电商直播场景下，为了满足广告主的转化诉求，巨量引擎商业产品团队提出了针对线索获取、app下载、小额支付等的直播间深度转化目标，并输出非电商直播玩法手册及案例，帮助品牌探索更高效的生意增长模式。

[背景]

公司：某家装公司

转化目标：直播间推广—表单提交

直播背景：某家装行业账号，自1月起开始进行直播，并在5月使用直播间推广—表单提交进行广告投放。直播间以讲解家装产品为主要内容，主播进行产品推广和互动，并不断引导意向用户留资。后续有专人跟进线索，促成后端转化。

素养看点

该案例不但让我们认识到进行直播前引流方式的不同，更加让我们明白直播引流不是一个部门单独完成的任务，是需要各部门通力合作完成的团队工作，直播营销从业人员需要有优秀的团队合作意识。

［核心亮点］

① 快速引流，直播间人气上升，场均看播UV同比增长479%。

② 人群质量高，看播时间长，免费涨粉丝。

③ 人均看播时长增长29%，直播间关注率增长345%。

④ 人群引入更精准，品牌获客效率不断提升。

［经营秘籍］

1. 专业直播间装修，明星为品牌背书

直播间背景播放品牌宣传片，明星代言为品牌背书。直播间专属留资福利位于直播画面正中间，吸引用户眼球。

2. 0元领免费设计，提升留资转化率

直播间专属福利——0元领免费设计图，主播持续在直播间内进行福利讲解，引导用户下单。

3. 转化目标由浅至深过渡，成本更可控

组件点击、表单提交搭配投放，利用浅层转化目标帮助模型积累数据，慢慢提升表单提交预算占比，成本更可控。

（资料来源于网络，编者整理）

通过以上案例不难看出，直播前直播间或主播拥有了一定流量后，能够使企业的产品或服务快速地被推广出去，并提高销售量，进一步打开企业的知名度。所以，目前的企业想在直播期间获得高流量，可以在直播开始前和直播中进行引流。本项任务我们将教大家如何进行直播开始前的引流和直播中的引流，从而达到企业预期的营销目标。

三、任务实施

（一）直播间引流的概念

直播间引流是指通过各种策略和手段，吸引观众进入并停留在直播间的过程。其核心目标在于增加直播间的曝光度、提升观众数量、增强观众参与度，并最终实现销售转化或品牌推广的目的。

在直播间引流的实践中，通常会结合多种策略，包括社交媒体宣传、合作推广、有价值的内容提供、营销广告投放、互动环节设置、短视频与图文引流以及线下活动与联动等。这些策略相互补充，共同构成一个完整的直播间引流体系。

具体来说，直播间引流可以通过在社交媒体平台上发布直播预告、分享直播链接等方式吸引关注；通过与其他主播或品牌进行合作，共同推广直播间，扩大受众范围；提供有趣、有教育意义或有实用价值的直播内容，吸引观众驻足观看；利用广告和营销手段提高直播间的曝光度；设置抽奖、互动问答等环节，增加观众的参与度和黏性；利用短视频和图文等多媒体形式，在其他平台为直播间引流；通过线下活动或与其他活动联动，吸引更多潜在观众进入直播间。

总之，直播间引流是一个综合性的营销策略，需要综合考虑目标受众、内容策划、推广渠道等多个方面。通过有效的引流策略，企业可以提升直播间的人气和影响力，进而实现销售和品牌推广的双重目标。

（二）直播间引流的特点

直播间引流的特点主要体现在以下几个方面。

1. 精准性

直播间引流的优势之一是能够针对特定的目标群体进行精准推送，从而提高流量的转化率。通过用户画像、行为分析等手段，可以精确地定位潜在观众，使引流效果更加显著。这种精准性使得商家能够更好地了解观众的需求和兴趣，从而提供更符合他们期望的内容和产品。

2. 实时性

直播具有实时互动的特点，观众可以实时参与讨论、提问等，这种互动形式能够吸引更多观众停留并参与互动，从而提升直播间的人气和关注度。实时互动不仅增强了观众的参与感，还为商家提供了即时反馈的机会，可以根据观众的反馈进行调整和改进，提高直播内容的质量和吸引力。

3. 内容丰富性

直播间可以呈现多样化的内容形式，如产品展示、使用教程、互动游戏等，这些内容能够吸引不同类型的观众，增加观众的黏性。丰富多样的内容不仅可以满足观众的不同需求，还可以增加观众在直播间的停留时间，提高观众的参与度和忠诚度。

4. 传播性强

直播间引流可以结合社交媒体等渠道进行传播，通过分享、点赞、评论等方式，将直播内容传播给更广泛的受众群体，进一步扩大直播间的影响力。社交媒体的传播效应可以帮助商家扩大品牌知名度，吸引更多的潜在观众进入直播间，从而实现更高的曝光率和转化率。

5. 可衡量性

直播间引流的效果可以通过一系列数据指标进行衡量，如观看人数、观看时长、互动率等，这些数据可以帮助商家更好地评估引流效果，优化引流策略。通过对数据的分析和研究，商家可以了解观众的行为和偏好，进一步调整直播内容和推广策略，提高引流效果和投资回报率。

（三）直播引流的种类

直播引流的种类丰富多样，以下是几种主要的类型。

1. 平台内直播引流

这是最常见的直播引流方式。商家或主播在已有的社交媒体或电商平台上进行直播，如抖音、快手、淘宝直播等。这些平台本身拥有大量的用户基础，商家可以通过直播内容吸引观众，引导他们进入店铺或购买产品。

2. 跨平台直播引流

除了在本平台内进行直播外，商家还可以选择在其他平台进行直播，并将观众引流到目标平台。这种策略适用于那些希望扩大受众范围、吸引更多潜在客户的商家。

3. 与红人或 KOL 合作直播引流

与具有影响力的红人或关键意见领袖（KOL）合作进行直播，可以借助他们的影响力和粉丝基础，吸引更多观众观看直播并关注商家的产品。这种合作方式通常能够带来较高的曝光度和转化率。

4. 付费推广直播引流

商家可以通过投放广告或购买推广位的方式，提高直播的曝光率，吸引更多潜在观众。这种引流方式需要一定的资金投入，但通常能够带来较为精准的观众群体。

5. 内容营销直播引流

通过制作有趣、有价值的内容，吸引观众主动观看直播。商家可以结合产品特点、行业趋势和用户需求，设计创意十足的直播内容，提高观众的参与度和黏性。

6. 互动活动直播引流

在直播过程中设置互动环节，如抽奖、答题等，激发观众的参与热情，同时增加直播的趣味性和吸引力。通过互动活动，商家可以吸引更多观众关注直播，并引导他们进行购买或分享。

每种直播引流方式都有其独特的优势和适用场景，商家可以根据自身的需求和目标选择适合的引流策略。同时，也需要注意直播内容的质量和观众的体验感，确保直播引流的效果最大化。

（四）直播引流的方法

1. 发布短视频预热

为了吸引更多观众关注直播活动，可以在直播开始前的 3 天左右，发布一则预告短视频。这个短视频的内容可以是直播的主题介绍、亮点展示等，同时在视频的文字描述和评论区中，巧妙地加入直播的具体时间、主题等信息，让观众提前了解到直播的相关信息。

2. 直播预热

在直播活动开始前的 3～5 天，我们可以每天在直播间进行预热，通过与观众的互动交流，告知他们直播活动的确切时间，以及活动的精彩内容。此外，在每次直播结束前，也可以提醒粉丝下次直播的时间，与粉丝约定不见不散，增加粉丝对直播的期待感。

3. 个人主页预热

我们的个人昵称和主页简介，本身就是一个天然的直播预告公告板。在重要的直播活动前 5 天，我们可以及时修改这些信息，将直播活动的相关信息加入昵称和简介中，让关注我们的用户和观众能够第一时间了解到直播活动的相关信息。

4. 站外平台预热

我们可以利用自媒体矩阵，如微信公众号、新浪微博、小红书等平台，进行站外预热。通过发布相关内容，吸引粉丝关注，并通过相互引流的方式，为各个平台带来流量，提高直播活动的曝光度。

5. 分享直播间

在直播开始前，我们可以将开播的消息提前通知给粉丝，让他们提前做好准备。此外，还可以为优先进入直播间的粉丝准备一些小礼物，如优惠券、抽奖等，以激发粉丝的积极性，提高直播间的活跃度。

6. 打开同城定位

通过开启同城定位功能，可以让我们身边的朋友更容易地发现直播活动。例如，对于实体美食门店来说，用户可能会在看到直播后立即前往门店，而对于距离较远的用户，也可以通过外卖购买美食。这样，无论是线上还是线下，都有助于提高门店的销量。

7. 直播大号评论

在直播尚未积累足够粉丝的情况下，可以进入其他直播大号的聊天室，积极参与名人直播的提问和回答环节。通过实时互动，引起关注，从而吸引粉丝关注我们的直播账号，提高直播的人气。

总之，通过以上七个方面的预热策略，我们可以有效地提高直播活动的关注度和参与度，为直播活动的成功打下坚实的基础。

（五）直播流量渠道

1. 直播流量渠道介绍

① 私域流量渠道是指直播团队可以直接接触到的，且不需要花费额外费用的渠道。通俗来说，私域流量渠道是主播可以自己控制的。这些渠道包括电商平台店铺、微信公众号、微信朋友圈和社群。

② 公域流量渠道就是指平台渠道，不属于某个直播间粉丝或者主播个人流量来源的都可以归属到公域流量渠道。比如抖音、快手等通过刷直播进入到直播间的流量就来源于公域

流量渠道，或者是通过刷短视频看到直播预告感兴趣而进入直播间的流量，也属于通过公域流量渠道。另外，微博开播的时候，非粉丝却能通过直播通知进入到直播间，这也是公域流量渠道的一种。通俗来说，公域流量渠道是由平台分配的，主播或主播团队无法干预，但可以通过提升直播质量来吸引更多的人观看。

2. 直播引流渠道

① 官方媒体平台引流。企业的官方媒体平台，如官方网站、官方微博、微信公众号等，都属于企业的自有媒体，是具有企业标识的宣传推广渠道。直播宣传信息可以长时间放在平台首页显眼的地方，曝光时长较长，便于粉丝随时查阅和转发。

② 门户网站引流。利用门户网站进行引流，主要是通过发布软文的方式。发布软文时有两个注意点，一是植入广告信息要隐蔽，不能太直接，通常是在软文中引起用户共鸣的位置适当植入，或是在文章最后出现；二是软文内容的相关性，主要是指内容与投放目标用户、直播内容等要相关，否则软文的推广效果就会大打折扣。

③ 视频平台引流。相对于图文信息，在保证网速的情况下，网民们更乐于接受简洁、直观的视频信息。通过录制直播活动宣传视频并发布到相关平台上，几十秒的时间重点展示出直播活动的重要信息和亮点，可以达到更形象、快速的传播效果。

④ 互动平台引流。我们可以借助微博、知乎、小红书等互动平台发布问题，在与平台用户问答交流时适时地植入直播活动信息，当然直播活动一定是与网友疑问相关的，能引起网友的共鸣，才能达到引流效果，而不至于引起网友的反感。同时我们在直播引流准备阶段，还可以创建多个与直播内容相关的微信群、QQ群，在直播前一天发起主题讨论，在讨论中适时发布直播信息，起到预热和引流的作用。

⑤ 直播平台引流。在正式直播开始前，还可以利用直播平台本身具有的"推送""提醒""发布"等功能，直接将直播信息推送给粉丝，尽量集聚现有资源，为直播活动集聚人气。

⑥ 线下渠道引流。除了以上各线上引流渠道，线下的实体店铺、商圈等引流渠道也可以带来不小的流量。可以通过张贴海报、抽奖活动、发送传单等传统宣传推广形式，传播直播活动信息。

（六）直播前引流

1. 分析直播间的流量情况

分析直播账号，查看每次直播时的流量来源，做一场抖音直播的流量分析。通过分析流量情况，可以清楚地知道一场直播的流量来源于平台推流、付费流量、关注、搜索、短视频引流等。在统计的流量中，关注流量为直播间的粉丝流量，为私域流量，其他流量的来源可能是站外等，也可以暂定为私域流量。直播推荐、付费流量、所示流量等流量均来源于抖音平台，为公域流量。

2. 根据流量来源分析，确定引流目标

如果直播间整体流量来源于公域流量，则需在保持公域流量的情况下，开发私域流量到直播间进行观看。因此可以在其他社交平台的粉丝群中进行引流，为直播间带来更多的私域流量。

3. 根据引流目标选择引流方式

如果是对微信朋友圈或是微信社群引流，可以利用引流海报、文案来进行。需要注意的是引流的文案需要清晰地说明直播时间，进入直播间的方式，直播间可以带来的优惠，等等。引流的常用方式是引流文案配上引流海报，海报上有可以进入直播间的二维码，用户使用二维码扫描即可进入直播间观看。如果是引导短视频平台的粉丝，可以通过短视频引流的方式把直播预告短视频发送给粉丝进行观看，让粉丝知道开播时间，或者直播的内容，方便粉丝按时进入直播间观看。

（七）直播中引流

下面以淘宝直播付费引流为例，给大家讲解付费引流的相关事宜。

1. 直通车付费引流

作为传统淘宝电商的主要推广工具，已于2020年3月起对全客户开通了直通车的直播推广功能。主播可以在直通车中找到直播推广相关内容进行推广设置。淘宝的直播推广配合直通车之前累计的海量数据，能够帮助直播间增加观看人数，同时可以提供针对直播偏好人群的精准定位和优化功能，加快淘宝/天猫店铺的粉丝增长。能够精准地把直播间推送给有购物意图的消费者。结合直播的全方位互动形式，能够充分地展示商品卖点，加速销量转化。

直通车直播推广有两种直播计划，一种是直播中的引流，另一种是直播后的引流。直播中引流是为正在直播的直播间进行引流。会在商品展示的创意图的左上角标有"直播中"字样，且商品的创意标题旁边会跟传统的直通车推广一样，会显示"广告"两个字。直播后引流，是把历史的直播片段做成新的短视频页面，放在商品当中，提高商品的展示机会，促进成交。用户在商品的详情页中会看到"直播讲解"或者是"直播回放"。同样的商品的创意标题旁边会显示"广告"两个字。

2. 钻展推广引流

钻展推广是淘宝直播最早能进行直播推广的工具。收费方式是竞价排序，按照展现次数收费，展现次数越多，其收费也就越高。钻展推广有利于淘宝首页引流和直播精选引流。

3. 超级推荐引流

用户可以通过超级推荐把直播间推送到"猜你喜欢""微淘"和"直播广场"等资源位。超级推荐主要的付费方式是点击付费，即当消费者点击一次之后才扣费。只要消费者不点击，平台就不收取商户的任何费用。

4. 超级直播引流

超级直播是淘宝平台为淘宝主播和商家提供的一项营销工具。主要作用于直播过程中快速提升观看量、增加粉丝互动，进而促进直播转化。它具备简单、极速和高效的特点。超级直播有两个版本——基础版和专业版。基础版只支持开播过程中的操作，可以通过移动端和PC端进行操作。专业版支持开播前和开播过程中的操作，但开播前的操作仅能在PC端完成。

四、任务评价与反馈

通过本任务的学习，大家已经完成了直播前引流和直播中引流的操作。请根据表5-4进行自我评价。

表5-4 为直播引流学习评价表

评价项目	评价要点	自评	互评	教师评
直播前引流	引流方式选择的恰当性（5分）			
	引流内容与直播内容的一致性（5分）			
	直播封面设置的合理性（5分）			
	直播标题设置的合理性（5分）			
	引流短视频投放时间的合理性（5分）			
	引流文案的准确性（10分）			
	视频文案编辑的合理性（10分）			
	直播海报信息的可识别性（5分）			
直播中引流	付费方式选择的恰当性（10分）			
	付费投流时机的有效性（10分）			
具备为直播间引流的能力	能够制作直播引流海报（5分）			
	能够制作引流短视频（5分）			
	能够在直播过程中进行付费投流（10分）			
职业素养、法律知识、文化自信培养	通过直播引流内容的制作，培养实事求是、遵纪守法的职业素养，以及引流内容创新时的中国文化自信（10分）			
总评成绩				

注：自评、互评、教师评三项分数取平均值，计为总评成绩。评价结果分为A优秀（85～100分）、B良好（75～84分）、C合格（60～74分）、D待合格（60分以下）四个等级。

五、任务检测

（一）单项选择题

1. 直播间引流的"精准性"主要依靠以下哪种手段实现？（　　）

A. 随机推送广告　　　　　　　　　　B. 用户画像和行为分析

C. 线下传单发放　　　　　　　　　　D. 明星代言

2. 以下哪种引流方式属于"跨平台直播引流"？（　　）

A. 在抖音直播并引导观众进入淘宝店铺　　B. 在淘宝直播中设置抽奖活动

C. 通过微信朋友圈发布直播预告　　　　D. 在快手直播间与粉丝互动

3. "私域流量渠道"的核心特点是（　　）。

A. 完全依赖平台分配流量　　　　　　B. 主播无法自主控制

C. 无须额外付费且可直接触达　　　　D. 仅适用于线下门店

（二）多项选择题

1. 直播间引流的特点包括（　　）。

A. 精准性　　　　　　　　　　　　　B. 实时性

C. 内容单一性　　　　　　　　　　　D. 传播性弱

E. 可衡量性

2. 以下属于"内容营销直播引流"策略的是（　　）。

A. 制作产品使用教程视频　　　　　　B. 与 KOL 合作推广

C. 设计互动答题环节　　　　　　　　D. 发布行业趋势分析直播

E. 在微博上投放广告

3. "线下渠道引流"的常见方式包括（　　）。

A. 在抖音发布短视频　　　　　　　　B. 商圈内张贴直播海报

C. 微信公众号推送　　　　　　　　　D. 实体店抽奖活动

E. 知乎问答植入直播信息

（三）判断题

1. 公域流量渠道完全由主播自主控制。（　　）

2. 直播预热仅需在直播当天进行即可。（　　）

3. "互动活动直播引流"的核心是通过抽奖或答题增加观众的停留时间。（　　）

4. 门户网站引流时，软文中的广告信息应直接且明显。（　　）

5. 开启同城定位功能主要适用于线上虚拟产品推广。（　　）

（四）简答题

1. 简述直播间引流的四大核心目标，并说明"精准性"如何提升转化率。

2. 列举三种直播引流方法，并分析"短视频预热"和"直播大号评论"的适用场景及优势。

3. 对比私域流量与公域流量的差异（至少三点），并举例说明两者在直播中的协同作用。

（五）技能题

1. 制作一个化妆品直播间的引流短视频。

2. 为淘宝直播间进行一次付费引流。

3. 进行一次直播间粉丝群引流。

项目六　音频营销

任务 1　认识音频营销

任务 2　了解音频营销平台及行业发展情况

任务 3　掌握音频营销方法及平台运营技巧

学习目标

一、知识目标

1. 了解音频营销的含义。

2. 了解移动音频营销的特点。

3. 了解音频营销以及音频播客的优势。

4. 了解音频营销的常见平台及其特点。

5. 掌握音频的常见格式及剪辑技巧。

6. 掌握音频营销的方法。

二、技能目标

1. 能够在学习音频营销后，掌握音频营销、音频剪辑制作、平台运营的方法。

2. 可以根据音频营销的特点拓展营销思路，策划营销活动。

3. 可以针对不同的音频平台进行产品、品牌的宣传和自媒体平台的搭建、策划、推广等。

三、素养目标

1. 在了解音频营销方式的过程中，培养学生关注国家和社会热点话题，引导学生树立正确的价值观。

2. 通过培养学生作为音频营销推广从业人员的社会法治意识与职业道德，提升职业认同感。

3. 融入大国自信和家国情怀，开展爱国主义教育，增强民族自豪感。

项目导读

中国音频用户和市场规模正在不断增长和扩大，随着中国在线音频用户规模的不断扩大，移动音频更是随着智能设备、车载设备等技术的发展，日益成为音频行业最为关键的领域，逐渐形成以移动电台、有声阅读和音频直播三大业务模式为主的市场结构。

本项目通过对音频运营的基础概念、音频营销的平台、音频营销的方法及平台运营技巧等内容的介绍，明确音频营销是未来新媒体营销的趋势和重要发展方向。让学生在本项目的学习过程中，熟练掌握音频营销平台的特点和营销技巧。

一、任务导入

随着技术的发展，音频平台积极引入前沿技术，探索全场景下音频形式内容的整合及创新，进一步优化用户的个性化需求。例如，通过与汽车厂商共建车联网、与家电企业合作打造智能物联家居等方式，加速推进 AI 技术在车载娱乐系统、智能音箱、智能家居和穿戴设备等终端的整合应用，在覆盖更广阔的应用场景的同时，拓宽网络音频的潜在变现渠道，释放耳朵经济价值。本任务旨在探索新媒体音频营销的基本认识。

二、引入案例

听觉营销价值凸显

许多知名企业正在加快布置车载领域和物联网的进一步整合，这表明基础设施和应用服务的关系正在积累量变。

消费者研究和市场监测公司尼尔森 IQ（NielsenIQ）在《入耳更入心，润物细无声——网络音频媒体价值研究》中指出，音频媒体以"好声音"为本质，带给听众更多听觉的感官盛宴。音频媒体以其最核心的"陪伴"属性，与用户的生活场景深度融合，既不会"打扰"用户当下的行为状态，又能使用户实现时间上的"增值"。

耗时九个月打磨的全球首部《哈利·波特》官方授权中文有声书，也于 2022 年 6 月 21 日正式上线喜马拉雅 FM。喜马拉雅 FM 以另一种方式进入"魔法世界"，成为在线音频最新的话题点。一系列事件表明，"音频营销"似乎正在抵近新的拐点。

（资料来源于网络，编者整理）

三、任务实施

（一）音频营销的含义

说到音频营销，很多人并不熟悉，因为在很多教材和其他有关营销的文章中，音频营销和视频营销属于一类，合称音视频营销。而现在，随着互联网新媒体营销分工越来越细化、小众化、垂直化的特点的不断加强，音频营销也成为了在新媒体营销中不得不提到的重要营销内容之一。

人类能够听到的所有声音都称为音频。音频营销中的音频主要是指歌曲、相声、诗歌朗诵、文章朗读、网络语音互动交流以及其他形式的录音等。音频营销就是通过音频节目来推广产品，是网络营销模式的一种。它以音频为主要传播载体、以音频内容为主要的传播核心，是一种新兴的网络营销模式。

（二）音频营销的特点

音频营销不同于传统意义上的广播节目，其更具有互动性、场景性、内容性等特点。音频营销并不是直接叫卖产品，而是通过产品与音频节目内容高度融合进行植入，让听众在节目主播的引导下建立对产品的好感和潜在印象。而移动音频营销则以移动设备为终端，在移动网络的支持下，用户可随时随地通过音频平台 app 收听音频节目。音频营销具备以下特点。

1. 伴随性

音频营销的伴随性体现在其能够适应各种生活场景，如开车、通勤、家务、运动等，满足用户的碎片化需求。这种伴随性使得音频内容更容易被用户接受，广告信息也能更自然地融入用户的日常生活中。

2. 独占性

相比视觉记忆，听觉对品牌、产品的综合记忆更为深刻。音频作为一种闭屏媒体，能够解放双手、双眼，使得每条信息能直达听众的耳朵，用户在收听时难以过滤掉广告，相比过度开发的开屏（视觉）广告，音频的闭屏特点能更有效地让品牌信息触达用户，这是音频营销的关键点。

3. 情感互动模式

音频营销通过其独特的伴随性和情感互动模式，能够在用户心中留下深刻的印象。这种营销方式不仅能够提升品牌形象，还能增强与消费者的情感联系，从而提高品牌的认知度和好感度。

综上所述，音频营销因具有伴随性、独占性、闭屏优势，以及采用情感互动模式等特点，为用户提供了全新的消费体验，同时也为品牌提供了有效的营销途径。

（三）音频营销的优势

在新媒体营销的时代，所有的媒体在抢夺最佳内容资源的同时，也在抢夺用户的时间。音频是个平行时空，其独有的伴随属性决定了音频相对其他媒介形式有着更多的新玩法和想象空间。无论媒体环境发生了怎样的改变，人仍然主要是依靠视觉和听觉来获取信息，这就意味着无论媒介发生了怎样的变化，营销始终离不开从人们的视觉和听觉入手。音频营销在互联网时代，在用户碎片化的移动互联网使用时间里更有优势。

1. 闭屏优势

闭屏是音频媒体的特点，这个特点让音频营销的价值及吸引粉丝的能力更高。当用户被更多开屏媒体（微信、微博、短视频、直播等）吸引时，用户在看到广告时会有意地忽略，有人说视频中间的插播广告，基本上大家都是急不可耐地等待着关闭按钮的出现，以最快的速度关掉。而在移动音频媒体传播过程中，广告及营销内容可直达每个听众的耳朵。这就是我们常说的"你可以选择不看什么，但是无法选择不听什么"。相比过度开发的开屏（视觉）广告，音频的闭屏特点，能更有效地让品牌信息触达受众。正如经常能听到的走街串巷的小贩儿的吆喝声，不论你在干什么，一个声音就把你吸引了，那是因为相比眼前充斥的各类信息，你的耳朵并没有那么"忙"，占领耳朵是很有效的营销方法，音频将会成为企业在移动互联时代进行营销整合的重要部分。

2. 伴随优势

音频独有的伴随属性相较于视觉影响，这在特定的环境中具有无可比拟的优势。相比视频、文字等其他媒体，音频具有独特的伴随属性，能使双眼得到最大的解放，所以会在各类生活场景中发挥伴随的作用。在移动互联网环境下，"听"可以发生在从早到晚所有双眼被占用的场景中，例如，在做饭、健身、工作、画画、看书、开车、睡前等碎片化时间里，当用户的双眼被其他事物占用的时候，音频会成为一个较为方便的获取信息的载体。

3. 场景科技化植入优势

现在音频营销的内容分发不只是局限在智能手机上，而是在包括汽车、卧室、厨房、卫生间等场景中的各种智能硬件中，可以覆盖用户在 24 小时中的各种应用场景。音频平台也通过大数据分析，根据用户的个人偏好、收听习惯进行相对精准的内容推送，并以及智能终端的整合，使得音频场景化更加多元化。通过这些火爆的音频节目进行植入，可以更好地获取粉丝，提升营销转化。

4. 营销投入相对较低优势

相比于其他媒体、自媒体的营销，话题策划、联合营销、红人助推等，动辄上万元、上百万元的花费，音频营销在现阶段的投入还是相对较低的。音频营销目前还是营销的蓝海，闭屏广告将迎来新的营销机遇。据网络数据显示，广告主更多的广告花费正在向数字化领域转移，多数品牌的广告主未来会加大对在线视频广告的投资，音频广告将成为第二大广告花费。

5. 接受度更高的优势

音频节目可以让客户根据自己的需求选择定位相符的节目进行广告的软性植入，企业可以结合产品的特性、使用功能、相关行业知识等，为客户定制节目，这种内容广告更加有品质，更能引起用户共鸣，从而使得听众对于广告有更大的接受度，对企业来说，这样的广告效果更容易提高目标受众的转化率。

（四）音频营销的主要技术

随着新媒体技术的不断发展，音频营销技术也在飞速发展，具体介绍如下。

1. 移动音频技术

移动音频具有强伴随性和高渗透性的特点，这使得音频广告能够在各种场景下为用户提供服务。随着硬件和软件技术的发展，智能手机、车载设备、智能家居和可穿戴设备等都可以嵌入移动音频平台，使得收听方式更加灵活。这种技术的进步，使得音频内容能够满足用户在开车、通勤、做家务、运动、睡觉前等各种场景下的碎片化需求，从而提高了音频内容的接受度和广告的投放效果。

2. 万物互联技术

万物互联技术是指通过互联网将人与智能设备、终端与环境广泛连接，实现信息实时交互与智能识别的技术体系。在这一技术的支持下，人与智能设备的连接更加紧密，用户的媒介使用习惯趋向于碎片化。移动音频恰好是满足这种碎片化需求的优质载体，基于定位系统，可以根据用户的场景需求进行不同内容的精准推荐和投放，这种技术的应用极大地提高了广告的精准度和用户参与度。

3. 智能化和精准投放技术

通过智能化和精准投放技术，音频广告可以根据用户的偏好和行为数据进行个性化推荐，实现广告内容的精准投放。这种技术的应用，不仅提高了广告的转化率，也增强了用户体验感，使得广告更加符合用户的实际需求。

综上所述，音频营销技术的应用涵盖了移动音频技术的发展、万物互联技术的应用、智能化和精准投放技术等多个方面，这些技术的应用为音频营销提供了强大的支持，使得音频广告能够更加精准地触达目标用户，提高广告效果和用户体验感。

四、任务评价与反馈

通过本任务的学习，大家已经了解了音频营销的定义、特点及音频营销主要的应用类型。请根据表 6-1 进行自我评价。

表 6-1　认识音频营销学习评价表

评价项目	评价要点	自评	互评	教师评
定义及特点	了解音频营销的定义（20分）			
	了解音频营销的特点（20分）			
	掌握音频营销应用的类型（20分）			
主要应用类型	能够理解并初步了解音频营销（10分）			
	能够理解并初步了解音频营销的特点（10分）			
	能够理解并初步了解音频营销的优势（10分）			

评价项目	评价要点	自评	互评	教师评
职业素养	通过音频营销分类实训，培养学生关注国家、社会热点话题（10分）			
总评成绩				

注：自评、互评、教师评三项分数取平均值，计为总评成绩。评价结果分为A优秀（85～100分）、B良好（75～84分）、C合格（60～74分）、D待合格（60分以下）四个等级。

五、任务检测

（一）单项选择题

1.音频营销的"闭屏优势"核心体现在（　　　）。

A.用户可自主选择关闭广告　　　　B.广告信息直达耳朵，用户无法主动屏蔽

C.依赖视觉冲击吸引注意力　　　　D.需结合视频内容同步播放

2.以下场景最能体现音频营销"伴随性"的是（　　　）。

A.用户在电影院观看广告　　　　B.用户在开车时收听品牌故事

C.用户在社交平台刷短视频　　　　D.用户阅读图文公众号文章

3.音频营销中"情感互动模式"的主要作用是（　　　）。

A.提高广告投放频率　　　　B.增强用户对品牌的记忆和好感度

C.降低技术开发成本　　　　D.增加视觉广告的创意性

（二）多项选择题

1.音频营销的核心特点包括（　　　）。

A.闭屏性　　　　B.独占性

C.高视觉冲击力　　　　D.情感互动性

E.依赖线下活动推广

2.音频营销的技术支持包括（　　　）。

A.移动音频技术　　　　B.万物互联技术

C.虚拟现实技术　　　　D.智能化精准投放技术

E.视频直播技术

3.音频营销的"场景科技化植入"可通过以下哪些设备实现（　　　）。

A.智能手机　　　　B.车载设备

C. 纸质传单   D. 智能家居设备

E. 户外广告牌

（三）判断题

1. 音频营销与传统广播广告的传播方式完全相同。（   ）

2. "独占性"指音频广告比视觉广告更易被用户过滤。（   ）

3. 音频营销的"伴随性"适用于用户双眼被占用的碎片化场景。（   ）

4. 智能化精准投放技术可基于用户行为数据推荐个性化广告。（   ）

5. 音频营销的投入成本普遍高于视频营销。（   ）

（四）简答题

1. 简述音频营销的四大优势，并分析"闭屏优势"如何提升广告触达效率。

2. 列举音频营销的三种技术应用，并说明"万物互联技术"如何优化广告投放场景。

3. 对比音频营销与视频营销的核心差异（至少三点），并举例说明音频营销的适用场景。

（五）技能题

根据本任务所学知识与技能，下载一个音频平台，尝试使用该平台，并分析一下该平台的优势和劣势分别是什么？

任务 2
了解音频营销平台及行业发展情况

一、任务导入

音频营销平台是利用音频作为主要传播载体的营销方式，是通过音频内容来推广产品或服务的一种新媒体营销模式。这种平台通过音频内容吸引和接触目标受众，利用音频的伴随性和情感联结性，实现品牌的高效率曝光和与用户的深度沟通。音频营销平台的发展得益于智能手机的普及、互联网基础设施的改善、消费者习惯的变化，以及音乐流媒体、播客、有声读物等音频内容的流行。移动设备、车载娱乐系统和智能家居设备成为了音频营销的主要平台，提供了个性化的广告机会。多样化的场景探索促进了市场的快速增长，为音频营销平台的发展提供了广阔的空间。

二、引入案例

音频营销助力品牌焕发"声"命力

相关研究数据表明，人们对音频的关注度很高，与常规的印象不同，由于我们在使用音频时经常会同时处理其他事务，所以会普遍认为人们收听音频不专心，但实际上，人们在听音频时会比其他渠道更专注。因此，人们也更容易感知到品牌进行的内容营销。当然这也需要音频平台不断推陈出新，推出更有沉浸感的音频栏目，为品牌营销搭建通道。"耳朵经济"的崛起，给品牌打开了营销创意的无限可能。面对"万物皆可听"的营销环境，品牌如何切入音频市场，在音频营销中找到声音与品牌相结合的"声"命力，以下案例或可带来启发。

（一）经济之声与汇正财经合作

经济之声与汇正财经联合打造的特别栏目《央广财经课》，通过经济之声线上播出和中央广播电视总台音频客户端云听同步呈现，为投资者提供操盘必备的基础概念和经济领域的要点热点等硬核内容，以通俗易懂的方式传递给听众和网友，帮助投资新手轻松掌握更多财经知识。

（二）云听与浦发银行信用卡合作

通过冠名热门有声书《斗罗大陆》，浦发银行信用卡与云听突破了以往金融品牌营销的"高端""深奥"等标签，帮助品牌从理性说服中跳脱出来，精准锁定充满个性和自信的年轻群体，用差异化的声音产品纵向加深年轻用户的品牌忠诚度，用有声书《斗罗大陆》中的奋斗、磨砺和友情等更为温柔的力量来真正和听众达成默契，使品牌形象更加深入人心。

综上所述，通过声音构建平行时空，可以帮助品牌精准快速地触达目标用户，为品牌和用户相遇、陪伴和信任制造机遇，用声音媒体的内容力和影响力为品牌持续注入向上生长的动力。未来，音频营销将继续不断探索，与品牌共创更多打动人心的声音陪伴。

（资料来源于央广网，编者整理）

三、任务实施

（一）音频营销的相关平台

在音频营销中，当然离不开各大音频平台，而每个音频平台都有它们的特点及差异化。目前流量较大的音频平台主要有喜马拉雅 FM、荔枝 FM、蜻蜓 FM、企鹅 FM、懒人听书、千聊等。目前差异化比较明显的平台有喜马拉雅 FM、荔枝 FM 和蜻蜓 FM。

1. 喜马拉雅 FM

喜马拉雅 FM 是一个风格多样的音频平台，它采用的是典型的综合性音频的大平台模式。喜马拉雅 FM 拥有人文、科技、资讯、儿童、情感、娱乐、戏曲等多种内容分类，可以满足不同受众用户的需求，喜马拉雅 FM 的初衷定位是满足各种受众需求的综合性音频平台。喜马拉雅的这种综合性的音频平台定位，有一定的竞争优势。

（1）"UGC+PGC + 社交"综合音频平台

内容上来讲，喜马拉雅 FM 是三家平台中最具综合性的，它的商业模式是 "UGC（用户生成内容）+PGC（专业生成内容）+ 社交"，这样的模式可以整合产业链并构建良好的音频生态。作为国内最大的音频分享平台之一，喜马拉雅 FM 提供 "UGC+PGC+ 社交"的多维度音频服务模式。在专业的 PGC 方面，喜马拉雅 FM 与国内多家音频媒体合作，入驻建立品牌有声电台，也通过与品牌名人 IP 强势合作，来扩大自己的影响力和市场战略部署。

喜马拉雅 FM 在 UGC 方面也表现不俗。平台上既拥有海量专业制作的版权内容，同时鼓励原创作品的模式也积累了大量原创作品，加上产品的社交性，用户通过分享自己的作品能实现产品的自发传播。

（2）拥有培养主播的专业体系

喜马拉雅 FM 建立了一套挖掘、培养、孵化、商业化于一体的针对 PUGC（专业用户生成内容）生态体系，为主播提供了包括资金、资源、培训、服务和工具在内的一系列支撑条件。培养初级音频播客从 UGC 向 PGC 转变，帮助他们增强音频内容的广度和深度，同时平台还建立了一系列的加 V 系统，这就类似微博平台，当音频播客的节目质量达到一定程度和数量之后，就可申请加 V，对于喜马拉雅 FM 平台内容本身的质量而言，这套加 V 系统起到了过滤和沉淀的作用。同时也增加了音频播客对平台的依赖性，以及起到了自身打造独立 IP 的催化作用。商业化造就了成熟的盈利模式，喜马拉雅形成了一条完整的主播生态链。

2. 荔枝 FM

荔枝 FM 一直主打文艺、精致风格，以界面复古、小清新元素丰富、情感电台的定位风格，给粉丝受众一种清新文艺的标签感。该平台也成为了文艺青年的聚集地，它的受众更偏向于青年学生。比如，一个喜欢听戏曲的长辈，或是喜欢听搞笑内容的用户，应该都不是荔枝 FM 的目标受众。荔枝 FM 平台，主要有以下几方面特点。

（1）平民大众化特点

荔枝 FM 一直主打的是"人人都是主播"的概念，主播权限开放给全用户，UGC 的自媒体性得到了更好的体现。所以，荔枝 FM 的主播门槛相对来说比较低，每一个想做独立音频播主的自媒体人都能够在其网站提交主播申请，在其手机移动客户端录制音频节目并上传至平台。

制作属于自己的音频电台并非易事，其中包括内容话题的选择、感情投入、音量控制、背景音乐的选择、音效处理等。能够做到打造一款精品栏目，让受众接受，并转化成忠实的粉丝，是需要大量的智力投入及时间成本的。而荔枝 FM，它把制作音频节目变得更加简单、方便、全民化，用户并不需要有专业的电台打造能力，只要有想法，就可以在荔枝 FM 平台上便捷地实现。

（2）主播直播化特点

荔枝 FM 平台的差异化主要体现在以直播为主的平台定位，上文也提到成为荔枝 FM 的主播的门槛比较低，其实这与平台本身定位是有一定关系的。荔枝 FM 主要是以音频直播为主，有很多类型的音频聊天室。这一功能点的设定，可以保证用户和受众上线率及应用程序的打开率，更好地增加了软件的客户黏性。音频播客们除了制作一定的音频内容以外，主播还可以通过音频直播的方式和粉丝互动，更好地增加粉丝对主播的信赖感和归属感。

（3）社交化特点

除了上文提到的音频直播、聊天室等社交手段以外，荔枝 FM 还打造了旗下拥有互动声音的交友平台"吱呀"App。这种"以声会友"的玩法不仅摆脱了微信熟人社交场景的束缚，也在一定程度上解决了陌生人社交的心理隔阂与信任缺失问题。

3. 蜻蜓 FM

蜻蜓 FM 主要以"倾听，让生活更美好"为其品牌定位，提出为用户和内容生产者共建生态平台，蜻蜓 FM 主要汇聚 3000 多个广播电台、1000 多家高校电台，平台已有版权内容、人格主播、有声读物、各类播客等优质音频内容。

蜻蜓 FM 走的是 PGC 平台的方向，大部分内容是来自于与传统电台和一些机构团体的直接合作。蜻蜓 FM 平台建立得比较早，它最主要的风格就是将直播传统电台作为平台内容发展的方向。

蜻蜓 FM 在前期是一个相对封闭的音频平台。并没有开放主播入口，更像是一个加强版的手机自带收音机，它在前期将自身单纯定位为一个互联网电台的模式。相较于其他平台，蜻蜓 FM 在专业化电台这一板块还是相对比较出色的。随着音频平台的发展，蜻蜓 FM 也在逐渐开放一定的主播及直播 UGC 模块，这是蜻蜓 FM 也在往多元化方向发展。

（二）音频营销发展历程与行业现状

1. 音频营销发展历程

（1）广播广告时代（1920—2000 年）

① 技术基础与产业萌芽。20 世纪 20 年代，广播技术的诞生开启了音频营销的先河。1922 年上海奥斯邦电台的成立，标志着中国广播广告的开端。这一时期的音频营销以广播广告为核心载体，通过 AM 或 FM 频段覆盖城市主流人群。1930 年上海天灵无线电广告公司的成立，标志着付费代理制的广播广告模式正式形成，广告主开始通过专业机构定制商业内容。

② 技术迭代与商业模式。20 世纪 50 年代晶体管收音机的普及，使广播广告渗透率从城市向农村延伸；70 年代调频广播（FM）的出现，提升了音质并催生出音乐电台等细分品类。另一方面，在商业内容形态也有变化，从早期的商品促销，到 80 年代珠江经济广播电台开创的"大板块 + 主持人 + 热线电话"互动模式，广播广告逐渐从单向传播转向场景化服务。

③ 行业局限与转型。受限于线性传播特性，广播广告的互动性较弱，且 2000 年后互联网的兴起导致用户注意力分流，但这一阶段奠定了音频媒介的伴随性基因，为后续发展埋下了伏笔。

（2）网络音频崛起（2001—2023 年）

① 技术驱动与用户增长。2010 年后，4G 网络普及与智能手机的渗透推动音频内容从广播转向数字化。喜马拉雅 FM（2012 年成立）、荔枝 FM（2013 年成立）等平台通过 UGC 模式激活内容生态，用户规模从 2016 年的 3.1 亿增至 2023 年的 6.8 亿。播客领域呈现爆发式增长，2023 年中文播客数量达 5.7 万档，较 2020 年增长近 6 倍。此外，如小宇宙等平台通过社交裂变吸引了年轻用户。

② 内容创新与商业模式。该时期的网络音频的内容形态，从单一音乐播放拓展至知识付费、娱乐综艺、情感治愈等多元品类，日均使用时长超过 2.5 小时。音频平台的变现模式也变得多样，广告分成、付费订阅、会员制成为主流。例如，得到平台通过年卡定价 365 元，累计用户超 1500 万；荔枝 FM 形成了虚拟礼物、音频广告、付费专辑的多元收入结构。网络音频平台纷纷通过技术赋能寻找新的增长点，语音合成技术降低创作门槛，支持方言、童声等个性化配音需求，推动有声书市场年均增长 20% 以上。

③市场格局与用户行为。头部平台占据主导地位，喜马拉雅FM用户渗透率达77.8%，稳居行业第一梯队。用户消费场景从家庭转向通勤、运动等碎片化场景，早晚高峰与睡前时段占比超60%，形成"耳朵经济"的规模化市场。

（3）智能音频生态（2024年至今）

①技术融合与场景拓展。2024年后，AI技术与物联网的深度融合重塑音频营销生态。

a.语音交互。智能音箱、车载系统支持语音指令控制，实现"动口不动手"的场景化营销。例如，用户可通过语音查询附近的餐厅并同步播放推荐的音频内容。

b.内容生产。生成式AI技术实现文本转语音、虚拟主播生成，降低专业制作门槛。金融壹账通的服销机器人通过AI分析客户行为，在关键节点进行个性化营销干预，使某银行AI销售占比突破60%。

c.精准分发。基于用户画像的算法推荐，结合车载、智能家居等多终端联动，构建全场景音频生态。

②产业升级与商业价值。

a.硬件迭代。车载音频市场快速增长，某音频平台已与80余家车企合作，服务超9000万车主，某车企通过技术升级优化语音交互体验，提升用户黏性。

b.跨界融合。音频与视频、直播的多模态联动成为趋势。例如，将播客内容剪辑为短视频引流至其他平台，形成"音频＋视频"的流量闭环。

c.市场规模。2024年中国声音经济产业市场规模达5688.2亿元，同比增长10.2%，预计2029年将突破7400亿元，智能音频生态将成为核心增长点。

2. 音频市场规模与行业趋势

（1）用户规模与消费潜力呈阶梯式增长

截至2024年，中国网络音频行业呈现"基础层稳健、扩展层爆发"的双轮增长态势。基础层以喜马拉雅FM、荔枝FM等专业音频平台为代表，用户规模达6.8亿人，市场规模突破300亿元，复合增长率保持在15%以上，核心载体涵盖知识付费、有声书、播客等，用户日均使用时长2.3小时，25～45岁人群占比达72%，具备较强消费能力。扩展层则覆盖泛声音经济场景，包括直播音频、语音社交、智能语音交互等，用户规模达7.47亿人，市场规模达5688.2亿元。

消费潜力通过场景渗透深化与付费习惯养成持续释放。在场景渗透方面，车载音频用户达1.2亿人（占车主群体的35%），随着自动驾驶技术的普及，预计未来车载音频消费时长将增长40%；智能家居领域，智能音箱月活用户超8000万，通过语音购物的用户年增长率达65%。在付费习惯方面，知识付费用户转化率从2020年的18%提升至2024年的27%，喜马拉雅VIP会员续费率达68%；音频直播打赏的市场规模突破200亿元，虚拟礼物消费频次年均增长22%，显示出用户对音频内容的价值认同度不断提升。

（2）技术驱动下的产业变革方向

① AI深度应用重构生产与传播链条。人工智能技术从内容生产到分发环节实现全链条赋能。在智能内容生产领域，基于深度学习的情感TTS技术可模拟喜悦、焦虑、温柔等8种以上的情感状态，保险电销场景中客户接通率因此提升30%，某教育类App通过方言TTS功能使下沉市场用户留存率提高25%；结合VoiceClone声纹克隆技术与FaceSwap面部捕捉技术的虚拟主播已应用到许多场景中，72小时内即可生成具备品牌调性的虚拟形象，例如，许多银行客服场景及淘宝虚拟主播日均12小时的电商直播。精准化智能分发依赖用户行为动态推荐模型，如某音频平台"听音识趣"算法将内容匹配准确率从65%提升至82%，长尾内容曝光率增长40%；车载场景通过位置信息实现场景化推荐，某连锁咖啡品牌在车主进入商圈时自动推送音频优惠券，试点后到店转化率提升18%，展现出技术驱动的精准营销潜力。

② 合规与伦理建设迫在眉睫。生成式AI的快速应用带来著作权治理与技术伦理新挑战。声音克隆技术的商业应用引发法律风险，未经授权使用名人声音的案件逐年递增。欧盟的《数字服务法案》要求AI生成的音频添加"AI制作"水印，针对上述问题，由国家互联网信息办公室、工业和信息化、公安部、国家广播电视总局联合发布，于2025年9月1日起施行的《人工智能生成合成内容标识办法》中，明确规定：人工智能生成的音频内容必须在开头五秒内通过清晰可辨的语音提示向用户明确告知"本内容由人工智能生成"，并在音频文件的元数据中嵌入相关信息，确保内容来源可追溯。与此同时，由高校、企业与监管机构共同推动的行业伦理委员会正在加快制定"人工智能音频生成内容伦理指南"，重点规范AI语音在情感引导、广告宣传等方面的应用边界，明确禁止利用人工智能进行虚假宣传或情感操控等不当行为，强调内容生成的透明性与合规性，推动人工智能音频技术健康有序发展。

（3）未来发展趋势分析

随着技术与场景的深度融合，音频产业呈现三大发展趋势。一是全场景音频生态成型，智能手表、AR眼镜等终端的普及推动音频内容从"被动接收"转向"场景触发"。例如，跑步时系统会自动播放定制化激励音频，实现与用户生活场景的无缝衔接。二是沉浸式音频技术突破，3D音频、骨传导技术的成熟将开拓文旅宣传、教育培训等新场景，为内容创作与营销提供更丰富的技术手段。三是全球化发展窗口期到来，东南亚、中东等地区网络音频用户增速超30%，中国音频平台如荔枝国际版通过本地化内容运营加速出海，形成"技术输出＋内容定制"的双轮驱动模式，助力中国音频产业参与全球竞争。

四、任务评价与反馈

通过本任务的学习，大家已经了解了音频营销的平台、音频营销发展历程与行业现状。请根据表6-2进行自我评价。

表 6-2　了解音频营销平台及行业发展情况学习评价表

评价项目	评价要点	自评	互评	教师评
主要定义	掌握音频营销各类平台的特点（20分）			
	掌握音频营销的发展历程（20分）			
	掌握音频营销行业的发展现状（20分）			
主要应用	能够熟练介绍各类音频平台的特点（30分）			
职业素养	通过学习和了解音频营销发展的历程，培养学生独立思考的能力（10分）			
总评成绩				

注：自评、互评、教师评三项分数取平均值，计为总评成绩。评价结果分为A优秀（85～100分）、B良好（75～84分）、C合格（60～74分）、D待合格（60分以下）四个等级。

五、任务检测

（一）单选题

1. 以下哪个平台以 "PGC 模式" 为主，早期定位为互联网电台？（　　　）

　　A. 喜马拉雅 FM　　　　　　　　　B. 荔枝 FM

　　C. 蜻蜓 FM　　　　　　　　　　　D. 企鹅 FM

2. 2024 年中国声音经济产业的市场规模约为多少？（　　　）

　　A. 300 亿元　　　　　　　　　　　B. 5688.2 亿元

　　C. 7400 亿元　　　　　　　　　　　D. 1 万亿元

3. 荔枝 FM 的差异化定位不包括以下哪项？（　　　）

　　A. 文艺小清新风格　　　　　　　　B. 低门槛 UGC 主播模式

　　C. 音频直播与聊天室　　　　　　　D. 全品类综合性内容

（二）多选题

1. 以下属于喜马拉雅 FM 竞争优势的有（　　　）。

　　A. UGC+PGC + 社交的生态模式　　B. 与知名 IP 合作

　　C. 主播加 V 系统与孵化体系　　　　D. 复古小清新的界面风格

2.音频营销的发展历程包括哪些阶段？（　　　）

    A.广播广告时代（1920—2000年）   B.网络音频崛起（2001—2023年）

    C.智能音频生态（2024年至今）   D.短视频音频融合时代（2025年至今）

3.2024年智能音频生态的技术应用包括（　　　）。

    A.生成式AI文本转语音   B.车载语音交互系统

    C.3D音频与骨传导技术   D.声纹克隆虚拟主播

（三）判断题

1.喜马拉雅FM的加V系统仅用于提升主播知名度，对内容质量无影响。（　　　）

2.荔枝FM的"吱呀"App主打"以声会友"的陌生人社交。（　　　）

3.2023年中文播客数量较2020年增长近10倍。（　　　）

4.《声音权益保护暂行办法》规定AI生成音频需添加水印。（　　　）

（四）简答题

1.请简述喜马拉雅FM、荔枝FM、蜻蜓FM的核心差异化定位。

2.网络音频崛起阶段（2001—2023年）的主要发展特征是什么？

3.2024年智能音频生态中，AI技术在内容生产端有哪些具体应用？

（五）技能题

假设你是某品牌运营人员，需选择音频平台进行新产品推广。请根据文本信息，设计一份平台选择方案，需包含以下要素。

    1.目标用户：25～35岁都市白领，注重生活品质与知识提升。

    2.推广需求：品牌认知度提升与产品功能讲解。

    3.推荐平台及理由（至少两个），并说明如何利用平台特性实现推广目标。

任务 3
掌握音频营销方法及平台运营技巧

一、任务导入

在数字时代，音频营销正在成为越来越受欢迎的新媒体营销方式。通过音频营销，企业可以创造出与众不同的网络营销体验，通过声音触达用户的心灵，实现更深层次的情感共鸣，提升品牌的影响力和传播效果。在音频内容中保持创意和独特性，有利于在竞争激烈的市场中脱颖而出。本节任务是帮助大家掌握音频营销的方法与平台运营的技巧。

二、引入案例

喜马拉雅 FM 音频营销推广案例

在数字化营销的浪潮中，音频营销平台喜马拉雅 FM 广告投放以其独特的伴随性和情感联结能力，成为品牌传播的新宠。本案例将深入分析三个在喜马拉雅 FM 平台上成功投放广告的案例，探讨它们如何利用喜马拉雅 FM 音频广告的特性，实现品牌价值的传递和营销目标的达成。

（一）喜马拉雅 FM 音频广告与《声临其境》的台网联动

策略分析：喜马拉雅 FM 通过独家冠名《声临其境》第二季，将节目内容与品牌深度绑定，实现了线上线下的联动营销。通过在多个城市设置配音间，以及在 app 内上线全民配音海选赛，喜马拉雅 FM 成功将节目观众转化为品牌用户，同时也为节目本身带来了流量反哺。

效果评估：这种联动营销策略不仅提升了节目的观赏性，也增强了喜马拉雅 FM 广告推广的商业价值。喜马拉雅 FM 利用节目的影响力和声音媒体的特性，创造了一种新的营销模式，让喜马拉雅 FM 音频广告成为品牌与用户情感联结的桥梁。

（二）喜马拉雅 FM 广告推广与元气森林的校园营销

策略分析：喜马拉雅 FM 与元气森林合作，在开学季走进全国 60 所高校，通过线下音频快闪形式的"元气满满 N 次元派对"，与大学生群体进行深度互动。活动通过设置六大趣味互动区域，将喜马拉雅 FM 的优质音频内容与元气森林品牌进行场景融合，实现了沉浸式的品牌体验。

效果评估：这种校园营销活动成功吸引了年轻消费群体的注意力，通过创新的互动形式，让喜马拉雅 FM 的广告投放信息在轻松愉快的氛围中得到传播，有效促进了品牌的转化和引流。

（三）喜马拉雅 FM 广告与星巴克的跨界合作

策略分析：喜马拉雅 FM 与星巴克合作，通过在星怡杯杯身上印制二维码，引导消费者扫描进入喜马拉雅 FM 平台收听精选诗歌。这种跨界合作充分利用了喜马拉雅 FM 的音频内容优势和星巴克的品牌影响力，为消费者带来了独特的听觉体验。

效果评估：合作不仅在流量上实现了强强联合，也在用户群体上实现了高度契合。通过喜马拉雅 FM 平台，星怡杯能够全面覆盖目标用户群体，彰显了喜马拉雅 FM 的广告在营销中的重要价值。

以上案例展示了喜马拉雅 FM 广告投放在音频营销和品牌传播上的独特优势和创新策略。通过与不同品牌的合作，喜马拉雅 FM 成功地将音频广告的伴随性和情感联结能力转化为营销动力，为品牌提供了与用户建立深度联系的机会。喜马拉雅 FM 广告作为一种新兴的传播方式，其在传递品牌信息、增强用户体验以及促进销售转化方面展现出巨大潜力。随着技术的不断进步和消费者习惯的逐渐改变，喜马拉雅 FM 广告无疑将在未来的新媒体营销领域扮演更加重要的角色。

（资料来源于网络，编者整理）

三、任务实施

（一）音频营销的盈利方式与营销技巧

音频营销在网络营销中是新型的营销模式，它所带来的流量及市场是非常值得挖掘的。

1. 音频营销的盈利方式

（1）音频付费内容订阅盈利

音频营销的主要盈利来源，还是常见的来自于平台的打赏，所以作为一个企业或者个人音频播客，目前在几大主流音频平台（荔枝 FM、网易云音乐、喜马拉雅 FM、蜻蜓 FM 等）进行音频营销和内容营销时，平台不仅能够提供服务器资源和一些推广服务，而且一些上线的付费和打赏功能也能为播客主带来一定的经济利益。其中的付费订阅是最常见的盈利方式。很多广播平台都看中了付费订阅带来的盈利前景。所谓的付费订阅，主要是知识内容的订阅。互联网发展到现阶段，网络上的内容不仅仅停留在以前的大众娱乐信息方面，知识及教育的分享也在互联网上进行了新的探索，知识付费的音频营销在互联网音频营销中异军突起。

（2）广告植入盈利

广告收入应该算得上是主要的经济收入来源。广告主是根据流量选择平台的，音频播客和其他媒介相比，有更精准的到达率和更强的用户黏性，在其中植入广告的效果，比平面媒体、网络广告要好很多，因为音频广告的音频播客具有较高的带入性，更方便植入品牌，此外，音频播客的声音、亲和度，以及粉丝的忠诚度，这三个要素让广告植入更有特色。

广告主可以购买包括播客在内的多平台营销方案，而且为了能够获得更好的广告效果，还可以选择动态广告插入的方式。选择合适的广告，将其适时地植入到制作的内容中。或是音频播客在节目中口播植入，引发音频播客大咖和粉丝们自愿地转发分享，短时间快速引爆，产生数千万次品牌直达的传播效果。

（3）其他周边盈利

很多商家或独立音频播客，也在尝试着用音频周边营销的方式做一些补充。对于音频的周边营销，只要节目品牌一直存在，周边就能够一直产出。购买周边产品的消费者消费的往往是音频内容带来的延伸，例如，很多音频播主都是通过定制款蓝牙音箱、内容相关书籍、线下活动等方式实现周边变现，其效果也非常不错。这依托于音频营销中，粉丝的关注度及黏度都相对较高，在收听内容的过程中，有较高的忠诚度。

2. 音频营销技巧

（1）找准用户需求

对于独立音频播主来说，找准自己擅长的细分领域，然后根据这个细分领域，去了解该领域的用户有什么样的痛点需求，以及对音频的接受方式。而对于企业来说，首先要明确哪些用户对自己的产品有需求，自己的受众，到底关注什么样的播客和内容，从中找到共通点。通过合作及自己运营账号的方式，满足受众的需求，展开精准的音频营销。

（2）营销产品内容植入

内容植入是各种网络营销都在尝试的方式，但在音频中略有不同。可以通过专业的音频编辑器将专门的广告、微信号、QQ 号等插入自己录的音频里面，或是在录音频的时候直接将广告植入到音频内容里面。

独立音频播客因其自身的内容和调性，对于产品植入的要求也非常高，需要找到和节目本身相契合的广告产品。这样才能更好地让受众接受。播客们一定要把有价值的内容推荐给粉丝及用户，这样才能立足于现在的互联网社会，那个通过大数据群发就能成交的时代已经过去了。

而从企业的角度来说，企业需要找到什么样的音频播主的内容和企业自身产品有同一类族群的受众。比如做营销软件领域的企业，就应该在音频营销平台寻找以自媒体课程、网络营销方法教学为内容的音频播主，双方联合营销即可。

（3）做付费音频

在音频的盈利方式中提到，音频营销的主要经济来源就是平台，制作付费的音频。大部分的用户从观念上也是认为，付费的音频是更具价值的，比免费的音频更高级，这已经成为了大部分人的固定思维。如果免费音频内容是获得粉丝认可的，那么很有可能用户在好奇心的驱使下，会去打开付费音频。音频营销中付费节目的三个重点是"有深度""有内容""有观点"。

付费节目就相当于可以变现的音频产品，这需要对某个领域有较强的专业知识。对于音频播客来说，需要在某个专业的领域能有自己独到的观点或是知识体系，这样才能很好地分享给自己的粉丝群体。在做付费音频时，首先要立足某一专业领域，如政治、历史、音乐、互联网、财经、哲学等，教授知识能力和表达能力是不可或缺的。

在制作过程中，要注意免费内容的密度和数量，同时也要把付费节目和免费节目做出本质的区别，付费的知识节目要更加深入地浸入到某一垂直领域，把知识内容用富于节奏的讲述、高密度的话题、干货式的方式分享出来。

（4）品牌入驻

如果对音频播客来说，付费节目是最直接的营销方式，那么对于其他企业来说，最直接的营销方式就是品牌入驻音频平台，建立自己的音频自媒体账号。品牌入驻自媒体平台不仅仅局限在微信、微博等视觉自媒体平台上，在音频平台也是可以达到可观的营销效果的，直接让品牌入驻音频平台能扩展企业的营销道路，做出一个有特色的品牌电台，能有效地提高用户黏性。

要做一个能突出品牌特色的电台，关键是确定品牌的电台定位。通过打造特色的电台内容，培养粉丝群体，提高品牌的影响力。在品牌入驻自己的音频平台时，打造品牌电台，一定要符合品牌自身产品的特色。比如常常使用相关达人互动型、产品相关知识攻略型、幽默搞笑型、活动传播型等内容定位进行传播及营销。但是内容的选择切勿重点放在广告上，太多的广告内容会引起听众的反感，从而导致对整个品牌产生不良印象。

（5）打造 IP 产品

IP 类产品是我们在做互联网营销时不可或缺的一部分。音频营销中亦是如此，音频营销与明星 IP 相结合，还可以与知识、体育、亲子等各个领域的 IP 品牌相合作。关于视觉的创意营销很多，但是关于听觉的新颖又有效的打开方式却相对较少。但是现在，一个很明显的现象是音频平台正在孵化超级 IP 节目，而这指明了品牌营销的一个大的方向。打造 IP 一直以来都被看作是重管理、强运营的内容运营模式。

基于音频的伴随属性，在音频的固定场景、碎片场景和伴随场景的全覆盖下，品牌方完全可以建立音频营销的矩阵和新的营销方式。而音频因为本身的自媒体属性，会根据用户行为标签发布其感兴趣的咨讯，培养了一大批忠实粉丝，并潜移默化地提升了用户的忠诚度和黏性。开屏平台中，一条广告一般只能在消费者眼前曝光几秒钟，就会被关闭，背后却是高额的广告成本。然而品牌电台，无法直接关闭广告。如果植入不突兀、不冗长，就能够持续性地带来流量，引发传播，产生巨大的价值。品牌方可以通过招募自己的品牌主播，打造自己的网红IP，也可以聘请行业精英、大咖进行精品内容打造，吸引用户关注和形成强势的自主传播。这样做的好处在于，不仅提升了品牌格调，改变了以利益刺激用户的传统方式，而且开启了用户的自传播模式。

（6）科学地设定周边产品

在音频营销的盈利模式中提到，周边产品会带来经济效益。在设定周边产品的过程中，如何科学地设计周边产品是非常重要的。首先，周边产品一定要和本身的音频内容是相互吻合的。周边产品既要考虑经济利益，又不可忽略产品本身的内容与设计。周边本身是一种对听众的回馈，无论是音箱还是书籍，不能认为有很多忠实的粉丝，就一定会有很好的销量，从而忽视对产品自身的定位，采取不合理的销售模式。周边产品更应该传递的是一种品牌价值，以及能让听众对企业或音频播主产生信任感的品牌理念。

（二）音频播客的营销推广技巧

1. 注册实名认证的账号

想在任何平台做自己的自媒体内容，账号认证是首先要解决的问题。账号认证过后，上传的音频空间会得到扩容，也为以后加V认证打下了基础。同时也增加了听众信任度和自己节目的专业性、权威性；当然认证后的账号，比没有认证的账号会得到更多的曝光流量并且排名也更靠前一些。

2. 完善账号的相关资料

完善账号资料也是必须要进行的，较为完整的账号信息会提升用户对该账号的信任度。首先，头像不要上传含有明显联系方式及各种违规内容的图片，头像一定要和你准备制作的某一垂直领域的音频内容风格相统一，并且具有较高的可识别性，利于陌生用户的浏览和记忆。其次，在个性签名、账户简介等位置，不建议在开始没有粉丝时直接打广告，营销目的性太强，很容易引起听众的反感。

3. 确定输出音频的内容

内容决定一切，而内容是根据用户人群及账号自身特点决定的。所以在确定输出音频的内容时，一定要做好受众分析，用户画像越清晰越好。精准定位了用户，就应该确定该用户喜欢什么样的内容点和表达方式，当然也要结合自己喜欢或者熟悉的领域，不要一味地追求热门。推荐的做法是确定某个垂直领域，专心地把这一领域做好。在素材方面，可以去其他自媒体平台那里学习或者借鉴，也可以根据自己对该垂直领域独有的观点进行音频的输出。一味地借用别人的东西，没有自己的观点，也是很难获取粉丝和流量的。确定人设也很重要，人设即是IP，所以需要给自己的电台定一个合适的人设。比如有的播客在定人设时除了要分享专业知识，还要有开导粉丝的知心形象。

4. 明确盈利点，找到变现模式

音频营销有很多盈利的方式，例如，有音频内容＋广告分成、音频内容＋付费课程、音频内容＋书籍、音频内容＋其他周边等。音频账号的运营最重要的还是音频内容，根据自己的音频内容，找到属于自己的变现方式。所以账号内容垂直度越高，越容易找到细分领域的营销点。

如前文所述，广告植入应该是音频营销中的盈利项目之一。内容生产者，只有垂直度高，专注于细分领域，才会更加受到自媒体平台的重视。除了平台的支持以外，出版社或者品牌方也能通过热度找到账号，会带来广告和周边书籍等适合的变现方式。

5. 学习音频制作与运营

音频的制作和运营也非常重要。首先，要对音频软件有一定的了解，尽量学会自己剪辑，当然有的音频平台可以直接录音上传，但是如果可以自己用其他编辑软件加工音频，音频会达到更加专业的效果。

其次，在录制音频内容的时候，尽量让声音具有独特不可复制的特性。对于打造一个精品的优质电台，成为一个独立的自媒体 IP 来说，具有特色的声音设定是不可或缺的，这是提高音频辨识度的有力保证。

再次，音频的上传时间很重要，要充分做好自己受众的碎片时间调查。一般来说，音频发布时间一般选择在早上 7：00 左右、中午 12：00 左右、晚上 18：00 和晚上 22：00 点左右。要根据自己的领域和客户群体调整更新频率。保持固定频率的更新，比如每天一次、每星期一次、每月一次，要让用户了解账号的更新习惯，并把账号的习惯转化成自己的生活习惯，从而有规律地收听账号的音频内容。

然后，关键词的优化也非常重要。节目的名称和节目简介里的关键词的重复度是较高的，如果账号的音频内容与网络营销软件相关，那么节目简介也要突出网络营销软件、网络营销、互联网营销等关键词。

最后，要注意时常与粉丝互动。互动可以让粉丝有很强的参与感，自媒体主播与粉丝们一起参与到线上的各种聊天、交流会等活动中，通过主播与粉丝间的零距离互动，账号会吸引大批粉丝参与，有效地进行品牌价值输出，转化率极高。一些名气较大的主播会积极运营自己的粉丝群，并且有的主播会和粉丝参与到线上线下的各种活动，主播和粉丝之间零距离互动，这是有利于品牌价值输出的。

以上的方式都是在音频自媒体平台上的一些运营技巧，它们可以让你更好地做自己的电台自媒体，培养自己的粉丝和受众，在音频营销的"蓝海市场"中创造出属于自己的一片天地。

四、任务评价与反馈

通过本任务的学习，大家已经了解了音频营销的基本内容、平台运营技巧。请根据表 6-3 进行自我评价。

表 6-3　掌握音频营销方法及平台运营技巧学习评价表

评价项目	评价要点	自评	互评	教师评
知识点的理解	掌握音频营销的盈利方式（10分）			
	掌握音频营销的推广技巧（10分）			
作品剪辑	音频剪辑软件选择的恰当性（10分）			
	音频剪辑效果（10分）			
音频推广运营技巧的使用	能够确定音频营销目标（10分）			
	能够恰当地选择音乐（10分）			
	能够剪辑和制作音频内容（10分）			
	能够进行音频平台的推广选择（10分）			
	能够进行音频平台的推广及效果评估（10分）			
职业素养	通过音频营销的推广与运营实训，培养学生新媒体营销从业人员的社会法制意识与职业能力（10分）			
总评成绩				

注：自评、互评、教师评三项分数取平均值，计为总评成绩。评价结果分为 A 优秀（85 ～ 100 分）、B 良好（75 ～ 84 分）、C 合格（60 ～ 74 分）、D 待合格（60 分以下）四个等级。

五、任务检测

（一）单项选择题

1. 在音频营销中，以下哪种方式为主要的盈利来源？（　　　）

　　A. 音频付费内容订阅　　　　　　　　B. 广告植入盈利

　　C. 周边产品盈利　　　　　　　　　　D. 平台打赏功能

2. 付费音频节目的核心要求是（　　　）。

　　A. 高频率更新　　　　　　　　　　　B. 娱乐性强

　　C. "有深度、有内容、有观点"　　　　D. 免费试听

3. 音频营销中，设计周边产品时最应该避免的做法是（　　　）。

　　A. 与音频内容主题高度相关　　　　　B. 仅仅依赖粉丝忠诚度涨价销售

　　C. 传递品牌理念和信任感　　　　　　D. 考虑设计的独特性和含义

（二）多项选择题

1. 音频营销的主要盈利方式包括（　　　）。

    A. 付费订阅　　　　　　　　　　B. 广告植入

    C. 线下活动　　　　　　　　　　D. 周边产品

    E. 短视频推广

2. 成功的音频内容植入需要满足哪些条件？（　　　）

    A. 广告与节目调性契合　　　　　B. 高频次硬广插入

    C. 主播与粉丝信任度高　　　　　D. 强制用户分享

    E. 仅限免费内容

3. 品牌入驻音频平台的注意事项包括（　　　）。

    A. 以广告内容为主　　　　　　　B. 内容符合品牌特色

    C. 避免过度商业化　　　　　　　D. 频繁更换电台名称

    E. 选择垂直领域话题

（三）判断题

1. 付费音频节目需要以完全免费的内容作为引流手段。（　　　）

2. 周边产品的设计应注重与音频内容的关联性。（　　　）

3. 喜马拉雅 FM 的账号认证仅用于防止封号，不影响流量分配。（　　　）

4. 音频营销中，广告植入的效果优于传统网络广告。（　　　）

5. 明星 IP 的打造需要强运营和长期内容沉淀。（　　　）

（四）简答题

1. 简述音频付费节目的三个核心要求，并举例说明其应用场景。

2. 分析品牌入驻音频平台的优势及劣势，并给出两条运营建议。

3. 对比广告植入与周边产品两种盈利方式的特点及适用场景。

（五）技能题

    根据本任务所学的知识与技能，为你熟悉的一个产品做一份音频营销策划方案。

项目七 短视频营销

任务 1 认识短视频营销

任务 2 策划与制作短视频

任务 3 实施短视频营销推广

一、知识目标

1. 了解短视频营销的概念。

2. 掌握短视频营销的内容。

3. 掌握短视频营销的类型。

4. 掌握短视频营销工具的运用。

5. 掌握短视频营销的基本技巧。

6. 掌握短视频营销标题的撰写技巧。

7. 掌握短视频营销的实战技巧。

二、技能目标

能够针对不同企业产品的特点，运用短视频营销的方法与技巧，完成短视频营销过程：包括分析产品的特点、提炼产品的卖点、制作营销的短视频、选择恰当的短视频平台发布、有技巧地回复问题，从而达到为整个新媒体营销推广服务的目的，同时提高短视频营销的能力。

三、素养目标

1. 在了解短视频营销方式的过程中，培养学生关注国家社会热点话题，引导学生树立正确的价值观。

2. 融入大国自信和家国情怀，开展爱国主义教育，增强民族自豪感。

3. 在短视频平台进行创作时，谨记创作或者传播包含优秀中国商业文化与中国传统文化的作品。

4. 逐步培养学生的文化自信，并且培养短视频从业人员的社会法治意识与职业道德。

项目导读

短视频营销是新媒体营销中一个非常重要的组成部分，也是目前消费者（特别是年轻消费者）比较容易接受的一种新媒体营销方式。通过本项目的学习，让学生能够掌握目前我国各大主流短视频平台的种类和不同功能，以及如何运用这些平台的不同特色来推广相应的产品，并且让学生能够独立地完成短视频的策划与推广，以及掌握短视频营销的基本方法与技巧。最终使学生明确新媒体营销中短视频营销对于电子商务和网络营销的重要性，熟悉短视频营销的概念与相关方法，达到能独立完成针对特定产品开展短视频营销工作的目的。

任务 1
认识短视频营销

一、任务导入

短视频以其多元内容形式与碎片化传播模式精准适配移动互联网用户的信息交互需求。研究显示，短视频通过沉浸式叙事的方式显著提升了信息传递效率，并在社交网络的助推下形成规模传播效应。随着技术发展与设备普及，短视频的商业价值持续释放，逐步构建出数字营销生态链。本任务介绍了短视频的基础知识，重点分析其媒介特征及账号定位方法，建立短视频营销的系统性认知框架。

二、引入案例

短视频营销促进乡村振兴实践案例

（一）因地制宜发展短视频电商，专项助农延长乡村产业链

短视频作为扩大农产品销路、盘活乡村经济的重要媒介，承担着打通乡村农产品的销售渠道，使短视频经济红利真正惠及广大乡村的重要使命。短视频平台与地方政府进行深入合作，因地制宜地发展短视频电商，鼓励村民挖掘农产品的优势和特色，借助"直播带货"和"内容带货"等方式，将源头好物直接送到消费者手中，为地方特色农产品打开了新通路。2023年，抖音电商"山货上头条"共扶持了49个乡村产业，覆盖全国13个省市，众多地区借助抖音电商平台向全国展销当地特色农产品，市场销售额大幅度增加，其中广东茂名荔枝销量同比增加576%，湖南茶油、福建闽东菌汤包、宁夏枸杞同比分别增加520%、237%和225%。

（二）资金技术齐助力培养数字人才，线上线下相结合普及农技知识

乡村振兴，人才是关键。各大短视频平台积极响应国家政策，充分利用自身优势，着重挖掘农民内在潜能，通过助农项目壮大乡村振兴后备人才队伍。2023年以来，短视频平台通过对返乡青年予以资金上和技术上的支持、开展数字乡村人才培训、培养数字青年主播等方式，帮助返乡青年借助短视频和直播助力乡村经济发展。快手平台《村播助燃乡村经济价值发展报告》显示，2023年上半年，快手通过线上线下培训村播数量达10万人，带动25万人就业。快手"村播"覆盖25864个乡镇，覆盖新农人、新非遗匠人、乡村园艺师等16个新职业。抖音持续通过"乡村守护人"项目发掘和扶持乡村创作者。某

博主大学毕业后选择返乡发展，在抖音组织的新媒体训练营的帮助下，其粉丝人数增长到上百万、上千万。近年来，该博主带动农产品紫苏规模化种植，帮助村民获得每亩3000多元的收入。

（三）线上推广促进文旅深度融合，短视频成乡村发展增收新引擎

在数字化转型的浪潮中，短视频平台正成为激活乡村文化与旅游资源的强大力量。短视频通过推广与营销，将乡村的文化资源转化为经济价值，带动了地域品牌塑造、文创产品开发，促进了乡村旅游的消费升级。2023年，"村BA""村超"等乡村群众性文体活动爆火出圈，在短视频平台与政府的推动下，有别于传统体育赛事体验的贵州"村超""村BA"通过短视频传播得以扩大知名度，吸引全国各地的观众来此旅游体验。《2023年快手三农生态数据报告》显示，2023年快手站内累计村超相关作品发布量超6.3万条，累计村超相关作品消费额超16亿元，村超相关直播比赛场次累计超过300场。"快手村BA"赛事相关内容总播放量20多亿人次，赛事相关直播内容总观看超13亿人次，站内外热搜超400个。"村BA"举办地台江县共接待游客200余万人，实现旅游收入23亿元。

（案例来源于网络，编者整理）

三、任务实施

（一）视频营销

视频营销是指借助以视频网站为基础的网络平台，以内容为核心、创意为导向，利用精细策划的视频内容实现产品营销与品牌传播的目的。视频营销是"视频"和"互联网"的结合，具备二者的优点，既具有电视短片的优点，如感染力强、形式内容多样、创意新颖等，又有互联网营销的优势，如互动性、主动传播性、传播速度快、成本低廉等特性。在制作内容方面，视频营销的内容既有由专业团队制作的精美"微电影"，如益达口香糖的视频广告，又有中小企业的独立制作、小型外包、众包等方式。视频营销的常见形式包含电视广告、网络视频、宣传片、微电影等。视频营销归根到底是营销活动，因此成功的视频营销不仅仅要有高水准的视频制作，更要发掘营销内容的亮点。

（二）短视频

随着视频营销概念的火热以及众多成功案例的出现，各个企业开始逐渐重视起短视频营销这个营销新形势，很多中小企业已经开始尝试去做短视频自媒体。当然，对于大部分企业来说，从0到1不是一件容易的事。

什么是短视频呢？它其实就是一种视频长度以秒计数，并且主要依托于移动智能终端实

现快速拍摄和编辑美化，可在社交媒体平台上实时分享的一种新型视频形式。短视频不同于文章、音频那种单一的内容模式，它融合了文字、语音和视频，使得用户在接收内容时获得更加立体化的内容。

（三）短视频营销

所谓的短视频营销就是在结合了视频营销和短视频概念的基础上的一个创新产物。短视频营销是指视频长度以秒计（一般不超过15秒），以视频网站为基础的网络平台，以内容为核心、创意为导向，利用精细策划的视频内容实现产品营销与品牌传播目的的一种新媒体营销方式。短视频强调的是一个"短"字，它的花费较低，并且非常符合当今快餐时代以"快"为主的思维。如今的短视频行业正在快速发展，也使得其构成体系更加完善。不过，短视频也是视频，那么"短"只能作为其"表"，视频内容才是为其"里"，所以短视频的宗旨还是如视频一样，核心内容才是决定短视频营销成败的关键。

短视频是具有直观性、软性植入、内容灵活、互动性高以及更加丰富多元化的营销服务。短视频和传统的图文内容相比，其直观的表现形式、多样的内容和极高的互动感带来了多元化的盈利模式，成为其目前内容创业领域中的优势所在。未来，随着更多产品的开发和品牌的崛起，短视频可以从更多的角度和消费者互动，形成全新的盈利模式，增加内容创业的价值和附加属性。

（四）短视频营销的优势

1. 短视频营销具备显著的互动性优势

在营销领域中，短视频能够通过互动机制与用户形成紧密联系，进而帮助企业有效收集并利用用户反馈，明确自身的改进方向。在用户层面，用户可以通过在企业发布的短视频下方发表评论，积极表达自己的意见和建议。这种互动性特征不仅加速了短视频内容的广泛传播，而且显著增强了企业的营销效果。

2. 短视频营销展现出低成本的特点

相较于传统的电视广告形式，短视频在营销成本上具有明显的优势。在策划、制作及运营等多个环节，短视频均表现出了更高的竞争力。一个基础团队凭借出色的创意内容，即可创作出深受观众喜爱的短视频作品，进而获得可观的流量和关注度。

3. 短视频营销具有高效性

短视频营销的高效性体现在用户购买行为的便捷性上。相较于传统电视广告，短视频能够为用户提供更为直接的购买途径。消费者可以直接通过视频展示进行商品购买，而无须跳转至其他平台或搜索相关信息。这种便捷性不仅提升了用户的购物体验感，还有效促进了商品的销售。

4. 短视频营销具备强大的目标受众定位能力

借助大数据技术的支持，短视频能够精准地识别并吸引目标受众群体，从而实现精准营销。此外，短视频平台还为具有相同兴趣爱好的用户提供了社区、空间或群组等互动空间，这进一步凸显了短视频营销在受众定位上的独特优势。

5. 短视频营销效果具有可预测性

在短视频营销过程中，我们可以利用后台数据对营销效果进行科学分析和预测。这些数据包括但不限于点击量、用户停留时长、视频完播率、转发量和评论量等关键指标。这些指标不仅有助于企业准确预测营销效果，还能为后续的短视频策划和运营提供有力的决策依据。

（五）短视频营销账号定位

1. 明确账号的用户类型

（1）探究用户的基本需求

基本需求是指用户观看短视频的初衷与目的，具体涵盖获取知识技能、寻求休闲娱乐、获取消费指导，以及满足个人渴望与提升自我归属感等方面。唯有准确把握目标用户的需求，所创作的短视频方能传递出有价值的信息，进而获得目标用户的认可，并增强粉丝的忠诚度与黏性。

（2）深化对用户群体的认知

在明确目标用户群体后，需进一步通过收集与分析用户信息数据，对目标客户群体进行更为清晰地画像构建。用户画像是基于用户的属性、生活习惯、偏好和行为等信息，通过抽象描述所形成的一种标签化的用户模型。当前，众多专业的数据统计网站，如巨量星图、卡思数据和抖查查等，均可提供竞品账号数据，为创作者获取用户信息提供有力支持。

（3）明确用户使用场景

使用场景是指用户观看短视频的具体时间与内容偏好等信息。在用户定位过程中，需将这些信息融入特定的场景之中，以便更为精准地归纳用户的特征属性。因此，创作者需对使用场景进行明确界定，以制作出符合目标用户属性的短视频内容，进而提升账号的整体价值。

2. 设定账号的内容领域

（1）确定账号内容导向

短视频账号的内容类型极为丰富。创作者可从自身最为专注的事务、曾获赞誉的经历、擅长且能高效运用的技能及经验积累等方面入手，初步确定短视频内容的大致方向，如美妆、美食、探店、电影、体育、游戏、旅游等。

（2）选定账号内容范畴

创作者在设定账号内容领域时，应全面考虑自身的条件与优势，包括年龄、知识水平、所在城市、工作领域，以及使用拍摄设备和视频剪辑软件的能力等。通过综合对比与筛选，最终确定出一个最适合自己的短视频账号内容领域。

3. 选择账号的风格与形式

（1）确定账号风格基调

短视频账号的风格是影响其受欢迎程度的关键因素之一。用户对某些短视频留下深刻印象或记住账号和内容，很大程度上取决于其独特的风格和形式。常见的短视频风格包括图文结合、模仿创新、解说阐述、脱口秀表演、情景剧演绎和 Vlog 记录等。创作者需根据自身的实际情况与擅长领域，选择最适合自己的风格，以打造具有垂直性的短视频账号。

（2）选定账号展现形式

不同的风格决定了短视频的不同展现形式。账号的形式通常指短视频中的出镜主体或主要内容，如宠物短视频以宠物为主角，旅游 Vlog 以展示风景为主，情景剧则主要呈现人物间的对话与交流等。

（3）设定账号人设标签

根据所选账号的风格和形式，创作者需在各大短视频平台中搜索相似风格或形式的短视频内容，并对其特点与人设标签进行深入分析，进而为自己的短视频营销账号选择恰当且富有特色的人设标签，以进一步提升账号的辨识度和吸引力。

四、任务评价与反馈

通过本任务的学习，大家已经了解了短视频营销的基础知识，并且熟悉了短视频营销账号的定位方法。请根据表 7-1 进行自我评价。

表 7-1　认识短视频营销学习评价表

评价项目	评价要点	自评	互评	教师评
基础知识	对短视频相关知识的认识与理解（20分）			
具备账号注册的能力	注册账号的名称是否有代表性（5分）			
	账号的头像与账号定位的一致性（5分）			
	账号信息设置的合理性（5分）			
具备作品发布的能力	发布作品封面选择的恰当性（5分）			
	发布作品标题设置的合理性（5分）			
具备推广运营技巧使用的能力	账号定位的精准性（10分）			
	音乐选择的恰当性（10分）			
	视频文案编辑的合理性（10分）			
	话题和地理位置设置的有效性（10分）			
	视频发布时间的合理性（10分）			
传播优秀传统文化	在创作短视频时，是否能够创作或者传播包含优秀中国商业文化与中国传统文化的作品（5分）			
总评成绩				

注：自评、互评、教师评三项分数取平均值，计为总评成绩。评价结果分为 A 优秀（85 ~ 100分）、B 良好（75 ~ 84分）、C 合格（60 ~ 74分）、D 待合格（60分以下）四个等级。

五、任务检测

（一）单项选择题

1. 短视频的核心特征是（　　　）。
   A. 内容创意　　　　　　　　　　　B. 视频长度以秒计数
   C. 专业团队制作　　　　　　　　　D. 高成本投入

2. 短视频营销的宗旨是（　　　）。
   A. 追求视频时长最短化　　　　　　B. 以核心内容为主导
   C. 完全依赖用户互动　　　　　　　D. 模仿传统电视广告

3. 以下不属于短视频营销优势的是（　　　）。
   A. 互动性高　　　　　　　　　　　B. 制作成本低廉
   C. 用户购买行为需跳转平台　　　　D. 精准定位目标受众

4. 构建用户画像模型的基础信息不包括（　　　）。
   A. 用户属性　　　　　　　　　　　B. 生活习惯
   C. 视频拍摄设备型号　　　　　　　D. 行为偏好

5. 短视频账号风格基调的常见形式不包括（　　　）。
   A. 情景剧演绎　　　　　　　　　　B. 图文结合
   C. 长篇解说　　　　　　　　　　　D. Vlog 记录

（二）多项选择题

1. 短视频营销的核心优势包括（　　　）。
   A. 互动性高　　　　　　　　　　　B. 低成本
   C. 用户购买需跳转平台　　　　　　D. 精准定位目标受众

2. 短视频账号内容领域的设定需综合考虑（　　　）。
   A. 创作者年龄　　　　　　　　　　B. 知识水平
   C. 拍摄设备能力　　　　　　　　　D. 用户评论数量

3. 短视频账号的用户画像构建需要包含（　　　）。
   A. 用户基本需求　　　　　　　　　B. 使用场景
   C. 视频完播率　　　　　　　　　　D. 生活习惯

（三）判断题

1. 短视频营销的核心是视频长度越短越好。（　　　）
2. 短视频营销可通过后台数据预测效果，如点击量、转发量等。（　　　）

3. 用户画像模型需基于用户的属性、生活习惯、偏好和行为构建。（　　　）

4. 短视频账号的风格对受欢迎程度无显著影响。（　　　）

5. 短视频内容领域的选择需优先考虑用户评论的数量。（　　　）

（四）简答题

1. 简述短视频营销的四大优势。

2. 短视频账号定位的三大步骤是什么？简要说明每个步骤的核心任务。

3. 什么是用户画像？构建用户画像需要哪些信息？

（五）技能题

以"抖音"短视频平台为例，结合自身实际，完成一个短视频营销账号的定位。

项目	定位短视频营销账号
账号的用户类型	
账号的内容领域	
账号的风格和形式	

任务 2
策划与制作短视频

一、任务导入

如今，短视频已逐步演变为传播观点、营销品牌、销售商品的关键手段之一，同时短视频的策划与制作也成为个人、企业和政府机构不可或缺的技能。在当前数字时代的背景下，无论是求职还是创业，短视频策划与制作均已成为一个重要的发展方向和突破口，具有重要的实践意义。短视频策划如同短视频的灵魂，决定了短视频的主题、风格和核心信息。而短视频制作，则犹如利器，通过精心的拍摄、剪辑和后期处理，将策划的理念转化为生动的视觉呈现形式。二者相辅相成，方能打造出卓越的短视频作品。本节的任务是深入探讨短视频选题、精心设计短视频内容，并要求学生掌握撰写短视频脚本的实用方法。通过本节课的学习，学生将能够了解短视频策划与制作的基本原理和流程，掌握相关技能和工具的使用技巧，为未来的职业发展打下坚实的基础。

二、引入案例

短视频策划实战攻略案例

在短视频运营的战场上，掌握有效的策略和借鉴成功的案例能让我们少走弯路，快速提升运营效果。

（一）精准定位：小众爱好成就大流量

[案例]某手工皮具制作账号在众多时尚、娱乐类短视频充斥的平台上独辟蹊径，专注于手工皮具制作这一相对小众的领域。从选料、裁剪、缝制到最后的打磨上色，每一个步骤都详细展示，并穿插讲述皮具制作背后的文化与历史。通过精准定位对手工皮具感兴趣的群体，如手工爱好者、复古文化追随者以及追求个性化配饰的消费者，该账号吸引了大量忠实粉丝。其视频播放量虽然不及一些大众娱乐账号，但粉丝的互动率极高，点赞、评论和分享频繁，而且粉丝的转化率也相当可观，在电商平台上推出的手工皮具定制服务和成品销售都取得了不错的成绩。

[案例启示]不要盲目跟风热门领域，深入挖掘自身的兴趣和特长，找到小众且有潜力的细分市场进行精准定位，针对特定受众创作内容，能有效提高粉丝的忠诚度和商业转

化率。

（二）内容系列化：打造追剧式观看体验

[案例]"职场成长记" 系列短视频账号围绕职场新人从入职到晋升的各个阶段，制作了一系列连续的短视频内容。每个视频都有一个独立的小主题，如"职场新人的第一天""如何应对办公室政治""高效会议技巧" 等，但又相互关联，形成一个完整的职场成长故事线。观众在观看了第一个视频后，会因为对主角后续的职场发展感兴趣而持续关注。这种内容系列化的方式使得账号的粉丝留存率大幅提升，观众黏性增强，并且随着系列的推进，账号的知名度也会不断扩大，吸引了更多新用户的关注。

[案例启示]将内容进行系列化规划，构建有连贯性和逻辑性的故事体系或主题系列，让观众像追剧一样期待下一个视频的发布，从而增加他们对账号的依赖度和关注度。

（三）互动营销：用户参与推动传播

[案例]某健身品牌的短视频账号发起了 "30 天健身挑战" 活动。该账号发布了一系列健身示范视频，并邀请用户参与挑战，要求用户每天上传自己的健身打卡视频并带上特定的话题标签。参与者不仅可以在评论区交流健身心得、互相鼓励，还有机会获得品牌提供的健身器材、运动服饰等奖品。此次活动吸引了数千名健身爱好者参与，话题标签的热度持续攀升，相关视频的总播放量突破百万次。通过这次互动营销活动，该品牌账号的粉丝数量增长了数倍，品牌知名度和美誉度也得到了极大的提升。

[案例启示]积极策划互动性强的活动，鼓励用户参与创作和分享，利用奖品激励、话题讨论等方式提高用户的参与热情，借助用户的社交网络实现视频的广泛传播，扩大账号影响力。

（四）跨平台合作：流量互通实现双赢

[案例]美食博主 "美食探险家" 与旅游博主 "旅行达人" 跨平台合作，他们在各自的短视频平台上联合推出了 "美食与旅行的邂逅" 系列视频。美食博主在视频中介绍当地特色美食，旅游博主则展示美食所在的旅游景点和风土人情。双方互相在视频中推荐对方的账号，并在社交媒体上进行联合宣传。通过这种跨平台合作，两个账号都吸引了对方粉丝群体的关注，粉丝量和视频播放量都有了显著增长，同时也为观众带来了更丰富、多元的内容体验。

[案例启示]寻找与自己账号内容互补、受众群体有重叠的其他账号或品牌进行跨平台合作，实现流量互通、资源共享，共同打造爆款内容，提升双方的知名度和影响力。

（资料来源于网络，编者整理）

三、任务实施

（一）短视频策划的含义

短视频策划是指企业或机构以系统性思维为导向，基于市场环境与用户行为研究，对短视频传播活动进行全流程策略规划的专业化过程。其以营销目标为核心，通过整合传播学、消费心理学及数字技术工具，对内容创作、传播渠道、互动机制及效果评估等环节进行科学设计与动态调控，旨在构建符合平台生态规律且能引发用户深度共鸣的营销体系。策划主体需综合运用数据分析、创意叙事与媒介适配方法，在短视频的有限时长内实现品牌价值的高效传递，同时通过精准投放、实时反馈与策略迭代，形成"目标设定—创意输出—效果转化"的闭环链路，最终达成品牌认知强化、用户关系维护与商业价值转化的多维营销目标。

（二）短视频策划的技巧

1. 短视频选题确定策略

制作短视频的核心要素在于精妙选题的选择。确定短视频选题的基本路径是先构建短视频选题库，进而结合客户需求与账号定位，筛选出适宜的选题。建立选题库的宗旨在于助力创作者持续产出高质量内容。我们可以通过关注主流平台的热门榜单，迅速掌握热门内容动态。当然，亦可通过日常生活的积累，将有价值的素材纳入选题库。拥有选题库后，创作者可不断浏览以获取创作灵感，并结合对用户需求的分析及账号定位，选定一个恰当的短视频选题。值得注意的是，在确定选题时，需遵循具有相关性、贴近实际、有价值这三个基本原则。

2. 短视频内容设计技巧

鉴于短视频时长有限，应充分发挥其在每一秒播放过程中的内容效能。创作者可通过文案、明确表述、身份代入、视觉冲击、人物魅力及音乐等方面，精心构思短视频的具体内容。

3. 短视频脚本撰写方法

脚本原指表演戏剧、拍摄电影等所依据的底本或书稿的底稿。短视频脚本可视为介绍短视频内容的大纲，亦可作为拍摄短视频的说明书。短视频常用的脚本包括提纲脚本和分镜头脚本。提纲脚本包含对主题、题材形式、风格、画面和节奏的说明，但对拍摄仅起提示作用。分镜头脚本则更为详尽，涵盖景别、时间、镜头、画面、音乐和旁白六个要素。创作者需以文字形式详细阐述以上内容，以此直观展现视频中不同镜头的画面，阐述剧情内容，体现人物设定。

（三）短视频制作的方法

完成短视频的前期策划工作后，就要正式开启短视频的制作了，在这里主要包含短视频拍摄和短视频剪辑两个内容。如今常见的短视频拍摄设备有手机、单反相机、微单相机、运动相机和无人机等，其中手机是目前最容易上手的拍摄设备，使用手机也方便短视频的传输、制作和发布。接下来就以手机为例给大家介绍如何进行短视频的拍摄和剪辑。

1. 短视频拍摄

（1）做好拍摄的前期准备

除了手机，在正式开始拍摄前，我们还需要准备一些辅助设备，包括话筒、稳定器、补光灯。

① 选择话筒。为了短视频的录音质量，话筒是必备的辅助设备之一。拍摄短视频常用的话筒有无线话筒和指向性话筒两种。无线话筒可以直接安装在主播的衣领处，以无线的方式进行录音。指向性话筒也就是常见的机顶麦，通过连接到手机、相机、摄像机等设备上收集声音。创作者根据短视频的形式和内容选择合适的话筒即可。

② 选择稳定器。使用稳定器能提高拍摄效果或是保证视频画面的稳定性。常见的手机稳定器有三脚架和云台两种。创作者需要根据自己的预算和需求来选择稳定器。

③ 选择补光灯。为了解决在拍摄过程中缺乏光线的问题，我们可以选择补光灯为拍摄过程提供辅助光线，确保短视频画面的亮度。可以考虑选择平面补光灯或者环形补光灯。

④ 确定拍摄场景与角度。在拍摄短视频时，场景的选择和拍摄角度同样重要。创作者需要根据短视频的主题和内容，选择适合的拍摄场景。例如，如果是美食类短视频，可以选择明亮整洁的厨房或餐厅作为拍摄场景。同时，拍摄角度的选取也能影响视频的视觉效果。可以采用平拍、俯拍、仰拍等多种角度，来丰富视频的视觉效果，增强观看体验感。

⑤ 掌握拍摄技巧。在拍摄短视频时，掌握一些基本的拍摄技巧也是非常重要的。例如，利用构图原则来安排画面元素，突出主题；通过调整拍摄角度和焦距，来营造不同的视觉效果；运用镜头切换和剪辑技巧，来增强视频的连贯性和节奏感。这些拍摄技巧的运用，都能使短视频更加专业和吸引人。

（2）进行短视频的拍摄

在做好前期准备后，我们就可以开始进行短视频的拍摄了。拍摄时，需要注意以下几点。

① 保持画面稳定。在拍摄过程中，保持画面稳定是非常重要的。如果画面抖动或不稳定，会给观众带来不适的观看体验。因此，我们可以利用前面提到的稳定器来保持画面的稳定性。同时，在拍摄时也可以尽量使用固定镜头，避免频繁移动镜头导致画面不稳定。

② 注意光线和色彩。光线和色彩是影响短视频质量的重要因素。在拍摄时，需要注意光线的明暗和色彩的搭配。如果光线不足或色彩搭配不当，会导致画面暗淡或色彩失真。因此，我们可以利用补光灯来调整光线，同时也要注意色彩的搭配和调和，使画面更加生动和鲜明。

③ 关注细节和构图。在拍摄短视频时，细节和构图也是非常重要的。细节的处理能够体现创作者的用心和专业性，而构图的合理性则能够影响画面的视觉效果。因此，在拍摄时需要注意细节的处理，如人物的表情、动作、服装等；同时也要注意构图的合理性，如画面

的层次感、对称感等。通过关注细节和构图，能够使短视频更加精致和吸引人。

2. 短视频后期剪辑

（1）后期剪辑的前期准备

在完成短视频的拍摄之后，后期剪辑是将原始素材转化为最终成品的关键步骤。为了顺利地进行后期剪辑，创作者需要做以下准备。

① 选择合适的剪辑软件。剪辑软件是后期制作的核心工具，它决定了剪辑的效率和质量。目前市面上有多种剪辑软件可供选择，如 Adobe Premiere Pro、Final Cut Pro、DaVinci Resolve 等。创作者应根据个人喜好、电脑配置以及软件功能来选择合适的剪辑软件。

② 整理和备份原始素材。在开始剪辑之前，应确保所有拍摄的原始素材都已妥善整理，并进行备份。这可以防止在剪辑过程中出现素材丢失或损坏的情况，确保剪辑工作的顺利进行。

③ 制订剪辑计划。制订一个详细的剪辑计划有助于提高剪辑效率。创作者应根据短视频的主题和内容，规划剪辑流程，包括素材筛选、剪辑顺序、特效添加、音频处理等环节。

（2）进行短视频的后期剪辑

在完成前期准备后，可以开始进行短视频的后期剪辑工作，步骤如下。

① 素材筛选与整理。从拍摄的大量素材中筛选出最优质、最符合主题的部分。将这些素材按照时间顺序或内容逻辑进行整理，为后期剪辑工作做好准备。

② 视频剪辑与调整。使用剪辑软件对选定的素材进行剪辑，包括剪切、拼接、调整顺序等操作。在剪辑过程中，应关注视频的节奏感和流畅性，确保视频内容的连贯性。同时，可以利用软件中的调整工具，如色彩校正、亮度调整等来优化视频的视觉效果。

③ 音频处理。音频是短视频的重要组成部分，良好的音频效果能够提升观众的观看体验感。在剪辑过程中，应进行音频剪切、降噪、音量调整等操作。如果需要，还可以添加背景音乐和音效，增强视频的氛围感。

④ 特效与过渡。为了使短视频更加生动有趣，可以适当添加特效和过渡效果。例如，使用转场特效来平滑过渡不同场景，或者使用文字和图形特效来突出重点信息。但应注意，特效的使用要适度，避免过度使用导致观众分心。

⑤ 最终输出与审查。在完成所有剪辑工作后，进行最终的视频输出。输出前，应仔细审查视频内容，确保没有遗漏或错误。同时，可以邀请他人观看视频，收集反馈意见，进一步优化视频内容。最后，根据需要选择合适的视频格式和分辨率进行输出，确保视频在不同平台上的兼容性和播放质量。

四、任务评价与反馈

通过本任务的学习，大家已经了解了短视频内容的策划方法，并且充分熟悉了如何利用手机进行短视频的拍摄和剪辑。请根据表 7-2 进行自我评价。

表 7-2 策划与制作短视频学习评价表

评价项目	评价要点	自评	互评	教师评
短视频策划	了解如何建立选题库并完成选题（10分）			
	能设计优秀的短视频内容（10分）			
	能按照短视频内容撰写短视频脚本（10分）			
短视频制作	能做好短视频拍摄的前期准备（10分）			
	能正确设置拍摄短视频的手机参数（10分）			
	能根据分镜头脚本的要求拍摄分镜头短视频（10分）			
	能利用剪辑软件导入视频素材并设置画布（10分）			
	能在剪辑软件中裁剪、组合短视频并完成调色			
	能在剪辑软件中为短视频设置音频和字幕			
	能在剪辑软件中为短视频添加封面			
总评成绩				

注：自评、互评、教师评三项分数取平均值，计为总评成绩。评价结果分为 A 优秀（85 ~ 100分）、B 良好（75 ~ 84分）、C 合格（60 ~ 74分）、D 待合格（60分以下）四个等级。

五、任务检测

（一）单项选择题

1.短视频策划的核心导向是（   　　）。

A.数据分析　　　　　　　　　　　　B.用户行为研究

C.营销目标　　　　　　　　　　　　D.创意叙事

2.建立短视频选题库的主要目的是（   　　）。

A.提高短视频的播放量　　　　　　　B.持续产出高质量内容

C.降低制作成本　　　　　　　　　　D.模仿热门内容

3.分镜头脚本的要素不包括（   　　）。

A.景别　　　　　　　　　　　　　　B.音乐

C.用户评论　　　　　　　　　　　　D.旁白

4.短视频拍摄时最易上手的设备是（   　　）。

A.单反相机　　　　　　　　　　　　B.手机

C.无人机　　　　　　　　　　　　　D.运动相机

5.后期剪辑的核心工具是（   　　）。

A.稳定器　　　　　　　　　　　　　B.补光灯

C.剪辑软件   D.话筒

（二）多项选择题

1.短视频策划的多维目标包括（   ）。

A.品牌认知强化   B.用户关系维护

C.商业价值转化   D.用户需求分析

2.短视频内容设计技巧可围绕以下哪些方面展开？（   ）

A.文案   B.视觉冲击

C.音乐   D.拍摄设备

3.短视频脚本的主要类型包括（   ）。

A.分镜头脚本   B.提纲脚本

C.用户调研脚本   D.广告脚本

（三）判断题

1.短视频策划以系统性思维为导向，以市场环境与用户行为研究为基础。（   ）

2.确定短视频选题时需遵循具有相关性、贴近实际、有价值三个原则。（   ）

3.提纲脚本对拍摄仅起提示作用，不涉及具体镜头设计。（   ）

4.补光灯的作用是提高短视频的录音质量。（   ）

5.剪辑软件的选择需根据个人喜好、电脑配置及功能需求决定。（   ）

（四）简答题

1.简述短视频策划的含义及核心目标。

2.短视频选题确定的基本路径是什么？需要遵循哪些原则？

3.分镜头脚本的六个要素包括哪些？

（五）技能题

以宣传某护肤品作为短视频的主要拍摄目的，结合课程内容，完成短视频的内容策划和制作。

任务	任务内容
任务一	设计短视频内容
任务二	撰写短视频脚本
任务三	完成短视频拍摄
任务四	完成短视频剪辑

任务 3
实施短视频营销推广

一、任务导入

在注意力日益碎片化的时代，短视频作为一种新兴媒介，为企业和品牌拓展出了更广阔的营销空间。伴随着第五代通信技术的广泛应用，互联网数据传播速度显著提升，为短视频的迅猛发展提供了坚实的技术基础与有力支撑。在此背景下，短视频以其内容的丰富多样性和高度趣味性，迅速吸引了广大消费者的目光。因此，众多品牌与企业纷纷将电子商务的营销重心转向短视频平台，视其为提升品牌影响力、拓展市场份额的重要渠道。短视频的兴起与发展，不仅优化了营销信息的传递方式与效率，还推动了电子商务营销策略的变革与创新。它以自己独特的媒介形式与传播优势助力企业品牌在激烈的市场竞争中脱颖而出，实现快速成长与品牌塑造。

二、引入案例

杭州短视频营销推广案例分析

杭州作为一座历史悠久而又充满活力的城市，其独特的地理位置和丰富的文化底蕴为抖音短视频运营提供了得天独厚的条件。近年来，众多企业和个人在杭州这片土地上，通过抖音短视频运营取得了显著的成功。以下我们将深入分析几个成功案例，揭示其背后的故事。

［案例一］杭州某特色餐厅的抖音营销

一家位于杭州的特色餐厅主打本地美食，但由于位置偏僻，知名度不高，客流量一直不尽如人意。

餐厅决定借助抖音进行推广，精准定位目标受众为杭州本地的美食爱好者，年龄在20～40岁之间，喜欢尝试新的美食。他们邀请了专业的摄影师和美食博主，拍摄了一系列精美的美食视频，展示了餐厅的特色菜品、制作过程和背后的文化故事，并添加了餐厅的地址、联系方式和优惠活动等信息。

经过一段时间的推广，餐厅的知名度和客流量得到了显著提升，视频曝光量达到了数百万次，抖音账号的粉丝数量从最初的几百人增长到了数万人，餐厅的客流量比推广前增长了数倍，尤其是在周末和法定节假日，餐厅常常座无虚席。

启示：精准定位目标受众，制作优质内容，合理设置推广预算，积极与用户互动，是抖音短视频运营成功的关键。

[案例二]杭州咖啡品牌的抖音文化传播

某知名咖啡品牌在杭州市场已有一定的知名度，但始终未能实现品牌影响力的突破。

该品牌与抖音代运营公司玖叁鹿合作，决定以"咖啡文化"为核心，打造一系列富有创意和情感的短视频内容。通过讲述咖啡豆的环球旅行故事、制作咖啡的匠人情怀以及与本地艺术家联名的限定款咖啡杯设计等内容，成功将品牌与咖啡文化紧密相连。这一系列内容不仅吸引了大量用户的关注和点赞，更在消费者心中树立了独特的品牌形象，实现了品牌知名度和美誉度的双重提升。

启示：在抖音平台上，内容的质量直接决定了视频的曝光度和用户的参与度。通过讲述品牌故事，赋予品牌独特的个性和情感价值，是提升品牌影响力的有效途径。

[案例三]杭州旅游景点的抖音推广

杭州拥有丰富的旅游资源，但部分景点知名度不高，游客数量有限。一些旅游景点通过抖音短视频平台发布了一系列展示景点美景、人文故事和特色活动的视频。他们利用精美的画面、动人的音乐和引人入胜的解说词吸引了大量用户的关注和转发。

启示：这些视频不仅提升了景点的知名度，还吸引了大量游客前来参观。一些景点甚至通过抖音平台举办了线上活动，如摄影比赛、话题挑战等，进一步增强了游客的参与感和黏性。

（资料来源于网络，编者整理）

三、任务实施

（一）短视频营销推广的含义

短视频营销推广是指企业或组织基于新媒体传播规律与用户行为特征，通过系统地策划、制作及分发短视频内容，以实现品牌认知强化、用户关系维护与商业价值转化的战略性目标。短视频营销以短视频为载体，依托平台算法机制与社交传播路径，将营销信息融入娱乐性、知识性或情感化的叙事框架，通过精准触达、动态交互与数据反馈的闭环体系，构建"内容—流量—转化"的协同链路。该模式的核心在于运用视听语言的多模态表达优势，在用户碎片化注意力场景中完成价值传递，同时借助智能推荐、用户画像等技术工具实现营销活动的精准化投放与实时优化，是现代数字营销生态中连接消费需求与商业供给的高效通路。

（二）短视频营销推广的特点

短视频营销推广作为数字营销体系的重要组成部分，其特点根植于新媒体传播生态的演化规律与用户行为特征，呈现出多维度的创新性特点。其特点主要有以下几个方面。

第一，传播效率的指数级跃升。依托短视频平台的智能推荐算法与社交裂变机制，优质内容可在短时间内突破圈层壁垒，通过用户自发转发、平台流量加权形成"波纹式扩散"效应。典型表现为热点话题的瞬时引爆能力，如挑战赛模式通过标准化参与模板与激励机制，实现用户 UGC 内容的大规模协同生产，形成几何级数增长的传播势能。

第二，用户触达的精准穿透力。平台基于深度学习构建的用户兴趣图谱与行为预测模型，使营销内容能够精准匹配目标人群的消费场景与情感诉求。通过 LBS 定位、设备指纹识别、跨屏追踪等技术，实现从泛众传播到个体化沟通的降维打击。例如，美妆品牌针对 Z 世代用户的"沉浸式妆容教程＋一键购物车跳转"组合策略，有效缩短了消费决策路径。

第三，动态交互性的深度整合。短视频营销突破传统广告的单向输出模式，设计参与感较强的互动机制（如投票弹幕、AR 特效、任务解锁），将用户从被动接收者转化为内容共创者。此类设计不仅提升了用户黏性，更通过行为数据反哺内容优化，形成"交互—反馈—迭代"的闭环链路。如某汽车品牌发起的"自定义车色挑战赛"，用户通过特效工具生成个性化车身涂装，既激发了创作热情又沉淀了潜在客户数据。

第四，商业价值的多维兑现能力。短视频营销构建了"品效销合一"的整合链路。前端通过剧情植入、达人测评完成品牌认知塑造，中端借助购物车、小程序实现即时转化，后端利用私域流量池进行用户生命周期管理。例如，三农领域达人通过"原产地溯源直播＋限时团购"模式，单场活动实现百万级销售额，同时强化了区域品牌形象。

第五，实时优化的数据驱动机制。平台提供的多维数据看板（完播率、互动热区、转化漏斗）支持动态调整投放策略。A/B 测试应用于视频封面、3 秒黄金开头、行动号召按钮等关键节点，通过持续迭代提升单位流量的价值产出。某快消品牌通过对比 12 种开场话术，最终将用户留存率提升 41%，转化成本降低 29%。

第六，轻量化创意与规模化复制的平衡性。一方面，营销内容需保持"原生感"以降低用户心理防御，采用生活化场景与情感共鸣叙事；另一方面，借助模板化创意框架与自动化投放工具，实现跨区域、多账号的矩阵式运营。例如，连锁餐饮企业通过标准化分镜脚本与本地化元素适配，在 30 个城市同步发起"城市限定菜品"营销，兼顾统一调性与地域特色。

这些特点共同塑造了短视频营销推广在注意力稀缺时代的核心竞争力，其本质是通过技术赋能重构"人－货－场"的连接关系，在用户沉浸式体验与商业目标达成间建立高效通路。

（三）短视频营销推广的基本方法

近几年，各类短视频营销平台的迅猛崛起，标志着短视频营销推广时代的全面到来。无论是普通人还是名人，都纷纷投身于短视频拍摄的热潮中，使偶像与粉丝之间的距离被不断拉近，这也是短视频平台广受欢迎的关键因素之一。那么，如何将短视频背后庞大的流量转化为切实的商业价值，如何更有效地挖掘短视频尚未充分释放的商业潜力？接下来，我们将对短视频营销推广的基本策略进行分析。

1. 挖掘创意深度，定制短片广告内容

在短视频营销领域，挖掘创意深度并定制短片广告内容已成为一种重要的营销策略。行业权威人士指出，未来的原生视频广告趋势必定是广告主定制创意短片。依托PGC（专业生成内容）和UGC（用户生成内容）日益成熟的短视频内容生产能力，按照品牌主的需求进行内容定制，已成为一种高转化率的营销手段。创意内容与短视频形式的结合，能够最大限度地发挥PUGC（专业用户生成内容）的内容价值，使品牌植入更加原生和自然。

2. 巧妙植入广告，提升品牌曝光度

在短视频营销中，巧妙植入广告是提升品牌曝光度的有效手段。借助短视频达人的高人气，通过贴片广告、播主口播等植入形式，品牌可以获得更好的曝光效果。这种方式具有操作简便、触达率高、成本低等多重优势，有助于品牌在激烈的市场竞争中脱颖而出。

3. 线上线下联动，扩大传播效果

线上线下联动是短视频营销中扩大传播效果的重要策略。品牌可以邀请网红参与线下活动，进行现场直播，并剪辑直播内容或线下活动的精彩片段，制作成短视频在线上进行二次传播。这种方式有助于扩大品牌的受众范围，提升品牌的知名度和影响力。

4. 增强粉丝互动，提升用户黏性

增强粉丝互动是短视频营销中提升用户黏性的关键。品牌可以发起某项活动，借助短视频平台和视频达人的粉丝影响力，带动粉丝参与。通过短视频的视觉化优势和强互动性，可以引发一场覆盖全网的短视频传播风暴，提升品牌的曝光度和美誉度。

5. 采用冠名植入，提升品牌美誉度

冠名植入是短视频营销中提升品牌美誉度的有效手段。品牌可以以品牌或产品命名短视频栏目，借助短视频的强大流量和冠名带来的高频次的品牌曝光，提升品牌在社交媒体中的知名度和美誉度。这种方式具有执行速度快、覆盖人群广等显著优势，有助于品牌在激烈的市场竞争中占据有利地位。

6. 拓展传播渠道，实现多方共赢

拓展传播渠道是短视频营销中实现多方共赢的关键策略。短视频可以在多个平台进行分发，广告主在投放过程中，需要重视内容和达人资源的运用，并选择合适的传播渠道，以实现多方共赢。策划和运营好分发渠道，同样是短视频营销的关键策略。

（四）短视频营销推广的要点

1. 品牌用户化策略的实践

品牌用户化策略的核心在于品牌自身需以产品使用者的身份，站在用户的角度与受众进行深度对话。例如，在夏季广受欢迎的嘻哈音乐，象征着年轻与真实。某老牌啤酒品牌通过与嘻哈音乐明星合作，成功打造出了具有真实感的年轻化品牌调性，使年轻人与品牌真正融

为一体，实现了品牌的用户化。

2. 封面与标题设计的艺术性与策略性

封面与标题的设计是决定视频吸引力的关键因素，必须精心策划以精准抓住观众的心理。由于消费者每天沉浸在各种信息流中，决定是否点击一个内容的时间仅几秒钟，因此标题务必简短且关键词突出，以吸引观众注意。封面则应设计得引人注目或能够激发观众的好奇心。

3. 贴合产品价值的创新策略

内容形式的创新是吸引观众的关键。根据产品的不同调性，视频可以采用多种风格，但无论采用何种形式，都必须紧密结合产品价值，确保策划具有创意性和吸引力。

4. 产品创意的深度挖掘与展现方法

如果只是枯燥地介绍品牌，在短视频平台上将难以引导转发和关注。要想获得用户的持续关注，除了紧跟热点话题外，更重要的是要有独特的创意。例如，小米手机通过创造一个与其品牌名称相呼应（以小米食材为主题）的短视频，成功吸引了观众的注意，进而对小米手机品牌产生了深刻印象。

5. 视频时长与节奏控制的科学性

视频时长的合理控制是确保观众能够完整观看的关键。一般来说，视频时长最好控制在15秒以内，并注意节奏的紧凑性。调查显示，超过一定长度的视频往往难以吸引观众的持续关注。因此，在短视频制作中应注重内容的精练和节奏的把握。

6. 互动参与式营销的实施与粉丝增长机制

在注意力经济时代，单向的"背书式"传播已不适应互联网原住民的需求。互动参与式营销才是与他们有效沟通的方式。品牌方应抓住这一机遇，通过组织互动活动等方式让年轻人积极参与进来，创造属于他们自己的品牌内容。通过让用户充分参与品牌创意和传播过程，可以延续品牌影响力并促进粉丝的增长。

7. 产品生产过程在创意中的再现技巧

在短视频营销中，再现产品生产过程的创意策略往往能够给观众带来新鲜感和惊喜感。通过运用这种策略，可以让观众更加直观地了解产品的特点和优势，从而增强品牌认知度和好感度。

（五）短视频营销推广常见的技巧

1. 鼓励粉丝产生用户生成内容（UGC）的策略深化

在当前多元化的营销趋势中，品牌方被普遍建议在各类社交媒体平台上，既要坚守创意的核心主旨，又要灵活适应不同平台所带来的差异化传播效果。这一要求不仅考验了品牌对于创意内容的把控能力，更对品牌如何精准定位并有效利用各个社交媒体平台的特性提出了挑战。在此基础上，一种新兴的趋势逐渐显现，即通过鼓励粉丝产生用户生成内容（UGC）

来丰富品牌的传播素材，并增强与粉丝之间的情感联结。

用户生成内容，作为社交媒体时代的一种重要传播方式，其核心价值在于能够激发粉丝的参与感和创造力，进而将品牌信息以更加自然、生动的方式传递给更广泛的受众。对于品牌而言，这不仅是一种低成本的营销手段，更是一种能够深度挖掘并展现品牌个性的有效途径。品牌通过精心策划的活动和激励机制，可以引导粉丝在社交媒体上创作出与品牌理念相契合的内容，从而实现品牌与粉丝之间的双向互动和价值共创。

2. 节假日营销中的短视频应用与策略

节假日作为品牌与消费者互动的关键节点，其营销价值不言而喻。随着短视频的兴起，节假日营销也迎来了新的机遇和挑战。利用短视频平台，品牌可以更加直观、生动地展现节日氛围和品牌形象，从而吸引消费者的关注。

具体而言，品牌可以通过制作与节假日主题相关的短视频内容，来营造节日氛围并传递品牌信息。这些短视频可以包含节日祝福、节日活动预告、节日特惠信息等内容，旨在吸引消费者的注意力并激发其购买欲望。同时，品牌还可以利用短视频平台的社交属性，鼓励消费者分享自己的节假日体验和感受，从而进一步扩大品牌的传播范围和影响力。

在短视频内容的制作过程中，品牌需要注重创意和差异化的表现方式。通过独特的视角和表达方式，品牌可以在众多竞争对手中脱颖而出，并给人留下深刻的印象。此外，品牌还需要关注短视频平台的算法和用户行为特点，从而优化内容的推送和展示效果。

3. 利用短视频增强品牌与粉丝互动的策略

在社交媒体时代，品牌与粉丝之间的互动变得越来越重要。通过有效的互动，品牌可以更加深入地了解粉丝的需求和偏好，进而调整营销策略以更好地满足市场需求。而短视频作为一种新兴的社交媒体形式，在增强品牌与粉丝互动方面具有独特的优势。

首先，品牌可以通过制作有趣的短视频内容来吸引粉丝的关注。这些内容可以包括品牌故事、产品介绍、幕后花絮等，旨在让粉丝更加深入地了解品牌并产生情感共鸣。同时，品牌还可以通过设置话题、发起挑战等方式，鼓励粉丝参与讨论和创作，从而进一步加深与粉丝之间的情感联结。

其次，品牌可以利用短视频平台的互动功能来增强与粉丝之间的沟通和反馈。例如，通过评论、点赞、分享等互动行为，品牌可以及时了解粉丝对于内容的反馈意见，进而调整内容策略以更好地满足粉丝的需求。此外，品牌还可以通过私信、群聊等方式与粉丝进行一对一的沟通和交流，以提供更加个性化的服务和支持。

4. 短视频营销中品牌文化的展现与传递

品牌文化是品牌的核心竞争力之一，它代表着品牌的价值观、使命和愿景等核心要素。在短视频营销中，如何有效地展现和传递品牌文化成为了一个重要的课题。

首先，品牌需要在短视频内容中融入自身的品牌元素和特色。通过独特的视觉设计、语言风格和文化内涵的展现，品牌可以在短视频中塑造出独特的形象和风格。这种独特的形象和风格不仅能够引来消费者的关注和兴趣，还能够增强消费者对品牌的认知和记忆。

其次，品牌需要在短视频中传递出自身的价值观和使命等核心要素。这些核心要素是品牌文化的灵魂所在，它们能够激发消费者的共鸣和认同感。在短视频中，品牌可以通过讲述品牌故事、展现品牌精神等方式来传递这些核心要素，从而加深消费者对品牌的忠诚度。

5. 短视频在推广特殊优惠活动中的应用

短视频作为一种直观、生动的传播方式，在推广特殊优惠活动方面具有独特的优势。通过制作与优惠活动相关的短视频内容，品牌可以更加直观地展现活动的亮点和优惠信息，从而吸引消费者。

综上所述，短视频作为一种新兴的社交媒体形式，在品牌营销中具有广泛的应用前景和巨大的潜力。品牌应该充分利用短视频这一营销工具来提升自身的市场竞争力和品牌影响力。

四、任务评价与反馈

通过本任务的学习，大家已经充分了解了短视频营销推广的相关知识，并且熟悉了短视频营销推广的方法。请根据表7-3进行自我评价。

表7-3　实施短视频营销推广学习评价表

评价项目	评价要点	自评	互评	教师评
发布短视频	能完成短视频的标题及文案的优化（10分）			
	能根据账号定位选择短视频发布时间（10分）			
	能为短视频添加优质话题标签（10分）			
	能为短视频添加地理位置和分享给朋友（10分）			
	能独立完成短视频的发布			
推广短视频	能利用私信引流为短视频账号进行推广（10分）			
	能利用挑战赛为短视频账号进行推广（10分）			
	能利用评论区互动为短视频账号进行推广（10分）			
	能利用微信朋友圈为短视频账号进行推广（10分）			
	独立完成短视频营销推广（10分）			
总评成绩				

注：自评、互评、教师评三项分数取平均值，计为总评成绩。评价结果分为A优秀（85～100分）、B良好（75～84分）、C合格（60～74分）、D待合格（60分以下）四个等级。

五、任务检测

（一）单项选择题

1.短视频营销推广的核心竞争力在于通过技术赋能重构以下哪种关系？（　　）

A.人–货–场

B.内容–流量–转化

C.品牌–用户–平台

D.生产–消费–传播

2.短视频营销推广中"动态交互性的深度整合"的主要目的是将用户转化为（　　）。

A.被动接收者

B.内容共创者

C.数据收集者

D.平台消费者

3.以下哪种方法属于短视频营销推广的"基本方法"？（　　）

A.利用明星代言

B.线上线下联动

C.投放电视广告

D.举办线下发布会

4.短视频封面与标题设计的核心要求是（　　）。

A.复杂化视觉呈现

B.精准抓住观众心理

C.避免使用关键词

D.延长用户停留时间

5.短视频营销中"用户生成内容（UGC）"的主要作用是（　　）。

A.降低品牌曝光成本

B.替代专业内容生成

C.增强粉丝参与感

D.简化投放流程

（二）多项选择题

1.短视频营销推广的特点包括（　　）。

A.传播效率的指数级跃升

B.用户触达的精准穿透力

C.单向广告输出模式

D.实时优化的数据驱动机制

E.传统媒体依赖

2.短视频营销推广的基本方法中"增强粉丝互动"的策略包括（　　）。

A.发起投票弹幕

B.设计AR特效任务

C.投放户外广告

D.剪辑线下活动片段

E.发布长篇文章

3.短视频营销推广的要点中，关于"内容创新策略"的正确描述包括（　　）。

A.必须采用单一风格

B.需紧密结合产品价值

C.仅依赖热点话题

D.可结合幽默或干货形式

E.避免用户互动设计

（三）判断题

1. 短视频营销推广的"品效销合一"是指品牌、效果与销售目标分离。（   ）

2. 短视频标题设计应尽量冗长以覆盖更多关键词。（   ）

3. 用户生成内容（UGC）可以增强品牌与粉丝的情感联结。（   ）

4. 节假日营销中短视频仅需展示产品功能，无须结合节日氛围。（   ）

5. 短视频时长控制在15秒以内更有利于传播。（   ）

（四）简答题

1. 简述短视频营销推广的"实时优化的数据驱动机制"及其应用场景。

2. 列举短视频营销推广中"品牌用户化策略"的实践要点，并举例说明。

3. 说明"线上线下联动"策略在短视频营销中的作用及实施方法。

（五）技能题

以美妆产品为对象拍摄一个短视频，并且用所学方法进行营销推广，结合项目内容，应用短视频的推广方法，为该短视频制作一个全面的推广方案。

项目	推广方案
私信引流	
参与挑战赛	
利用推广平台	
微信朋友圈	

项目八　社群营销

任务 1　认识社群营销

任务 2　实施社群营销

一、知识目标

1. 理解社群营销的基本概念、特点及与传统营销的区别。

2. 掌握社群分类与定位方法。

3. 熟悉社群组建的核心步骤。

4. 掌握社群运营的常用工具与平台。

5. 掌握社群内容策划与互动策略。

6. 学习社群用户分层管理方法。

7. 了解社群数据监测与效果评估指标。

二、能力目标

1. 能够根据企业产品或服务特点，精准定位目标社群类型与用户画像。

2. 能够独立完成社群组建全流程：制定社群规则、设计入群机制、选择管理工具。

3. 能够策划并执行社群营销活动。

4. 能够运用数据分析工具优化社群运营策略，提升用户活跃度与转化效果。

5. 能够针对社群突发事件制定应急处理方案。

三、素养目标

1. 在社群运营中倡导网络文明，引导学生关注社会热点，传播正向价值观。

2. 强化社会责任意识，要求社群内容传播符合法律法规，抵制虚假信息与不良内容。

3. 融入中华优秀传统文化元素，鼓励在社群互动中传递文化自信。

4. 培养职业道德与隐私保护意识，严格遵守用户数据安全规范。

5. 通过社群协作实践，提升团队协作能力与沟通技巧，增强社会服务意识。

项目导读

　　社群营销是新媒体营销中构建用户深度连接与品牌忠诚度的核心手段，尤其在消费者追求圈层归属与互动体验的当下，已成为企业私域流量运营的重要阵地。本项目将重点讲述运用内容策划、活动运营、用户分层管理等核心方法，实现社群活跃度的提升与商业价值的转化。通过案例分析与实践操作，学生将掌握社群话题的引导技巧、UGC激励机制的设计，以及数据化运营工具的应用。最终，使学生能够独立完成针对特定产品的社群营销全流程工作，包括精准触达目标用户、构建高黏性社群生态、推动从流量到销量的高效转化，深刻理解社群营销在品牌建设、客户维护及数字化营销战略中的核心作用。

任务 1
认识社群营销

一、任务导入

社群营销的兴起标志着营销模式从单向传播向圈层化互动的深度转型。作为传统广告的重要替代方案，社群营销通过高互动性、精准圈层渗透与情感共鸣机制重构了用户与品牌的关系。研究显示，超 60% 的消费者购买决策受垂直社群意见影响，且品牌社群的用户复购率普遍高于非社群用户。随着社交媒体平台工具的升级与大数据技术的应用，社群营销逐步形成"流量沉淀—关系强化—价值转化"的完整链路。本任务以典型社群平台为基础，解析社群的基础构成要素，重点探讨社群的分类逻辑与目标定位方法，帮助学生构建社群营销的底层认知体系，理解其在用户运营与品牌资产积累中的战略价值。

二、引入案例

私域社群营销案例

（一）案例背景

某咖啡为某二线新锐连锁咖啡品牌，聚焦 20～35 岁职场白领与学生群体，主打高性价比现磨咖啡。面临线下流量分散、线上用户黏性低、促销依赖折扣等问题，品牌计划通过社群营销在 3 个月内实现门店周边 3 公里私域用户 5000 人沉淀，首单转化率提升至30%。

（二）核心策略与实施

品牌以企业微信为核心搭建分层社群，依据消费频次与兴趣偏好建立"会员群＋兴趣群"（如咖啡控研究所、早八人打卡群），通过早安知识海报、咖啡 DIY 教程等内容强化专业形象。在冷启动阶段，设计"邀 3 人入群免费领咖啡"裂变活动，借助任务宝工具自动化奖励发放，腾讯云智营监测裂变层级达 2.8 级，拦截 92% 的机器账号保障用户质量。转化环节嵌入小程序拼团专区（3 人享 6 折），结合每周五"咖啡盲盒"直播（优惠券转化率 25%），缩短用户购买路径。

（三）成果与价值

短短 3 个月内，社群用户突破 5200 人，67% 来自裂变；首单转化率提升至 34%，45%的复购用户源于社群活动，社群用户的 NPS 达 8.2 分（非社群用户 6.5 分）。案例验证"工具组合（企业微信＋任务宝＋小程序）＋场景化内容（打卡／直播）＋数据驱动（裂变层级／转化率）"的闭环逻辑，完整覆盖引流、激活、转化、留存全链路，为新零售行业提供了可复用的社群营销框架。

（案例来自网络，编者整理）

三、任务实施

（一）社群的概念

社群是指基于共同兴趣、目标或价值观，通过持续性互动形成的具有稳定关系网络的社会群体。在数字化背景下，社群多依托社交媒体平台构建虚拟共同体，其形成基础在于成员对某一属性的共享，由此产生群体归属感与认同感。社群通常以结构化规则和角色分工维持有序运作，并通过高频互动促进信息流动与情感联结。

在此基础上，社群不仅满足个体的社交需求，更通过集体智慧的输出实现价值共创，形成商业或社会价值的协同效应。从社会学与传播学的视角看，社群是传统"共同体"在数字时代的延伸，重构了信息传播的圈层化路径。在商业实践中，社群成为企业沉淀私域流量、增强用户黏性的核心载体，标志着营销模式从"流量争夺"向"关系深耕"的范式转型。

（二）社群的特点

社群作为数字时代社会关系的重要组织形式，具有以下核心特征。

1. 成员同质性与目标趋同性

社群的组建基础源于成员在兴趣、价值观、职业属性或消费需求等维度的共性，这种同质性促使群体内部形成明确的目标导向，成为维系社群存续的核心动力。

2. 规则主导下的有序性

区别于松散的社会网络，社群通过显性规则与隐性文化实现组织化管理，确保信息传播与成员行为的可控性，降低了无序互动带来的运营风险。

3. 互动频次与深度双重强化

社群成员通过高频次、多维度的互动建立强连接关系。这种互动不仅局限于信息传递，更能通过情感共鸣增强成员归属感，形成"弱工具性－强情感性"的纽带结构。

4. 内容生产的协同性与价值外溢

社群以用户生成内容为核心驱动力，通过成员间的知识互补与协作创新，实现信息资源的持续再生产。其价值外溢效应表现为对内提升成员的获得感，对外输出商业价值或社会价值。

5. 技术赋能的圈层化传播

依托社交媒体平台的算法推荐、标签系统与数据分析工具，社群内容能够精准触达垂直圈层用户，形成"信息茧房"效应下的高效传播链。同时，技术工具的嵌入进一步提升了社群管理的标准化与自动化水平。

（三）社群营销的概念

社群营销是指企业或组织基于特定目标用户群体的共性属性，通过构建或融入数字化社群，运用内容策划、互动运营及技术工具，实现品牌信息精准触达、用户关系深度维系与商业价值持续转化的系统性营销策略。其核心逻辑在于利用社群的圈层化传播特性，将单向信息传递转化为多向价值交互，通过激发成员的参与热情与情感共鸣，形成"用户－品牌－用户"的网状关系链。

（四）社群营销的特点

社群营销作为一种以用户关系为核心的数字化营销模式，具有以下显著特征。

1. 精准定向与圈层渗透

社群营销依托于成员属性的强关联性，通过大数据分析实现目标用户的精准筛选与定向触达。其圈层化传播机制可突破传统广告的泛化覆盖局限，在垂直领域内形成高密度信息渗透，显著提升营销信息的有效触达率。

2. 高互动性与情感联结

社群通过常态化互动构建成员间的情感纽带，使品牌信息传递从单向灌输转变为双向对话。这种基于信任关系的情感联结可降低用户对商业信息的抵触心理，增强品牌认同感与用户黏性，形成"弱推销－强共鸣"的沟通模式。

3. 用户驱动的价值共创

社群成员不仅是信息接收者，更是内容生产者（UGC）与产品改进参与者。品牌通过激励机制激活用户的创作与传播意愿，将营销过程转化为集体智慧的价值共创，实现"品牌主导"向"用户赋能"的范式转移。

4. 低成本与长尾效应

相较于传统媒体广告的高投入，社群营销依托现有社交平台的低门槛工具与用户自传播特性，显著降低获客成本。同时，优质社群内容通过成员社交网络的持续扩散，可形成跨周期的长尾传播效应，延长营销活动的生命周期。

5. 数据可视与动态优化

社群运营平台提供多维数据监测功能，使营销效果可量化、可追溯。基于实时数据反馈，企业可动态调整运营策略，形成"执行－监测－迭代"的闭环优化机制，提升资源配置效率。

6. 规则约束下的生态自洽

社群通过显性规则与隐性文化维持内部秩序，确保商业目标与用户体验的平衡。这种自组织特性使社群能够在有限的干预下实现生态稳定，降低外部管控成本，保障营销活动的可持续性。

（五）社群营销与传统营销的区别

社群营销与传统营销在核心理念、实施路径及效果维度上存在显著差异，具体体现为以下几个方面。

1. 传播逻辑：单向广播与圈层交互

传统营销以大众媒体为载体，依赖单向信息灌输，强调覆盖广度与曝光频次；社群营销则基于社交平台构建圈层化传播网络，通过成员间的多向交互实现信息裂变，注重精准触达与情感共鸣。

2. 用户角色：被动接收者与主动参与者

传统营销中用户作为信息接收终端，行为局限于注意与购买决策；社群营销则赋予用户内容生产者、品牌共建者与传播节点三重角色，形成"品牌－用户－传播"的网状价值传递链。

3. 成本结构：高投入刚性与低成本弹性

传统营销依赖媒体采购与创意制作的重资产投入，成本刚性且风险集中；社群营销依托现有社交生态，通过精细化运营与用户自传播降低边际成本，具备"轻资产、高杠杆"特性。

4. 效果评估：滞后性量化指标与实时性多维数据

传统营销以销售额、收视率等滞后性指标衡量效果，反馈周期长且归因模糊；社群营销可通过平台数据工具实时监测用户行为，实现从曝光到转化的全链路可视化分析，支持策略动态优化。

5. 信任机制：品牌权威背书与社群关系赋能

传统营销依赖品牌权威建立用户信任；社群营销则通过成员间的社交关系与高频互动构建信任网络，形成"弱中心化"的分布式信任体系，降低用户决策风险。

6. 生命周期：短期促销驱动与长期关系经营

传统营销多围绕特定促销活动展开，呈现周期性波动；社群营销强调用户全生命周期管理，通过持续价值输出构建长期忠诚度，实现用户价值的持续挖掘。

综上所述，传统营销是"以产品为中心"的流量争夺战，追求规模经济下的广泛触达；社群营销则是"以用户为中心"的关系运营战，聚焦范围经济下的深度连接。二者差异映射了从工业时代"大众市场"到数字时代"圈层社会"的营销范式演进。

（六）社群组建的步骤

1. 明确社群目标与定位

在组建社群之前，首先需要明确社群的目标和定位，包括社群的主题、目标人群、核心价值等。这将有助于后续社群内容的规划和社群成员的管理。

2. 选择合适的社群平台

根据社群的目标和定位，选择合适的社群平台。例如，如果社群主要面向年轻人，可以选择在微信、QQ等社交平台上建立社群；如果社群主要面向专业人士，可以选择在知乎、领英等专业平台上建立社群。

3. 招募核心成员

社群的核心成员是社群的灵魂，他们将为社群提供持续的内容输出和活跃度。可以通过邀请朋友、发布招募信息等方式，寻找志同道合的核心成员。

4. 制定社群规则

为了维护社群的秩序和氛围，需要制定一些社群规则，如禁止发布广告、禁止恶意攻击等。同时，也需要明确社群的管理架构和职责分工。

5. 开展社群活动

社群活动是提高社群活跃度和凝聚力的重要手段。可以定期举办线上或线下活动，如主题讨论、分享会、线下聚会等，让社群成员有更多的交流和互动机会。

四、任务评价与反馈

通过本任务的学习，大家已经了解了社群运营的基础知识，并且熟悉了社群运营的相关理论。请根据表8-1进行自我评价。

表8-1　认识社群运营学习评价表

评价项目	评价要点	自评	互评	教师评
社群的特点	成员同质性与目标趋同性（5分）			
	规则主导下的有序性（5分）			
	互动频次与深度双重强化（5分）			
	内容生产的协同性与价值外溢（5分）			
	技术赋能的圈层化传播（5分）			

评价项目	评价要点	自评	互评	教师评
社群营销与传统营销的区别	传播逻辑：单向广播与圈层交互（5分）			
	用户角色：被动接收者与主动参与者（5分）			
	成本结构：高投入刚性与低成本弹性（10分）			
	效果评估：滞后性量化指标与实时性多维数据（10分）			
	信任机制：品牌权威背书与社群关系赋能（10分）			
	生命周期：短期促销驱动与长期关系经营（10分）			
社群组建的步骤	明确社群目标与定位（5分）			
	选择合适的社群平台（5分）			
	招募核心成员（5分）			
	制定社群规则（5分）			
	开展社群活动（5分）			
总评成绩				

注：自评、互评、教师评三项分数取平均值，计为总评成绩。评价结果分为 A 优秀（85～100分）、B 良好（75～84分）、C 合格（60～74分）、D 待合格（60分以下）四个等级。

五、任务检测

（一）单项选择题

1.社群的核心特征之一是（　　　）。

A.成员异质性
B.目标分散性

C.成员同质性
D.规则模糊性

2.社群营销的核心逻辑在于（　　　）。

A.单向信息传递
B.圈层化传播与多向价值交互

C.依赖品牌权威背书
D.高投入广告覆盖

3.社群营销相较于传统营销的显著优势是（　　　）。

A.高成本刚性
B.长尾效应与低成本

C.依赖大众媒体
D.效果评估滞后

4.社群组建的第一步是（　　　）。

A.招募核心成员
B.制定社群规则

C.明确目标与定位   D.选择平台

5.传统营销与社群营销在传播逻辑上的区别是（   ）

A.单向广播与圈层交互   B.情感共鸣与权威背书

C.用户参与与用户被动接收   D.高成本与低成本

（二）多项选择题

1.社群的典型特征包括（   ）。

A.成员同质性与目标趋同性   B.规则主导下的有序性

C.互动频次与深度双重强化   D.技术赋能的圈层化传播

2.社群营销的特点包括（   ）。

A.精准定向与圈层渗透   B.用户驱动的价值共创

C.数据可视化与动态优化   D.依赖短期促销活动

3.社群营销与传统营销的区别体现在（   ）。

A.用户角色：被动接收者与主动参与者   B.成本结构：高投入刚性与低成本弹性

C.信任机制：品牌权威与社群关系   D.生命周期：长期关系与短期促销

（三）判断题

1.社群的形成基础在于成员共享某一属性。（   ）

2.社群营销依赖于单向信息灌输。（   ）

3.社群营销中，用户仅作为信息接收者存在。（   ）

4.社群组建需要制定明确的规则。（   ）

5.传统营销更强调长期用户关系的经营。（   ）

（四）简答题

1.简述社群的五个核心特征。

2.社群营销与传统营销的主要区别是什么？

3.社群组建的步骤有哪些？

（五）技能题

　　根据本任务所学知识，为一家校园周边店铺（如奶茶店、文具店、打印店等）提出一个为期一周的社群运营初步计划，目标为借助社群营销提升店铺的知名度和客户黏性。

任务 2
实施社群营销

一、任务导入

社群营销的日益成熟标志着品牌经营策略从粗放型的流量竞争转向了系统化的用户关系管理。作为对传统"广告轰炸"模式的颠覆性替代，社群营销借助数据驱动的用户细分、基于场景的内容策略以及裂变式的增长机制，重新塑造了品牌价值的传递路径。行业研究显示，那些实施了系统化社群运营的品牌，其用户 30 天留存率相较于传统渠道提升了 50%，并且社群场景中产生的用户原创内容（UGC）对新客户转化率的贡献超过了 40%。得益于人工智能推荐算法和自动化运营工具的支持，社群营销已经形成了一个相对完整的闭环模型，涵盖了"用户识别—需求激活—行为转化—口碑沉淀"的全过程。本研究以主流社群平台的方法论为基础，深入剖析社群运营机制，重点研究方法及组合策略，旨在帮助学生掌握社群营销的战术技巧。

二、引入案例

深圳某商业地产："分享式社交平台 mall"的社群定位与消费者画像深度解析

（一）社群核心定位：全域融合的"分享式社交平台"

深圳某商业地产基于区域客群结构变化，将自身从传统"购物商场"升级为"分享式社交平台 mall"，其核心逻辑在于打破消费场景与社交场景之间的边界，通过线上线下的深度融合，构建一个以"分享"为核心的社群生态。在线上运营方面，项目聚焦小红书、抖音、大众点评等年轻用户高度活跃的社交平台，以场景化内容和互动福利为连接纽带，激发消费者成为内容创作者和社群参与者。例如，其小红书账号持续输出"商场打卡攻略""品牌隐藏福利""线下活动预告"等实用且具有传播力的内容，并通过建立福利群、美妆群等私域社群，不断强化用户对品牌的认知。在线下空间打造上，商场通过开放式互动区、主题展览区等创新空间设计，结合高频次的品牌快闪、IP 联名体验和会员沙龙等活动，为社群成员提供可触摸、可参与、可分享的社交载体。这一整体定位的本质是以社交作为流量入口，以消费作为自然转化结果，社群成员因共同兴趣聚集，通过内容分享和互动不断增强黏性，最终实现从线上种草到线下体验再到消费转化的完整闭环。

（二）消费者画像：多元叠加的"年轻社交活跃群体"

该商业地产的核心客群已从早期以家庭为主导的消费结构，逐步演变为"家庭＋青年白领＋年轻学生"并重的多元复合型人群，其中年龄在18至35岁的年轻群体占比超过60%，成为社群运营的主力。具体来看，都市青年白领主要为周边写字楼的上班族，月收入在8000元至20000元之间，工作节奏快，注重碎片化社交与高效消费。他们希望在午休或下班后通过短时间聚会实现情绪释放，如闺蜜下午茶或同事小聚，同时偏好具有设计感和视觉美感的场景，便于在朋友圈等社交平台分享。他们在抖音和大众点评上较为活跃，关注"工作日午餐优惠""下班后小酌指南"等信息，常参与快闪活动并主动发布打卡内容。学生及初入职场的年轻人多为周边高校学生或刚步入职场的青年，消费预算适中，对潮流元素、性价比和新鲜体验高度敏感，是社交媒体的重度使用者。他们将商场视为社交根据地，热衷于参与IP联名、主题展览等活动，追求具有话题性和独特性的体验，以支持其在小红书、微博等平台的内容创作。他们是福利群中的活跃分子，积极参与点赞抽奖、社群专属折扣等互动，线下活动的打卡率和分享意愿也最为突出。品质家庭客群则以30至45岁、居住在周边社区的带娃家庭为主，重视家庭成员之间的互动与儿童成长体验，消费偏好涵盖购物、亲子和餐饮的一站式解决方案。他们期望商场能提供适合全家共同参与的活动，如亲子手工或儿童剧，同时也需要在陪伴孩子之余拥有属于自己的社交空间，例如设置在亲子区旁的咖啡角。这类用户关注大众点评上的家庭套餐和亲子活动预告，常因孩子的社交需求而成为商场的回头客。

（三）定位与画像的匹配策略：让"社交"成为刚需

为实现品牌定位与目标人群的深度契合，该项目实施了三大核心策略。一是内容分层策略，根据不同群体的兴趣与需求定制传播内容：针对都市白领推送"职场穿搭＋午休简餐"组合，满足其高效生活与形象管理需求；面向年轻人推出"潮玩IP＋打卡攻略"，激发其探索欲与分享热情；为品质家庭提供"亲子互动＋周末活动"信息，增强家庭场景的吸引力，确保内容精准触达各类用户。二是场景呼应策略，在七周年店庆期间引入热门IP"奶茶鼠"，既满足了年轻人对潮流IP的情感共鸣，又通过设置亲子互动区域吸引家庭客群参与，

素养看点

该案例让我们了解到公司在推动"分享式社交平台"建设过程中，始终坚持弘扬积极健康的社会风尚。其运营理念倡导真实、有意义的社交连接，鼓励公众在现实空间中建立情感纽带，缓解数字时代下的社交疏离感，更让我们认识到作为新媒体从业人员在内容传播中，需要注重传递正能量，推广绿色消费、理性消费和家庭和谐等价值观。

同时凭借整体空间的高颜值设计自然激发白领群体的拍照与分享欲望，实现多圈层覆盖。三是私域沉淀策略，通过差异化运营小红书福利群和美妆群，分别满足年轻群体"薅羊毛"的求实惠心理和白领群体对精致生活的追求，强化用户归属感与黏性，最终形成"社交互动—内容分享—线下体验—持续复购"的良性闭环。

（资料来源于网络，编者整理）

三、任务实施

（一）社群营销的常用的工具

社群管理工具通过标签化分层、自动化消息触达及数据监测功能，实现多社群高效运营。典型工具如企业微信支持会员积分同步与跨区域活动推送，适用于连锁品牌的统一管理；钉钉社群则通过审批流的打通提升了教育机构课程服务群的管理效率，其核心价值在于降低人工成本并提升用户互动精准度。以下重点介绍几个目前常用的社群营销工具。

1. 内容创作工具

内容创作工具聚焦视觉设计与文案生成，如 Canva 提供模板化海报制作，确保核心利益点在 3 秒内触达用户；剪映简化短视频剪辑流程，适配移动端传播。AI 文案工具可基于用户画像生成分层话术，例如校园奶茶店制作"考试周提神套餐"九宫格海报，结合学生需求快速扩散。

2. 裂变增长工具

裂变工具依托"激励 – 分享"机制驱动用户增长，如任务宝系统通过邀请奖励规则实现拉新，抽奖助手则以概率激励扩大曝光。应用时需规避平台规则风险，如设置防作弊算法识别重复账号，教育机构借此可在招生季实现社群规模短期跃升。

3. 数据分析工具

数据分析工具可量化评估社群运营效果，如腾讯云智营监测微信生态的活跃度与转化率，群幂支持热力图分析用户关注焦点。某美妆品牌通过数据发现晚间 20：00—24：00 护肤话题活跃度最高，优化内容发布时间后转化率提升 22%，体现了数据驱动的策略迭代价值。

4. 社群电商工具

社群电商工具构建"互动—交易"闭环，如微盟商品橱窗缩短购买路径，拼团系统刺激集体消费，视频号直播实现边看边买。使用社群电商工具时需平衡营销强度与社群氛围，避免过度推销损害用户信任。

（二）社群营销常用的平台

1. 微信 / 企业微信

微信作为国内最大的社交应用，其社群营销价值主要体现在私域流量沉淀与闭环运营。

公众号提供品牌信息发布与用户教育功能，微信群及朋友圈构成高频互动场景，小程序则实现"内容—互动—交易"一体化链路。企业微信进一步打通了 CRM 系统，支持员工身份认证、客户标签管理及跨部门协作，适用于零售、教育等行业的会员精细化运营。

2. QQ/QQ 群

QQ 群凭借文件共享、长期沉淀及兴趣分类优势，成为垂直社群运营的重要阵地。其群公告、投票、作业提交等功能适配教育、游戏、二次元等年轻化圈层运营。平台支持 5000 人超大群容量及匿名聊天机制，为大规模用户管理提供了便利。

3. 微博超话社区

微博超话以话题聚合为核心，通过明星、影视、热点事件等垂直领域形成高活跃度讨论场域。品牌可创建官方超话培养粉丝文化，借助热搜机制扩大传播势能。其"签到 – 发帖 – 积分"体系激励用户持续参与，适用于娱乐、快消品等行业的粉丝经济运营。

4. 抖音 / 快手社群

短视频平台的社群功能以内容为纽带强化用户黏性。创作者可通过直播预约、专属福利等方式将公域流量导入私域社群，结合短视频内容引导群内互动。

5. 小红书群聊

小红书群聊聚焦生活方式分享，通过"笔记种草 – 群聊拔草"模式完成消费决策引导。品牌可建立产品体验官群，定向邀请高活跃度用户参与新品测试，利用 KOC 的真实反馈反哺内容生产。

6. 知乎圈子

知乎圈子以知识共享为核心，通过专业内容建立行业权威性。科技、金融、医疗等领域品牌可通过创建行业垂直圈子，输出深度解读报告，吸引高学历用户参与专业讨论。

（三）社群营销的方法

1. 用户分层运营法

用户分层运营法基于用户价值与行为特征进行群体细分，通过差异化策略提升运营效率。具体实施分为四步：数据采集、标签体系构建、圈层划分及定向触达。

2. 内容阶梯触达法

内容阶梯触达法通过分阶段输出适配性内容，逐步深化用户关系。初级阶段以福利吸引为主，中级阶段侧重场景化需求满足，高级阶段则通过情感共鸣强化品牌忠诚度。

3. 裂变式增长机制

裂变式增长机制利用社交关系链实现用户自发传播，核心要素包括激励锚点、参与门槛与闭环设计。典型模式有"拼团裂变""任务宝裂变"及"内容共创裂变"等。

4. 数据驱动优化法

数据驱动优化法通过量化分析持续迭代运营策略，关键环节包括指标监控、归因分析与

A/B 测试。

5. 情感化运营策略

情感化运营策略通过价值观共鸣与情感交互建立用户归属感，具体形式包括仪式感营造、社群文化沉淀及共情内容输出。

（四）社群营销内容互动策划的核心要素

社群营销内容互动策划需以目标定位和受众分析为起点，通过明确品牌传播目标与用户需求实现精准匹配。营销目标应涵盖品牌认知强化、用户行为转化及社群关系深化等维度，同时结合用户画像数据与行为特征，将受众划分为潜在用户、活跃用户与核心用户等层级，针对不同群体设计差异化的内容主题与传播形式。内容价值体系的构建需围绕专业化、情感化与实用化三大核心维度展开，通过输出行业知识、技术洞察提升社群权威性，借助故事化叙事与情感共鸣话题增强成员的归属感，并提供工具资源或解决方案满足用户的实际需求。在内容形式与传播节奏规划中，需适配社群媒介特性，采用多模态内容组合策略，并遵循周期性输出、热点关联与长线沉淀原则，形成规律性的内容供给与深度价值沉淀。内容分发环节需基于用户行为数据进行精准触达优化，结合社群工具实现多层级覆盖，并通过 A/B 测试持续优化内容呈现形式与传播效率。

（五）社群营销内容互动策略的设计框架

社群营销内容互动策略的构建需遵循系统性原则，通过多层次机制设计激活用户的参与行为，强化成员间的连接关系。其核心框架包含以下层级。

1. 基础互动机制层

此层级聚焦于用户行为驱动的底层规则设计。激励机制需构建积分规则、荣誉体系与物质奖励的三维驱动模型：积分体系通过量化用户发言、分享、任务完成等行为，建立贡献度与权益兑换的显性关联，形成可追踪的行为引导路径；荣誉体系依托等级标识、专属头衔及动态排行榜，满足用户社交认同需求，塑造社群内的身份层级；物质激励采用任务解锁式奖励、概率性抽奖或阶梯式优惠，实现短期行为刺激与长期价值绑定的平衡。

2. 场景化运营层

此层级侧重通过活动载体将抽象机制转化为具象参与体验。活动机制需融合线上线下一体化设计：周期性线上活动遵循"预热—执行—沉淀"的标准化流程，利用任务打卡、实时竞赛等模式构建可复用的参与模板；线下联动场景通过沙龙、快闪店等实体触点强化成员的情感联结，建立线上互动向线下行为的转化通道；游戏化元素植入需设计角色扮演、成就解锁或剧情任务等机制，将商业目标转化为趣味化互动进程。

3. 生态优化层

此层级致力于通过动态调整与文化建设维持互动生态的可持续性。反馈机制需建立双向优化通路：数据监测体系实时追踪互动频次、响应速度、内容偏好等指标，识别高价值互动节点与衰退预警信号；用户反馈回路通过周期性问卷、深度访谈收集体验障碍点，矫正定位机制设计与执行偏差；规则迭代机制基于量化数据与质性分析，对积分权重、活动形式或奖励规则进行动态版本升级。

社群文化培育需通过隐性价值渗透巩固互动根基，即价值观共识塑造借助宣言发布、仪式化活动或符号系统，将品牌理念转化为成员共同遵守的行为准则；关系网络强化推动成员间的知识共享、资源互助等自发交互，降低对运营方中心化干预的依赖；规范管理机制明确言论边界、冲突调解规则及违规处置流程，确保互动生态的秩序性与包容性。

4. 分层执行层

此层级强调基于用户生命周期的差异化策略实施。新用户引导期通过标准化欢迎流程、新手任务链及即时响应机制，缩短身份认同建立周期。普通用户活跃期设计轻量化、高频次的低门槛互动模块（如投票、话题标签），维持基础参与惯性。高价值用户深化期提供专属社群通道、联合运营权限或反向定制权益，实现从参与者向共建者的角色升级。

（六）社群用户分层管理方法

社群用户分层管理是基于用户行为特征、价值贡献及生命周期阶段的系统性运营策略，旨在通过差异化资源配置与精细化运营手段，提升社群生态效率与用户价值转化效能。其实施框架包含以下核心模块。

1. 分层标准体系构建

用户分层需建立多维评估模型，综合量化指标与质性特征进行动态分类，具体如下。

（1）行为数据维度

通过用户活跃频次（如登录次数、发言频率）、互动深度（如内容点赞、评论、分享行为）、任务完成率等可量化指标，衡量用户参与度。

（2）价值贡献维度

依据用户产生的直接经济价值（如消费金额、复购率）、间接传播价值（如内容二次传播量、拉新转化数）及知识贡献价值（如 UGC 产出量、问题解答频次）构建综合评价体系。

（3）生命周期维度

根据用户加入时长、行为轨迹变化趋势（如活跃度衰减曲线）判定所处阶段，包括潜在期、引入期、成长期、成熟期、衰退期与流失期。

（4）需求特征维度

通过用户调研、内容偏好分析及行为路径追踪，识别用户核心诉求（如信息获取、社交归属、利益获取等），形成需求聚类标签。

2. 分层管理策略设计

基于分层结果实施差异化运营干预，形成"识别—匹配—激活"的闭环管理机制。

（1）潜在用户层

管理目标：完成从旁观者到参与者的角色转化，建立初步信任关系。

核心策略：通过低门槛信息渗透（如行业白皮书、免费工具包）降低认知成本，设计渐进式互动引导路径（如限时体验任务、轻量级话题互动），触发首次价值感知。

（2）新用户层

管理目标：加速社群规则内化与身份认同构建，缩短适应周期。

核心策略：建立标准化融入引导体系，包括规则说明嵌入、新手任务链设计及即时反馈机制，同步实施高频次情感触达（如专属欢迎仪式、一对一关怀沟通），强化归属感培育。

（3）普通用户层

管理目标：维持基础活跃度，挖掘潜在价值转化可能。

核心策略：构建轻量化参与通道（如快速投票、话题标签互动），设置阶梯式激励机制（如行为积分累计、微成就解锁），通过间歇性价值刺激（如随机奖励触发）延缓参与疲劳。

（4）高价值用户层

管理目标：强化忠诚度与自发传播意愿，推动用户角色向共建者升级。

核心策略：建立专属权益体系（如优先参与权、定制化服务通道），开放共治权限（如内容审核权、活动策划建议权），设计价值反哺机制（如贡献度公示、联合品牌背书），激发责任感与荣誉驱动。

（5）衰退/流失用户层

管理目标：识别流失预警信号，实施挽回干预或价值再利用。

核心策略：构建流失预测模型，通过定制化召回内容（如权益重申、新功能通告）与情感唤醒手段（如历史贡献回顾、专属福利补偿）尝试激活，对确定流失的用户转入沉默池进行低强度信息维护。

3. 分层动态调整机制

用户层级需根据实时数据波动进行周期性校准，具体做法如下。

① 升降级规则：设定各层级阈值标准（如活跃度临界值、贡献度门槛），基于用户行为轨迹自动触发层级跃迁。

② 弹性缓冲带：在层级边界设置浮动区间，避免因短期行为波动导致频繁调级。

③ 人工干预通道：针对特殊价值用户（如高潜力衰退用户）启用人工评估，补充算法判断盲区。

（七）社群数据监测效果评估指标

社群数据监测与效果评估需构建多维度量化体系，通过数据来验证策略的有效性并为决策提供依据。核心指标体系包含以下维度。

1. 基础运营指标

（1）成员规模

① 总量、新增率、流失率，反映用户流动趋势。

② 成员结构分布（性别、地域等），验证目标匹配度。

（2）活跃度

① 日 / 周 / 月活跃用户数量及占比，衡量参与密度。

② 活跃时段分布、日均互动频次，揭示行为规律。

（3）留存率

① 新用户次日 / 7 日 / 30 日留存率，评估初期吸引力。

② 长期留存曲线监测价值供给能力。

2. 用户行为分析指标

（1）行为频次

发言、点赞、转发量及任务完成率，量化参与强度。

（2）参与深度

① 单次会话时长、多线程交互比例，衡量投入度。

② 核心行为链完成度（如"浏览—点赞—分享"路径的比例）。

（3）路径轨迹

① 行为热力图识别高频节点与流失断点。

② 跨模块跳转率验证功能布局。

3. 内容传播效果指标

（1）覆盖度

① 曝光量、触达率衡量传播广度。

② 渗透率评估精准分发。

（2）传播力

① 二次传播率（转发层级）量化扩散意愿。

② 长尾效应周期反映内容生命周期。

（3）互动质量

① 互动率（互动数 / 曝光量）、优质互动占比。

② UGC 数量及原创度评估共创能力。

4. 转化效果评估指标

（1）直接转化

① 线索 / 付费 / 复购率衡量商业目标。

② 单用户转化成本（CAC）与终身价值（LTV）。

（2）间接转化

① 推荐率、外平台引流效果。

② 品牌认知度与情感倾向变化。

（3）用户分层

① 高价值用户占比、价值集中度。

② 层级跃迁率反映成长引导效能。

5. 生态健康指标

（1）关系网络

① 交互密度、KOL 影响力。

② 去中心化指数（非管理员互动占比）。

（2）文化渗透

价值观提及率、互助行为频率，反映文化内化程度。

（3）违规治理

① 不良信息拦截率、投诉处理时效。

② 规则认知度与冲突调解成功率。

6. 成本收益分析

（1）运营成本

人力、工具及活动执行成本。

（2）边际收益

① 单用户成本下降率（规模效应）。

② 资源复用率（内容 / 活动模板复用）。

7. 长期价值评估

（1）用户价值

① LTV 预测模型结合留存率与 ARPU 值。

② 流失预警敏感度。

（2）品牌资产

① 忠诚度（NPS）、外部声量指数。

② 行业影响力评分。

（3）生态可持续性

① UGC 年增长率。

② 外溢效应（子社群数量、跨平台协同）。

四、任务评价与反馈

通过本任务的学习，大家已经充分认识了社群营销方法的相关知识，并且熟悉了社群营销的各类方法。请根据表 8-2 进行自我评价。

表 8-2　实施社群营销学习评价表

评价项目	评价要点	自评	互评	教师评
社群营销常用的工具	内容创作工具的使用要点（5分）			
	裂变增长工具的使用要点（5分）			
	数据分析工具的使用要点（5分）			
	社群电商工具的使用要点（5分）			
社群营销的方法	用户分层运营法的应用（10分）			
	内容阶梯触达法的应用（10分）			
	裂变式增长机制的应用（10分）			
	数据驱动优化法的应用（10分）			
	情感化运营策略的应用（10分）			
	用户分层运营法的应用（10分）			
社群营销内容互动策略的设计框架	基础互动机制层的设计方法（5分）			
	场景化运营层的设计方法（5分）			
	生态优化层的设计方法（5分）			
	分层执行层的设计方法（5分）			
总评成绩				

注：自评、互评、教师评三项分数取平均值，计为总评成绩。评价结果分为 A 优秀（85 ~ 100分）、B 良好（75 ~ 84分）、C 合格（60 ~ 74分）、D 待合格（60分以下）四个等级。

五、任务检测

（一）单项选择题

1. 社群数据监测中，成员规模指标主要用于反映（　　）。

A. 用户情感倾向变化　　　　　　　　B. 社群基础容量与用户流动趋势

C. 内容传播裂变系数　　　　　　　　D. 用户单次会话时长

2. 内容传播力指标的核心评估维度是（　　）。

A. 用户生成内容（UGC）数量　　　　B. 二次传播率与内容长尾效应周期

C. 社群成员性别分布　　　　　　　　D. 活动执行成本

3. 用户分层管理中，高价值用户层的核心策略是（　　）。

A. 设计轻量化投票活动　　　　　　　B. 提供专属权益与共治权限

C. 发送标准化欢迎流程　　　　　　　D. 设置防作弊算法

4.社群生态健康指标中，去中心化指数的计算依据是（　　　）。

A.管理员发起的互动占比　　　　　　　　B.非管理员发起的互动占比

C.用户投诉处理时效　　　　　　　　　　D.社群规则认知度

5.长期价值评估指标中的用户生命周期价值（LTV）主要通过以下哪项数据动态测算？（　　　）

A.用户单次转化成本　　　　　　　　　　B.留存率与ARPU值

C.社群成员的品牌忠诚度　　　　　　　　D.内容的自生长率

（二）多项选择题

1.社群内容传播效果指标包括（　　　）。

A.内容覆盖度　　　　　　　　　　　　　B.内容传播力

C.用户情感倾向变化　　　　　　　　　　D.互动质量

2.用户分层管理的分层标准体系应包含哪些维度？（　　　）

A.行为数据维度　　　　　　　　　　　　B.价值贡献维度

C.社群工具使用成本　　　　　　　　　　D.生命周期维度

3.基础运营指标中的留存率指标主要用于（　　　）。

A.评估初期运营策略的吸引力　　　　　　B.监测用户行为路径热力图

C.衡量社群价值的持续供给能力　　　　　D.验证精准分发策略的有效性

（三）判断题

1.用户价值分层指标中，"用户层级跃迁率"反映了用户成长引导效能。（　　　）

2.社群文化渗透指标仅通过价值观提及率衡量。（　　　）

3.间接转化指标包括用户推荐率与品牌认知度提升值。（　　　）

4.路径轨迹指标主要用于评估用户单次会话时长。（　　　）

5.生态可持续性指标关注的是用户原创内容占比的年度增长率。（　　　）

（四）简答题

1.简述用户分层管理方法的三大核心模块。

2.列举内容传播效果指标的三个子维度及其核心作用。

3.说明社群数据监测指标体系中"过程－结果－影响"三级评估模型的含义。

（五）技能题

根据本任务所学知识，为一个你熟悉的产品制定一个详细的社群营销方案，方案中包含社群营销的所有策划内容。

项目九　新媒体营销数据分析

任务 1　了解新媒体营销常用
　　　　数据分析工具

任务 2　新媒体营销店铺数据
　　　　分析基础

任务 3　新媒体营销店铺数据
　　　　分析内容

一、知识目标

1. 熟悉百度指数平台。

2. 掌握百度指数使用技巧。

3. 熟悉微信指数平台的打开方法。

4. 掌握微信指数的操作流程。

5. 掌握微信指数分析的应用。

6. 掌握新媒体营销店铺数据分析的方法。

7. 掌握新媒体营销店铺数据分析的流程。

8. 熟悉新媒体网店数据分析内容。

9. 掌握新媒体网店数据分析指标的计算方法。

二、能力目标

1. 通过百度指数对行业数据进行分析，能够准确地掌握关键词的搜索趋势、需求图谱和图像分析方法。

2. 能够利用微信指数完成一个关键词在微信生态圈的热度判断，能够分析该热度的来源。

3. 能够通过店铺数据分析流程及分析方法，对新媒体营销店铺进行初步分析，掌握店铺的动态。

4. 能够通过店铺原始数据进行数据分析指标的计算，并且能够根据指标分析店铺目前的情况。

三、素质目标

1. 了解大数据对经济行业发展的影响，培养数据分析从业人员的职业操守和法律意识。

2. 在数据分析过程中，具备数据真实意识和相关法律知识。

项目导读

　　随着市场的不断变化，商业活动和经营中会产生非常多的数据。就目前而言，数据已经成为了整个商务运营不可缺少的部分。同时，随着移动互联网及智能手机的普及，新媒体营销成为了人们生活中最常接触到的商业活动。企业可以通过数据分析，全面地掌握整体的产品信息，有利于更好地帮助企业制定营销方案及未来的发展途径。而这就需要新媒体营销的从业人员掌握数据分析的相关方法和技巧，具备一定的数据分析能力。

　　本项目主要从新媒体营销数据分析入手，为大家介绍常用的新媒体数据分析工具、新媒体营销店铺数据分析的基础以及分析的内容。

任务 1
了解新媒体营销常用数据分析工具

一、任务导入

目前有很多电子商务平台提供了数据分析的工具，但大部分是针对平台自身的数据而言的。百度指数的数据来源是基于百度搜索引擎，其数据来源相较于其他电子商务平台更为广泛。因此任务的重点在于讲解如何利用百度指数、微信指数进行数据分析。

二、引入案例

良品铺子运用百度指数优化新媒体营销策略

良品铺子于新媒体营销领域系统性地运用百度指数，达成从市场洞察至精准投放的闭环决策。在诸如年货节、中秋节等重大营销节点前夕，团队借助百度指数，对"健康零食""坚果礼盒""中秋送礼"等关键词的搜索趋势、地域热度、人群画像（人群画像包含年龄、性别、消费层级）以及关联搜索词展开分析，精准掌握用户需求的变化情况。例如，在2023年中秋营销筹备期间，相关数据表明，"低糖月饼"和"国风包装"的搜索量较去年同期增长60%，且25岁至35岁的女性用户对其关注度显著提高。基于这一洞察结果，良品铺子迅速对内容策略作出调整，将"健康低负担"与"东方美学设计"确定为核心传播要点，并在百度信息流、微博、小红书等平台进行定向广告投放。与此同时，通过持续监测关键词热度的变化，动态优化广告投放的节奏与内容方向，以保障营销资源得到高效利用。

借助百度指数的深度运用，良品铺子达成了营销策略的科学化与精细化目标。在2023年中秋节期间，其相关营销活动的线上曝光量较2022年同期增长了45%，百度搜索中搜索良品铺子品牌词的热度提升了52%，进而带动其在电商平台礼盒类产品的销售，销售额较上年同比增长超过30%。此案例呈现了传统食品品牌怎样依托免费、公开的数据分析工具，迅速应对市

素养看点

从该案例中不但让我们见识到数据分析对品牌新媒体营销的方向制定的重要影响，更让我们认识到新媒体充裕人员在数据使用方面，严格遵守《个人信息保护法》等相关法律法规，要尊重对数据伦理和用户权益。

场变化，提高新媒体营销的精准度与转化效率，为同类企业提供了可复制的数字化营销模式。

（资料来源于网络，编者整理）

三、任务实施

1. 百度指数平台介绍

百度指数是基于百度庞大网民行为数据的分享平台，它依赖于百度搜索引擎在用户日常搜索中产生的数据。用户可通过它查询关键词在百度搜索中的规模、热度及变化趋势，了解关注该关键词的用户信息特征。除基本功能外，它还有许多高级功能。一是基于关键词的搜索趋势分析，可以帮助用户了解关键词不同时间段的搜索量变化，把握用户的关注度和兴趣程度；二是洞察网民需求变化，通过实时监测和分析关键词搜索量，了解网民对特定主题或产品的需求是否发生了改变，便于企业及时根据此类变化调整策略；三是监测媒体舆情趋势，分析关键词在媒体上出现的频率和相关讨论热度，了解话题或事件在公众舆论中的影响力和传播范围，把握舆论导向和市场动态；四是定位数字消费者特征，分析关键词搜索人群的地域、年龄、性别等，了解目标受众的特点和偏好，针对性地进行市场营销和推广；五是从行业角度分析市场特点，比较和分析不同行业关键词的搜索量和热度，了解各行业的市场需求和竞争态势，便于企业制定针对性的市场战略和决策。

2. 百度指数常用的名词解释。

（1）搜索指数

搜索指数是一种基于百度用户在百度搜索引擎上的搜索行为所产生的数据指标。具体来说，它是以关键词为统计对象，通过对百度搜索页面中各关键词的搜索频次进行科学分析和加权计算，得出的一个数值。这个数值可以反映出特定关键词在百度搜索引擎中的热度和关注度。值得注意的是，搜索指数可以根据用户的搜索设备不同，进一步细分为PC搜索指数和移动搜索指数，从而更精确地反映出用户在不同设备上对特定关键词的搜索需求。

（2）需求图谱 – 需求分布

需求分布是通过对关键词及其相关词的关键程度，以及相关词自身的搜索需求大小进行综合计算得出的一种数据表示。在这个数据表示中，相关词距离圆心的远近代表了相关词与关键词的相关性强度，而相关词自身的大小则代表了相关词自身的搜索指数大小。此外，为了更直观地反映出搜索指数的变化趋势，相关词的颜色也被赋予了特殊的含义：如果相关词为红色，那么代表其搜索指数正在上升；如果为绿色，则代表其搜索指数正在下降。

（3）需求图谱－相关词

相关词是通过分析用户的搜索行为，从搜索中心词的相关需求中细分出的热门词和上升最快词。这些相关词可以按照不同的衡量标准进行排序，从而区分出与中心检索词相关的各个需求。

（4）资讯指数

资讯指数是基于百度智能分发和推荐内容数据，通过对百度用户的阅读、评论、转发、点赞、不喜欢等行为的数量进行加权求和得出的结果。这个指数可以反映出特定资讯内容的受欢迎程度和影响力。

（5）人群属性

人群属性是根据百度用户的搜索数据，采用数据挖掘的方法，对关键词的搜索人群数据进行深入分析后得出的一系列属性信息。这些信息包括年龄分布、性别比例等，可以帮助我们更好地理解特定关键词的搜索人群的特征。

（6）品牌指数

品牌指数是对品牌所有关键词在百度网页、资讯、图片、视频、贴吧等各频道上的活跃度，以及与品牌相关的用户搜索行为、用户资讯阅读行为、用户互动行为等进行计算后得出的数据指标。这个指标可以帮助我们了解品牌的在线影响力和用户对品牌的关注度。

3. 使用百度指数的意义

（1）市场洞察与趋势分析

百度指数能够展示关键词的搜索量变化趋势，以及相关的地域分布、用户群体特征等信息。这些数据不仅可以帮助用户了解市场的整体情况，还能针对特定地区或用户群体进行精细化的市场分析。此外，百度指数还能比较不同关键词或品牌之间的搜索热度，从而揭示市场竞争格局和潜在的市场机会。通过百度指数，企业可以明确了解消费者的搜索行为和兴趣点，从而制定更符合市场需求的产品和服务策略。例如，某品牌可以通过分析百度指数发现其在不同区域的受欢迎程度，以及用户的年龄、性别等特征。这样，企业可以根据不同区域和用户群体的特点，制定差异化的营销策略，提升品牌影响力和市场占有率。同时，百度指数还可以帮助企业了解竞争对手的动态，通过对比分析不同品牌或产品的搜索热度，找出自身的优势和劣势，优化市场策略。

（2）关键词研究与 SEO 优化

在搜索引擎优化（SEO）方面，百度指数同样发挥着不可或缺的作用。通过百度指数，用户可以发现热门关键词，了解用户的搜索兴趣和需求，进而进行有针对性的关键词研究和优化。这有助于提升网站在百度搜索结果中的排名，增加流量和曝光度，从而实现更好的品牌传播和营销效果。在进行关键词研究时，用户可以利用百度指数的数据，分析关键词的搜索量、竞争程度和相关性等指标，选择适合自己网站的关键词进行优化。同时，通过持续优化网站内容、结构和外部链接等因素，提高网站在搜索引擎中的权重和排名，实现更好的

SEO 效果。

企业可以利用百度指数发现与自身业务相关的高频搜索词，并根据这些词进行内容创作和优化。例如，一家专注于健康食品的公司可以通过百度指数发现用户对某种特定食材的关注度，然后在网站上发布相关的健康食谱和营养信息，以吸引更多的目标受众。同时，通过监测关键词的变化趋势，企业可以及时调整 SEO 策略，捕捉新的市场机会，保持在搜索结果中的竞争优势。

（3）舆情监测与危机管理

在当今信息社会，舆情监测与危机管理对于企业和个人而言至关重要。百度指数作为一款实时的数据监测工具，能够帮助用户实时监测特定关键词或品牌在百度搜索中的热度和舆情走向。一旦发现负面舆情或危机事件，用户可以迅速采取措施进行应对和处理，避免事态进一步恶化。通过百度指数，用户可以及时了解到公众对于某一事件或话题的态度和看法，从而制定出相应的舆情应对策略。同时，通过对舆情数据的深入分析，用户还可以发现潜在的问题和风险点，为企业的危机管理提供有力的数据支持。

企业可以通过百度指数监测品牌相关的搜索词和话题，及时发现可能引发舆论危机的潜在因素。例如，当某产品被投诉或出现负面报道时，百度指数可以帮助企业迅速捕捉到这些信息，并采取相应的公关措施。此外，通过对舆情数据的分析，企业可以了解公众的真实反应和态度，制定更具针对性的沟通策略，提升品牌的公众形象和信任度。

（4）媒体监测与效果评估

对于媒体机构而言，百度指数同样具有重要的应用价值。通过百度指数，媒体机构可以追踪和监测自身在百度搜索平台上的影响力和关注度，了解读者对于不同话题的兴趣和参与程度。这有助于媒体机构优化内容策略，提高内容质量和传播效果。同时，百度指数还可以帮助媒体机构评估推广效果。通过对不同推广渠道的数据进行比较和分析，媒体机构可以了解哪种推广方式更有效，从而调整推广策略，提高推广效果。此外，百度指数还可以提供用户画像和兴趣偏好等信息，为媒体机构提供更精准的受众定位和营销策略。

媒体机构可以通过百度指数分析读者对不同类型新闻的关注度，优化新闻内容的选题和呈现方式。例如，一家新闻网站可以通过百度指数发现某一时事热点的关注度，从而决定是否进行深入报道。同时，通过监测不同推广渠道的效果，媒体机构可以发现哪些渠道能够带来更多的流量和互动，从而优化资源配置，提升整体传播效果。通过百度指数，媒体机构不仅能够了解当前的受众需求，还能预测未来的内容曝光趋势，为内容生产和运营提供科学的数据支持。

4. 百度指数分析操作

（1）如何利用百度指数进行趋势分析

步骤 1：打开百度指数首页，在搜索栏中输入关键词，点击"开始搜索"进入后，页面会显示搜索指数及资讯指数。例如，在搜索栏中输入"职业教育"，点击"开始探索"，查看结果。

步骤2：分析搜索指数。

① 独立分析。搜索关键词为"职业教育"，可显示在全国范围内近30天的"PC端＋移动端的"搜索指数趋势，以及日均值、同比和环比指数。同时，与"职业教育"相关的新闻头条以字母的形式展示在了趋势线上方。点击字母"A"就会出现与之对应日期的头条新闻简介。如需要查看进一步信息，还可以点击"简介"进入到新闻详情中。

② 对比分析。搜索指数还能够进行对比分析。在趋势研究页面输入关键词时，点击已有关键词旁边的添加对比按钮，添加"学历教育"关键词，点击确定后可得到搜索结果数据。例如，通过搜索结果可以看出，关键词"学历教育"相关搜索指数热度低于"职业教育"，且职业教育行业在近30天内有大事件，影响了行业舆论情况。

步骤3：分析资讯指数以搜索"职业教育"相关内容为例，搜索关键词为"职业教育"，搜索指数的各个数据说明的是该关键词在全国范围内30天内的新闻资讯在互联网上对"职业教育"的关注及报道程度，及其走向。通过指数的各个数据，我们可以看到"职业教育"此关键词所选时间段内的总体资讯关注表现为，日均值281566，与去年同期相比资讯关注度下降25%，与上月相比环比增加31%。

（2）如何利用百度指数进行需求图谱分析

步骤1：打开百度指数首页，在搜索栏中输入关键词，点击"开始搜索"，点击趋势研究旁边的需求图谱进入到需求图谱分析页面。

步骤2：分析需求图谱

需求图谱中红色表示相关词搜索指数上升，绿色表示相关词搜索指数下降。

步骤3：分析相关词热度

相关词热度展示的是通过用户搜索行为细分搜索中心词的相关需求，包括热门词及上升最快词。目前关键词"职业教育"相关词中热度最高的是"职业教育法"，还有"技能大赛""职业培训"等关键词。关键词"职业教育"相关词中上升最快词为"技工荒"，通过这个词可以给相关领域从业人员带来启发。

（3）如何利用百度指数进行人群画像分析

步骤1：打开百度指数首页，在搜索栏中输入关键词，点击开始搜索，点击趋势研究旁边的人群画像，进入到人群画像分析。

步骤2：分析地域分布

搜索关键词"职业教育"的多来自华东、华北、华中地区，其中华东地区搜索人数最多。主要来源省份为：山东、广东、北京、河南、江苏等地。主要来源城市为北京、郑州、武汉、上海、成都等。

步骤3：分析人群属性

搜索关键词"职业教育"的网络用户主要年龄在20～29岁，其次是30～39岁。与全网数据有一定区别，全网搜索主要人群在 30 ~ 39 岁，其实为 20 ~ 29 岁。这说明 20 ~ 29 岁年龄层人群对职业教育更为关注。同时，从性别来看，女性用户人数多于男性。

步骤 4：分析兴趣分布

搜索关键词"职业教育"的网络用户，日常还关注教育培训、影视音乐、资讯、书籍阅读等。

5. 微信指数介绍

微信指数是由微信官方推出的基于微信大数据的一种移动社交行业指数。微信指数能够帮助微信用户了解关键词在微信生态内的热度情况，可以帮助企业更好地掌握实时舆情。热门品牌、热门体育赛事、热门综艺、热门社会话题等都可以通过微信指数获得相关数据。

微信指数主要收录有实体含义的关键词以及大家关注的热词。数据来源包括微信搜索、公众号文章以及朋友圈公开转发的文章，通过综合分析这些数据来计算关键词的热度。

在计算微信指数时，主要关注两个方面：一是关键词相关内容的受欢迎程度，即该关键词在微信生态内被提及的频率和范围；二是关键词在相关内容中的重要程度，即该关键词在文章内容中的地位和影响力。

微信指数的计算结果可以反映关键词在微信生态内的热度变化趋势，用户可以通过查看微信指数来了解某个关键词的热门程度和关注度。对于企业来说，了解关键词的热度可以帮助他们更好地了解市场动态、用户需求和竞争情况，从而制定更有效的营销策略。

微信指数的关键特点和功能包括以下几方面。

（1）热度衡量

微信指数通过整合微信上的搜索、浏览、分享等行为数据，量化关键词的热度，反映其在微信生态中的受关注程度。

（2）动态趋势

提供关键词的当日、7 日、30 日及 90 日的指数变化情况，使用户能观察到一个词在一段时间内的热度波动和趋势，这对于监控品牌声誉、产品推广效果或追踪热点事件的发展特别有用。

（3）市场洞察

企业可利用微信指数来洞察市场需求、用户兴趣和行业趋势，辅助产品开发、市场定位和营销策略的制定。

（4）舆情监测

微信指数也是企业进行舆情管理的有效工具，能够实时监测关键词的舆情走向，及时发现并应对可能出现的公关危机。

（5）竞争对手分析

通过对比不同品牌或产品的微信指数，企业可以了解市场竞争格局，识别潜在的市场机会或威胁。

（6）数据支持决策

微信指数提供的数据支持，为决策者提供了客观依据，使得决策过程更加科学化和具有数据驱动力。

值得注意的是，微信指数的数据仅限于微信平台内部，但它覆盖了中国庞大的互联网用户群体，因此对于想要深入了解中国市场的企业和个人而言，具有极高的参考价值。此外，微信指数的更新频率保证了数据的新鲜度，每日更新的数据反映了前一天的指数情况，帮助企业紧跟市场动态。

6. 使用微信指数的意义

微信指数作为一款数据分析工具，对于企业而言，其价值主要体现在以下几个方面。

（1）捕捉热点词汇和趋势分析

企业可以通过微信指数来捕捉市场上的热点词汇，了解这些词汇的热度发展趋势，从而迅速响应市场变化，抓住潜在的商机。微信指数可以展示某一特定关键词在微信平台上的搜索热度及其变化趋势，这些数据能帮助企业及时发现新的市场需求和消费者关注的焦点。通过对这些热点词汇的分析，企业可以在合适的时间推出相应的产品或服务，满足市场需求，提升品牌的市场响应速度。

（2）舆情监测与分析

在信息爆炸的时代，舆情的变化速度非常快，微信指数可以帮助企业监控特定话题的热度和关注度，洞察用户的兴趣偏好，为企业的公关策略和危机管理提供数据支持。企业可以实时监测品牌相关的关键词，快速发现并应对潜在的负面舆情或危机事件。此外，微信指数还可以帮助企业了解公众对品牌、产品或事件的看法和情绪，为制定有效的公关策略提供科学依据。

（3）市场洞察与竞争分析

企业可以利用微信指数来分析市场趋势，了解竞争对手的表现，把握消费者需求的变化，进而制定出更加精准的市场营销策略。通过比较不同品牌或产品的搜索热度，企业可以发现自身的竞争优势和劣势，调整市场策略，以更好地满足消费者的需求。微信指数还可以帮助企业了解行业内的热门话题和趋势，为企业的产品开发和市场推广提供重要参考。

（4）营销策划与推广

微信指数能够帮助企业发现潜在的市场机会，为广告投放提供数据支持，实现精准营销，提高广告效果。企业可以通过分析微信指数，了解目标受众的兴趣和行为习惯，从而制定更加精准的广告投放策略。通过选择合适的关键词和时机进行推广，企业可以提高广告的点击率和转化率，实现更高的投资回报率。此外，微信指数还可以帮助企业监测广告投放的效果，及时调整广告策略，优化推广效果。

（5）经营决策支持

企业决策者可以通过微信指数提供的数据和趋势分析，了解企业在微信平台上的影响力和用户画像，制定出更符合市场需求和用户喜好的经营策略。微信指数可以展示企业品牌在不同时间段的热度变化，帮助企业了解品牌的市场表现和用户反馈。通过分析用户的年龄、性别、地区等特征，企业可以更好地了解目标用户群体的需求和偏好，制定更加精准的营销和运营策略。

（6）媒体监测

对于媒体机构而言，微信指数可以帮助他们了解在微信平台上的影响力和关注度，评估传播效果，调整传播策略，提高传播效果。媒体机构可以通过微信指数监测不同话题的热度，了解受众对不同内容的兴趣，从而优化内容生产和发布策略。微信指数还可以帮助媒体机构评估不同传播渠道的效果，发现哪些渠道能够带来更多的流量和互动，从而提高整体传播效果。

综上所述，微信指数是一个多维度的数据分析工具，它不仅能够帮助企业捕捉市场热点，监控舆情走向，还能够提供市场洞察，支持营销策划和经营决策。对于媒体机构而言，微信指数也是评估传播效果的重要工具。通过微信指数，企业和媒体机构都可以更加精准地了解市场和用户需求，制定出更加有效的策略，提升品牌和内容的影响力。

7. 微信指数操作

（1）微信指数打开方法

目前为止，微信指数仅能够在微信 App 内使用，有两种方式可以进入该平台，可以通过微信搜索进入，还可以通过微信公众号进入。

（2）通过微信搜索进入到微信指数

步骤 1：打开搜索，在微信搜索框内搜索"微信指数"，然后会显示微信指数小程序。

步骤 2：点击微信指数小程序，即进入到微信指数界面。

步骤 3：关闭之后再打开微信指数，仅需要在微信中打开最近使用的小程序列表，即可找到。

（3）通过微信公众号进入微信指数

步骤 1：进入到微信通讯录找到微信公众号，搜索并添加新关注微信公众号"微信指数"。

步骤 2：关注微信公众号，进入到对话界面，点击查看指数进入到微信指数。

四、任务评价与反馈

通过本任务的学习，大家已经完成了认识新媒体数据分析工具的任务，请根据表 9-1 进行自我评价。

表 9-1　了解新媒体数据分析工具学习评价表

评价目标	评价项目	评价要点	自评	互评	教师评
知识目标	百度指数、微信指数操作	搜索关键词准确度（10分）			
		对百度指数、微信指数运用的熟练度（5分）			
		对百度指数、微信指数解读的合理性（10分）			
		对微信指数运营场景选择的恰当性（5分）			
		对关键词选择的恰当性（10分）			
		对数据来源分析的准确性（10分）			
		对异常数据解读的合理性（10分）			
		对关键词百度热度和微信热度发展趋势解读的合理性（10分）			
能力目标	可以使用百度指数、微信指数进行网络热度分析	能够利用百度指数、微信指数判断一个关键词的网络热度（10分）			
		能够分析关键词热度来源（10分）			
素养目标	职业素养	通过百度指数、微信指数了解行业的网络热度，培养数据分析从业人员的职业操守和法律意识（10分）			
总评成绩					

注：自评、互评、教师评三项分数取平均值，计为总评成绩。评价结果分为A优秀（85～100分）、B良好（75～84分）、C合格（60～74分）、D待合格（60分以下）四个等级。

五、任务检测

（一）单选题

1. 百度指数的"需求图谱"功能中，红色相关词代表（　　　）。

A. 搜索指数下降　　　　　　　　　　　B. 搜索指数上升

C. 相关性较弱　　　　　　　　　　　　D. 地域分布集中

2. 微信指数的数据来源不包括（　　　）。

A. 朋友圈公开转发的文章　　　　　　　B. 百度搜索行为数据

C. 微信公众号文章　　　　　　　　　　D. 微信搜索行为数据

3. 在百度指数中，若用户想比较"职业教育"和"学历教育"的搜索热度差异，应使用（　　　）。

A. 需求图谱分析　　　　　　　　　　　B. 搜索指数对比分析

C. 人群画像分析   D. 资讯指数分析

（二）多选题

1. 百度指数的功能包括（   ）。

A. 监测媒体舆情趋势   B. 分析行业竞争格局

C. 提供移动端 APP 界面   D. 定位数字消费者特征

2. 微信指数的关键特点包括（   ）。

A. 支持 PC 端和移动端使用   B. 提供当日、7 日、30 日热度趋势

C. 数据覆盖全网搜索引擎   D. 帮助企业进行舆情监测

3. 以下属于百度指数"人群属性"分析内容的是（   ）。

A. 用户年龄分布   B. 相关词搜索热度

C. 用户性别比例   D. 资讯关注度变化

（三）判断题

1. 百度指数目前仅支持 PC 端使用，无移动端界面。（   ）

2. 微信指数可通过百度搜索引擎直接访问。（   ）

3. 在需求图谱中，相关词的大小代表其与中心关键词的相关性强度。（   ）

4. 百度指数的"资讯指数"反映了用户对资讯内容的互动行为。（   ）

5. 微信指数的计算结果每日更新，数据覆盖前一天的指数情况。（   ）

（四）简答题

1. 百度指数如何帮助用户进行"市场洞察与趋势分析"？请列举至少 3 个具体功能并说明。

2. 对比分析百度指数与微信指数的主要区别（至少 3 点）。

3. 如何利用微信指数分析关键词的热度并进行对比？请结合操作步骤说明。

（五）技能题

根据本任务所学知识与技能，对比分析至少 2 个常用数据分析工具的优缺点。

任务 2
新媒体营销店铺数据分析基础

一、任务导入

大数据的发展给企业的商务活动和运营带来了新的方法。数据分析不仅仅存在于各种活动当中，也存在于企业产品和服务的生命周期当中。在进行大量数据分析及处理的移动电子商务行业中，分析已经成为移动电商运营中不可或缺的一部分。掌握数据分析的流程和方法是新媒体营销从业人员需要具备的运营能力之一。因此，本节任务的重点在于介绍在进行数据详细分析前，需要掌握的基本数据分析技能。了解为什么要进行数据分析，掌握数据分析的基本方法和流程。并运用基础的数据分析方法，完成初步的数据分析，以达到对店铺进行初步分析的目标。

二、引入案例

有趣的数据分析案例

目前，数据分析在我们日常生活中的作用越来越重要，应用场景也越来越多。数据分析的应用帮助商家提升了自身竞争力。下面介绍几个通过数据分析结果帮助商家自身成功的案例。

（一）医疗行业

加拿大多伦多的一家医院，通过对早产婴儿的数据收集及分析，找到了早产婴儿会出现的问题，并对早产婴儿采取针对性的措施，避免了早产婴儿夭折。

（二）能源行业

欧洲的一些国家，通过对智能电表的数据收集和分析，预测客户的用电习惯，降低了自身的采购成本，每年节约了数百万欧元的成本。

（三）通信行业

大部分通信供应商通过对客户数百个电话记录的分析，得出了"谁给谁打了电话"以及"打电话的频率"的分析结果。利用

素养看点

该案例不但让我们认识了数据分析在各行各业的应用，更加让我们明白了数据分析在中国企业发展中的重要性，作为从业人员应当认真严谨地对待数据分析工作。

该分析结果，制定了相应的电话套餐，提升了客户流失预测模型的准确率。

（四）零售行业

北美零售商百思买利用大数据分析来分析消费者的购买偏好，并结合地区和市场条件适当调整价格，从而提升了销售量和利润。

（五）电商行业

淘宝商家每年在进行"双十一"活动的时候都会对产生的数据进行分析，帮助其制定合理的活动方案，使得每次"双十一"活动的销售额都在增长。

（六）网络行业

如今很多网络公司会根据用户的上机时间、停留时间进行数据分析，预估消费者的偏好，进行精准广告营销，带来数以万计的利润。

（资料来源于网络，编者整理）

通过以上案例的介绍，大家不难看出，数据分析在越来越多的行业中起到了重要的作用。所以，目前企业想要进一步提升自身能力，需要掌握数据分析的相关知识。因此，本次任务将教会大家数据分析的流程以及数据分析的方法。

三、任务实施

1. 商务数据分析概述

（1）商务数据分析的概念

商务数据分析是一种体系化的方法论，旨在通过深入研究和理解数据，为企业提供战略、运营和业务层面的深刻洞见。这种分析方法不仅仅是一种工具或手段，更是一种科学的思维方式，能够帮助企业更好地适应市场变化，提升竞争力。

商务数据分析涉猎广泛，它涵盖了数据挖掘、统计分析、可视化呈现以及预测模型构建等多个领域。数据挖掘技术能够从海量的数据中提取有价值的信息，统计分析则能够对这些信息进行量化处理，揭示数据背后的规律和趋势。可视化呈现则将这些分析结果以直观的方式展现出来，便于企业决策者理解和使用。而预测模型构建则是基于历史数据和现有信息，对未来的市场走向、消费者行为等进行预测，为企业决策提供参考。

商务数据分析的核心目标在于通过对数据的深度研究，发现其中的模式和相关性，从而指导企业的战略规划和业务决策。它能够帮助企业更好地理解市场环境、消费者行为、竞争态势以及行业动态等信息，进而制定更为精准的市场策略和业务计划。通过优化资源配置，提升运营效率，企业可以获得更高的投资回报率和商业效益。

在当今日益激烈的市场竞争中，掌握并熟练运用商务数据分析方法显得尤为重要。

它不仅能够为企业提供有力的决策支持，还能够推动企业不断创新，保持竞争优势。因此，对于现代企业而言，加强商务数据分析能力的培养和提升，已经成为一项刻不容缓的任务。

（2）商务数据分析的特点

商务数据分析的特点在于其深度、广度和对企业决策过程的深远影响。以下是商务数据分析的特点。

① 系统性的方法论。商务数据分析并不仅仅是对数据的简单堆砌或表面解读，它更是一个系统化的方法论。这种方法论要求企业从战略、运营和业务等多个层面出发，对数据进行深入研究和理解。通过这种系统化的方法，企业能够从中获得有价值的洞见，为未来的发展提供坚实的指导。

② 跨领域集成。商务数据分析的特点之一在于其跨领域的集成性。它融合了数据挖掘、统计分析、可视化呈现以及预测模型构建等多个领域的知识与技术。这种跨领域的集成使得数据分析能够为企业提供全面而精准的市场环境、消费者行为、竞争态势以及行业动态等多维度信息。

③ 市场脉络把握。通过对市场数据的系统分析，企业能够洞察市场的演变趋势。这种对市场脉络的把握有助于企业灵活调整产品或服务策略，确保与市场需求保持高度契合。同时，企业还能够预测市场的发展趋势，为未来的战略规划提供有力支持。

④ 顾客需求深探。客户是企业生存和发展的基石。商务数据分析通过深入分析客户行为数据，帮助企业深入挖掘顾客的潜在需求、偏好及购买习惯。这种对顾客需求的深入了解有助于企业为顾客提供个性化、精准化的产品或服务，从而提升客户的满意度和忠诚度。

⑤ 运营流程优化。在企业的日常运营中，生产、销售、库存等环节都涉及大量的数据。商务数据分析通过对这些关键数据的细致分析，帮助企业识别运营中的瓶颈与浪费环节。进而，企业可以根据分析结果优化业务流程，实现效率与效益的双重提升。

⑥ 市场风险预判。在竞争激烈的市场环境中，市场风险无处不在。商务数据分析通过深入分析市场环境和竞争对手的数据，帮助企业预测潜在的市场风险与机遇。这种风险预判有助于企业制定更为稳健、有前瞻性的商业策略，降低经营风险，抓住市场机遇。

⑦ 电子商务特色分析。在电子商务领域，数据分析的作用尤为突出。通过对用户交易信息的深入挖掘，企业能够精准估计每位客户的价值，并探索针对每位客户的扩展营销的可能性。此外，电子商务数据分析还能够通过数据化的方式监控业务表现，指导改进方向，从而提升企业整体的盈利能力。这种数据分析的精准性和实时性使得电子商务企业能够在竞争激烈的市场中保持领先地位。

⑧ 决策支持基石。商务数据分析为企业提供了科学、客观的决策依据。在决策过程中，数据往往比主观判断更具说服力。电子商务数据分析通过对市场、客户、运营等多方面的数

据进行分析，为企业提供了清晰、准确的决策支持。这种决策支持有助于企业正确判断市场形势，制定并实施恰当的商业行动，从而在激烈的市场竞争中保持领先地位。

2. 新媒体营销数据分析流程

数据分析其实是一个发现问题，分析问题并解决问题的过程。目前常用的数据分析步骤如下。下面以分析一个淘宝网店的基本数据信息为例，来展现基本数据的分析流程。

（1）确定目标

在获取数据之前，数据分析人员应当明确通过此次数据分析要解决什么问题。根据数据分析目标选择需要分析的数据。

明确数据分析目标后需要梳理分析思路，将数据分析目标分解成若干个不同的分析要点。针对每个人的需要确定分析方法和具体分析指标。比如，需要分析网店目前的销售情况；明确需要分析的销售指标包含哪些，比如销售量、销售额、利润、客单价等。同时还要分析影响销售的数据指标，比如访客数、浏览量、点击率、转化率等。例如，经营一家淘宝零食小店，现需要对竞争店铺进行分析，分析竞店目前的运营情况。现在需要收集的数据指标有：竞争对手 30 天销售额、竞争对手 30 天销量、最高商品销售额等。

（2）收集数据

收集数据可以通过直接或间接的渠道实现。如是分析自己店铺的情况，可以从店铺所在平台内直接下载。如果是分析竞店情况，可以从第三方数据分析平台查询，或是利用店铺所在平台的数据分析工具下载。

现在很多平台的数据既可以通过移动端查看，又可以通过电脑端查看。建议使用电脑端查看并获取数据。因为电脑端可以呈现的数据更为丰富，还可以在下载数据后利用其他分析工具对数据进行进一步的处理和加工。

（3）整理数据

把采集到的数据进行加工，把数据进行审查和校验，删除重复信息，纠正错误，并保证数据的一致性。同时，把数据中需要转化为另一种表达形式的部分进行相应的转化。为提取重要信息，还可以用相应的公司对数据进行计算。例如，需要分析转化率的时候就需要对相关的数据进行计算处理。

（4）数据分析

利用适当的数据分析方法和工具对已经整理好的数据进行分析，提取有价值的数据信息，形成相关结论。

（5）得出结论

总结上一步数据分析中每个部分的结论，并根据内容撰写数据分析报告。撰写数据分析报告时，需要结果清晰、主次分明，能使读者正确地理解数据分析报告所要表达的含义。写报告时需要注意图文并茂，让数据更容易被读者理解，可以形象并直观地告诉读者需要阐述的问题和结论。

一般而言，数据分析报告的简易框架结构如下。

① 标题页。写明报告名称、数据来源、展示日期，并用一句话对此报告进行介绍。

② 前言页。描述此项分析报告的背景和意义，分析并展示数据分析报告要达成的目标、分析思路、研究对象等。

③ 目录页。为方便读者阅读，提供给读者的索引。

④ 正文部分。是数据分析报告的核心，利用图文并茂的方式将数据分析过程与分析结果进行展示。撰写时注意科学性和严谨性，确保观点的合理性和真实性。

⑤ 结论部分。对正文部分进行总结，并根据总结反映出的问题给出建议和解决方案。

3. 数据分析方法介绍

（1）直接观察法分析

最直接的观察法是利用各类平台内的数据分析工具和第三方数据分析平台的数据分析功能，通过把数据转化为相关图表，直接观察数据的发展趋势，找出数据的变化趋势或异常，并用文字把异常或是变化描述出来。这是最基本的数据分析方法之一。

（2）A/B测试法

A/B测试法，为了达到某个目标同时准备多套方案，进行测试，每个方案中仅有一个变量与其他方案不同。通过测试比较这些方案的实施效果，选出最优的方案。例如，要优化产品首图的时候，一般是先准备好多张备选图片，然后把每张图片分别放到首图位置进行测试，同时保证其他产品参数、详情等内容不变，并记录相关数据。对比原首图的数据，直至找到点击率高于原首图的图片并设定为新首图。A/B测试法最大的优点是可控性，它在进行测试时保留原方案，新方案不成功的话也不影响原方案的执行。

（3）漏斗分析法

漏斗分析法是一套流程数据分析方法，它能够反映用户行为的状态以及从开始到最后各阶段用户变化的情况。通过漏斗分析法，企业可以找到哪一个环节出现了问题。使用漏斗分析法时，企业可以按照先后顺序还原用户的行为路径，然后分析每一个节点的转化数据，找到损耗点最高的步骤。例如，某场直播的流量转化分析，通过漏斗分析可以看到直播间的整体流量情况，以及各部分的转化情况。

（4）对比分析法

对比分析法是一种基础的数据分析方法，它通过对比不同数据集之间的差异，揭示数据的内在联系和规律。例如，对比不同时间段的销售额、对比不同产品线的市场占有率，等等。这种方法可以帮助我们快速发现数据中的差异和规律，为后续的分析提供基础。

（5）平均分析法

平均分析法是利用平均数来反映一组数据的集中趋势或一般水平。在数据分析中，平均数可以帮助我们快速了解数据的整体情况，如平均用户活跃度、平均订单金额等。这种方法可以提供一个概括性的数据描述，帮助我们了解数据的一般水平。

（6）交叉分析法

交叉分析法是通过将两个或多个变量进行交叉组合，分析它们之间的关系。交叉分析法在市场营销中特别有用，可以帮助我们了解不同用户群体对产品的偏好、不同时间段内用户行为的差异等。这种方法可以帮助我们发现变量之间的关联性和相互影响。

（7）综合评价分析法

综合评价分析法是运用多个指标对研究对象进行综合评价，得出综合得分或排名。这种方法在评估企业绩效、产品质量等方面具有广泛的应用。通过综合考虑多个因素，可以得出一个综合的评价结果，帮助我们全面了解研究对象的情况。

（8）杜邦分析法

杜邦分析法是一种基于财务数据的分析方法，通过利用财务指标间的内在联系，对企业财务状况进行综合分析和评价。杜邦分析法可以帮助我们深入了解企业的盈利能力、偿债能力、运营效率等信息。这种方法可以帮助我们全面了解企业的财务状况，为制定决策提供依据。

（9）相关分析法

相关分析法研究的是两个或多个变量之间是否存在某种依存关系，并探讨其相关方向和程度。相关分析法可以帮助我们识别变量之间的潜在关系，为后续的回归分析、因果分析等提供基础。

（10）回归分析法

回归分析法是确定两种或两种以上变量间相互依赖的定量关系的一种统计分析方法。回归分析可以帮助我们预测一个变量随其他变量变化的情况，如预测销售额随广告投入的变化等。

（11）聚类分析法

聚类分析法是将物理或抽象对象的集合分组为由类似对象组成的多个类的分析过程。聚类分析在市场调研、用户行为分析等方面有广泛应用，可以帮助我们发现具有相似特征的用户群体或产品类别，通过对大量数据进行分类和归纳，为后续的分析提供基础。

（12）主成分分析法

主成分分析法是利用正交变换将原始线性相关变量转换为少数几个线性无关的新变量，这些新变量称为主成分。主成分分析可以帮助我们简化数据结构，降低数据维度，同时保留数据中的大部分信息，可以帮助我们在保留数据信息的前提下，降低数据的复杂性。

（13）因子分析法

因子分析法是从变量群中提取共性因子的统计技术，将相同本质的变量归入一个因子，减少变量的数目。因子分析在心理学、社会学等领域有广泛应用，可以帮助我们识别影响某个现象的关键因素，使我们深入理解变量之间的关系，为后续的分析提供线索。

（14）时间序列分析法

时间序列分析法是将某种统计指标的数值按时间先后顺序排列所形成的数列进行分析

研究，从而预测其发展趋势的方法。时间序列分析在经济学、金融学等领域有广泛应用，可以帮助我们预测未来的市场走势、经济趋势等，为我们了解数据随时间的变化规律及对未来的预测提供依据。

（15）情感分析法

情感分析法是通过对文本进行情感打分和归类，来分析文本中所表达的情感倾向和态度的方法。情感分析在社交媒体分析、舆情监控等方面有重要的应用，可以帮助我们了解公众对某个事件或产品的态度。这种方法可以帮助我们了解文本中的情感倾向，为后续的分析提供线索。

（16）文本挖掘法

文本挖掘法是对大量文本数据进行处理和分析，提取出有价值的信息和知识的方法。文本挖掘在自然语言处理、信息检索等领域有广泛应用，可以帮助我们从海量文本数据中提取出有用的信息，为后续的分析提供基础。

4. 数据分析工具注册

因为收集数据是数据分析的必要过程，可以利用现有数据分析工具收集数据。接下来以看店宝软件为例，讲解如何收集相关数据。

例如：公司经营一家 3C（计算机 computer、通信 communication 和消费类电子产品 consumer electronics）数码小店，现定某一淘宝店铺为我店的竞店。现需要通过第三方平台获取该店铺数据。现在使用第三方平台看店宝去获取数据。登录看店宝，在图 9-1 所示的分析工具中选择店铺分析，点击"经营分析"。

图 9-1　看店宝店铺分析入口

如图 9-2 所示，在搜索栏输入店铺旺旺号即可查询对应店铺数据。点击"加载店铺详细经营报表"查看店铺详细数据。系统完成加载后会显示如图 9-3 所示的详细数据结果。可以查看竞店整体的经营数据，还可以点击下载全店铺商品数据。

图9-2　查询店铺经营数据

图9-3　详细店铺经营数据

5. 数据分析方法的使用

（1）观察数据选择合适的数据分析方法

假设现在要对店铺的销售趋势进行分析，这个时候需要先观察数据。其数据展示如图9-4所示，可以看到其呈现一种线性走向。因此，可以选择直接观察法对数据进行分析。

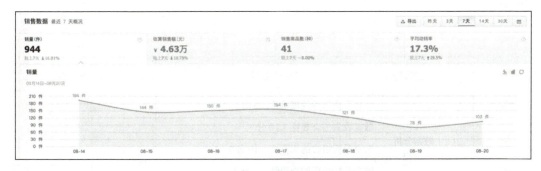

图 9-4　销售数据

如果需要对一段时间内的销售概况进行分析，确定其销售环节是否存在问题，这个时候可以选择漏斗分析法进行分析。

（2）利用数据分析方法进行分析

例如，对图 9-4 进行分析，这个时候可以根据图中的线性走势进行描述性阐述。在过去的 7 天时间内，销量最高的为 8 月 14 日，之后开始逐渐呈现下降趋势，其中 8 月 19 日为过去 7 天里销售量最低的一天。

如对商品销售概况进行分析，首先需要获取相关数据并使数据呈现漏斗状。目前大部分平台都会为用户提供相关的漏斗图。如图 9-5 所示，该图为某网店销售概况漏斗分析图。

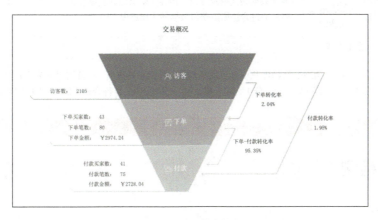

图 9-5　某网店销售概况

对该店铺的概况进行分析，在选定时间内，店铺访客数共 2105 人次，下单的买家数为 43 人，共成交 80 单，其下单转化率为 2.04%。付款买家数为 41 人，付款笔数为 75 笔，下单到付款转化率为 95.35%。从漏斗分析图可以看出，该店铺的问题主要出现在下单转化率中。后面对该分析进行总结并提出建议时，可以分析出现这种情况的原因。

四、任务评价与反馈

通过本任务的学习，大家已经完成了数据分析流程和数据分析方法的学习。请根据表 9-2 进行自我评价。

表 9-2　新媒体网店数据分析基础学习评价表

评价目标	评价项目	评价要点	自评	互评	教师评
知识目标	数据分析流程	数据分析流程的规范性（5分）			
		数据收集的合规性（10分）			
		数据分析报告的规范性（10分）			
		数据分析指标的恰当性（5分）			
		数据分析安排的合理性（5分）			
	数据分析方法	收集到的数据的精准性（5分）			
		数据分析方法选择的恰当性（5分）			
		数据描述的准确性（5分）			
		数据的时效性（10分）			
		数据分析的准确性（10分）			
能力目标	具备基础数据分析能力	能够通过数据采集工具获取数据（10分）			
		能够利用数据分析方法进行数据分析（10分）			
素养目标	职业素养和法律意识培养	通过数据的获取及分析，培养实事求是的职业素养及通过合法渠道获得数据的法律意识（10分）			
总评成绩					

注：自评、互评、教师评三项分数取平均值，计为总评成绩。评价结果分为A优秀（85～100分）、B良好（75～84分）、C合格（60～74分）、D待合格（60分以下）四个等级。

五、任务检测

（一）单选题

1.商务数据分析的"系统性方法论"强调（　　　）。

A.仅针对单一业务层面分析　　　　B.从战略、运营、业务等多层面系统化分析

C.仅依赖于数据挖掘技术　　　　　D.忽略市场环境因素

2.在漏斗分析法中，若某直播间的流量损耗主要发生在"商品曝光次数到商品访问次数"环节，说明（　　　）。

A.用户对商品价格不满意　　　　　B.商品描述不吸引人

C.该环节转化率低，需针对性地进行优化　　D.直播间流量整体不足

3.A/B测试法的核心特点是（　　　）。

A. 同时改变多个变量　　　　　　　　　B. 仅保留一个变量不同，其他条件一致

C. 仅用于优化广告投放　　　　　　　　D. 完全依赖主观判断

（二）多选题

1. 商务数据分析的特点包括（　　　）。

A. 跨领域集成（数据挖掘、统计分析等）　　B. 仅适用于电子商务领域

C. 系统性方法论　　　　　　　　　　　D. 可预判市场风险与机遇

2. 数据整理步骤的具体操作包括（　　　）。

A. 删除重复信息　　　　　　　　　　　B. 纠正错误数据

C. 直接忽略不一致的数据　　　　　　　D. 将数据转化为统一形式

3. 新媒体营销数据分析流程的步骤包括（　　　）。

A. 确定目标并分解分析要点　　　　　　B. 仅通过移动端收集数据

C. 利用图表直接观察数据趋势　　　　　D. 撰写包含结论和建议的数据分析报告

（三）判断题

1. 商务数据分析仅涉及数据挖掘和统计分析，无须可视化呈现。（　　　）

2. 漏斗分析法通过分析用户行为各阶段的转化情况，定位问题出现的环节。（　　　）

3. 使用看店宝查询竞店数据时，需输入店铺旺旺号。（　　　）

4. A/B 测试法要求每个测试方案中必须同时改变多个变量。（　　　）

5. 直接观察法是通过将数据转化为图表，直接识别趋势或异常。（　　　）

（四）简答题

1. 简述商务数据分析的八个特点。

2. 新媒体营销数据分析的五个核心步骤是什么？请详细描述每个步骤的具体内容。

3. 结合案例说明 A/B 测试法的应用步骤及其优势。

（五）技能题

根据本任务所学知识与技能，针对你熟悉的一家网店进行基础的数据分析。

任务 3
新媒体营销店铺数据分析内容

一、任务导入

如今越来越多的商家开始经营新媒体网店，人人都可以当新媒体网店的运营，但并不是所有人都能够进行新媒体网店数据分析。如要进行新媒体网店数据分析，除了掌握分析方法及流程之外，还需要了解新媒体网店需要分析的指标有哪些。只有明确分析方向，才能够准确地分析出店铺的运营情况。因此，本节任务重点在于根据新媒体网店的特性选取需要进行分析的数据指标，并对其分析后，帮助决策人员在店铺运营中制定出正确的策略。一般而言，网店进行数据分析，主要从流量分析、商品分析和效益分析三个方面来进行。因此学生需要掌握三类分析的具体方法，从而达到对新媒体网店数据进行分析的目标。

二、引入案例

三只松鼠通过数据分析优化库存管理，实现降本增效

三只松鼠通过整合线下 800 多家门店的销售数据、库存数据及消费者行为数据，构建了动态库存管理系统。数据分析团队利用 Quick BI 工具对海量数据进行实时处理和建模，具体包括：将 POS 系统、ERP、CRM 等业务系统的数据统一接入阿里云数据中台，打破数据孤岛，确保数据的一致性和完整性；通过 Quick BI 构建全国门店销售热力图，实时监控各区域畅销品与滞销品的分布规律，例如发现某区域坚果礼盒在节日期间销量激增，而另一区域同款产品滞销，随即制定跨区域调拨策略；基于历史销售趋势、季节性因素及消费者偏好数据，建立库存需求预测模型，动态调整补货频率和采购量，避免过度囤货或缺货；利用 Quick BI 的实时查询功能，快速识别销售异常波动，结合消费者投诉数据溯源问题原因，如物流延迟或产品质量问题。

通过精准预测和动态调拨，三只松鼠的库存周转率提升 30%，滞销品库存减少 25%，缺货损失降低 40%。数据查询和报表

素养看点

从该案例中不但让我们认识数据分析能够帮助商家很好地了解店铺的运营情况，更加让我们明白进行数据分析时，作为从业人员实事求是的重要性。

生成时间从 4 小时缩短至 30 分钟，一线员工可自助完成 80% 的日常分析任务，区域业绩对比效率提升 60%。仓储成本降低 15%，全年销售额同比增长 22%，客户满意度提升 18%。

三只松鼠的成功在于将数据分析深度融入业务流程，从"经验驱动"转向"数据驱动"。通过实时监控、预测建模和异常预警，企业实现了库存管理的科学化与精细化。这一案例表明，数据分析不仅是工具，更是企业战略决策的核心支撑——它帮助企业挖掘隐藏在数据中的商业机会，优化资源配置，并在复杂市场中快速响应需求变化。数据分析能力的提升，直接推动了三只松鼠在零售行业的竞争力升级。

（资料来源于网络，编者整理）

通过以上案例的展示大家不难看出，好的数据分析结果和应用看很好的展示店铺的实际情况给公司的决策者看，决策者可以利用数据分析的结果来解决遇到的问题，决定未来的走向。

三、任务实施

（一）店铺数据分析主要内容

1. 流量分析

流量分析是新媒体营销店铺运营中的重要环节，它涉及对店铺流量相关数据的深入分析和研究。这些数据包括访客量、用户来源、关键词、用户分布地区等。

（1）访客量

访客量是指新媒体网店的访问人数。对于任何一家店铺来说，想要实现销售，首先需要有足够数量的用户进入店铺。因此，访客量是衡量店铺流量的重要指标。访问该店铺的人数越多，代表该店铺的流量越大，这意味着有更多的潜在客户可以转化为实际的销售行为。相反，如果访客量较小，则意味着店铺的流量较小，可能会影响销售业绩。

（2）用户来源

用户来源是指用户通过哪些途径进入无线端店铺。通常来说，用户来源可以分为四种：直接访问、搜索进入、付费流量进入和站外流量进入。直接访问的用户通常是因为此前已经在该店铺有过成功交易的经历，他们可以通过商品收藏、购物车等方式进入店铺。这种流量来源相对稳定，且转化率较高。搜索进入的用户是通过平台的搜索功能进入店铺内的。他们的转化率受到商品价格、功能、详情页介绍等多种因素的影响。付费流量进入是指用户通过商家的付费推广活动进入店铺，这种流量对于商家而言是精准的，因为他们是经过筛选的目标用户。站外流量进入是指商家通过其他平台开展的营销推广活动吸引进店的用户。虽然这种流量的转化率相对较低，但是可以提升店铺的知名度和影响力。

（3）关键词

关键词是指搜索进店用户使用的关键词。当大部分搜索进店的用户都是通过某一关键词进入时，这表明该关键词在用户的搜索中具有较高的热度。商家可以将此关键词作为标题优化时的参考，以提高商品的曝光率和点击率。

（4）用户地区分布

用户地区分布是对店铺消费者的来源进行统计和分析。通过了解不同地区的用户购买偏好和消费习惯，商家可以有针对性地制定营销策略，以满足不同地区用户的需求，提高销售效果。

综上所述，流量分析是对新媒体营销店铺流量相关数据进行深入研究和分析的过程。通过了解访客量、客户来源、关键词、用户分布地区等信息，商家可以更好地了解用户需求，优化店铺运营策略，提高销售业绩。

2. 商品分析

商品分析是对商品相关数据进行深入研究和解读的过程，它涵盖了许多关键指标，如商品的收藏率、下单率、转化率、成交件数、成交笔数等。这些数据为我们提供了关于商品表现和用户行为的宝贵信息。

（1）访客数

是衡量访问单个商品页面的用户数量的指标。访客数量的多少直接反映了商品的吸引力和市场关注度。一般来说，商品的访客数量越多，其实现成交的机会就越大，因为更多的潜在客户有机会了解并购买该商品。

（2）跳失率

是一个衡量用户访问商品页面后立即离开的比例的指标。跳失率的高低可以反映商品页面的吸引力和用户对商品的兴趣程度。如果跳失率较高，可能意味着商品页面的设计或者商品本身存在问题，需要进一步优化以增加用户留存。

（3）收藏率

这个指标衡量的是将商品加入收藏夹的用户数量占访客数的比例。用户收藏商品通常表示他们对商品感兴趣，有购买潜力。因此，收藏率的高低可以作为判断商品受欢迎程度和潜在销售机会的一个重要参考。

（4）下单率

也称为下单转化率，是指实际下单的用户占访客数的比例。下单率的高低直接反映了用户对商品的购买意向。如果下单率较高，说明商品具有较强的吸引力，能够促使用户进行购买。

（5）支付转化率

这个指标衡量的是下单并成功付款的用户占访客数的比例。支付转化率的高低是评价商品页面效果的重要标准，包括商品标题、价格、促销信息等是否符合消费者的预期。较高的支付转化率意味着商品页面设计和商品本身能够满足用户的需求和期望。

（6）商品加购率

这个指标衡量的是将商品加入购物车的用户数量占访客数的比例。加入购物车通常表示用户对商品比较满意，但是还不足以促使他们立即下单。商品加购率的高低可以帮助我们了解用户对商品的喜好程度和购买决策过程。

通过对这些关键指标的分析，我们可以更深入地了解商品的表现和用户的行为，从而制定更有效的营销策略和优化措施，以提高商品的销售业绩。

3. 交易分析

交易分析是整个店铺的交易情况，包括访客数、下单人数、下单笔数、下单金额、支付人数、支付金额、客单价等数据。这些数据对于网店的运营和决策非常重要，因为它们可以帮助店主了解店铺的销售情况，从而制定更有效的营销策略。

一般而言，网店的交易情况可以通过访客数、下单买家数、订单数、支付人数、支付金额、客单价等数据进行分析。这些数据可以帮助店主了解店铺的客流情况、购买行为及销售效果。通过分析这些数据，店主可以了解到哪些产品受欢迎，哪些促销活动有效，以及哪些渠道带来的流量最多，等等。

通常情况下，店铺的销售额由访客数、转化率和客单价三个重要指标决定。访客数是指进入店铺的访问量，它反映了店铺的曝光度和吸引力。转化率是指访客中实际下单购买的比例，它反映了店铺的购买意愿和购买能力。客单价是指每个成交用户的平均消费金额，它反映了顾客对店铺产品的认可度和购买力。客单价的计算公式如下。

$$客单价 = 总成交金额 / 成交用户数$$

客单价是由笔单价和人均交易笔数所决定的。笔单价是指每笔订单的平均金额，它反映了顾客对单个产品的购买力。人均交易笔数是指每个成交用户平均购买的订单数量，它反映了顾客对店铺的忠诚度和购买频率。影响客单价的主要原因有产品定价、促销优惠、关联营销和购物数量等。产品定价是指店主对产品的定价策略，合理的定价可以吸引顾客并提高销售额。促销优惠是指店主通过打折、满减等方式吸引顾客购买，它可以提高顾客的购买欲望和购买力。关联营销是指店主通过推荐相关产品或者捆绑销售的方式增加顾客的购买数量，从而提高客单价。购物数量是指顾客在一次购物中购买的产品数量，它反映了顾客的购买需求和购买力。

综上所述，通过对交易数据分析的深入研究，店主可以了解店铺的销售情况，找出问题所在，并采取相应的措施来提高销售额和客单价。同时，店主还可以根据数据分析结果，调整产品定价、制定促销策略、优化关联营销和提供更好的购物体验，从而吸引更多的顾客，提高店铺的销售业绩。

（二）店铺分析工具介绍

（1）生意参谋

生意参谋作为淘宝平台的核心数据分析工具，致力于协助商家深入剖析自身店铺运营状况，并洞察同行业的竞争态势。该平台集成了数据作战室、市场行情、装修分析、来源分析、竞争情报等一系列数据产品，为商家提供了一个统一且相对全面的数据产品平台。在大数据时代背景下，生意参谋以其强大的数据分析能力，为商家提供了重要的赋能支持。此外，生意参谋还提供了行业排名以及同行同层的平均值和优秀值等参考数据，帮助商家更好地进行市场定位和竞争策略调整。

（2）京东商智

京东商智作为京东专为第三方商家打造的数据服务产品，为商家提供了实时与历史两个视角下的店铺与行业流量、销量、客户、商品等全方位的电商数据分析。同时，京东商智还提供了购物车营销、精准客户营销等实用工具，帮助商家基于数据驱动，优化店铺运营，提升销售业绩。

（3）店霸

店霸作为拼多多平台的第三方数据分析工具，为数百万电商创业者提供了专业的数据分析运营服务。通过深入挖掘和分析拼多多平台的数据资源，店霸帮助电商创业者洞察市场趋势，把握用户需求，从而制定更加精准有效的运营策略。

（4）卖家精灵

卖家精灵是一款专为亚马逊跨境卖家打造的软件工具，它基于大数据和人工智能技术，为卖家提供了一站式选品、市场分析、关键词优化、产品监控等全方位服务。通过卖家精灵，亚马逊卖家能够轻松发现蓝海市场，挖掘潜力产品，从而制定更具竞争力的销售策略。卖家精灵以其智能化的功能，帮助亚马逊卖家在激烈的市场竞争中脱颖而出。

（三）店铺数据分析操作

（1）流量分析操作

以阿里系某店铺为例进行流量分析，该店铺为跨境电商店铺，因此，其关键词及部分内容展示为英文。

步骤1：获取数据。

进入到"生意参谋"当中，找到流量看板获取整体的店铺核心指标，下载并查看相关数据，如图9-6～图9-9所示。

步骤2：数据分析。

① 访客量分析。从图9-6可以看出，该店铺在时间段内访客数为35453人次。相较于上月增加10.54%，即店铺的知名度较上月增加了10.54%。整体浏览量达到了80668次；该月人均浏览量＝浏览量/访客数，为2.28次；平均停留时长＝总时长/访客数，为35秒。其中值得注意的是，新访客占据了总访客数的84.66%，该月的引流做得很好。

② 用户来源分析。从图9-8可以看出，该店铺在时间段内通过推荐进店的访客数为14445人次，通过搜索进店的人数为9567人次，通过间接站外流量进入的为3457人次。从

图 9-6　店铺流量数据指标

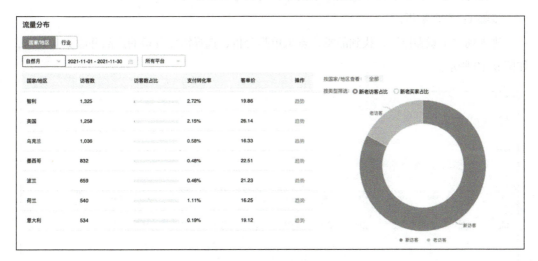

图 9-7　用户区域数据

流量来源	访客数		访客数占比	下单转化率
推荐 ⑦	14,445			0.53%
搜索 ⑦	9,567			0.56%
间接站外流量 ⑦	3,457			1.04%
基础工具 ⑦	3,018			4.51%
其它	2,047			4.20%
导购频道 ⑦	483			1.04%
会场 ⑦	448			0.89%
直接站外流量 ⑦	263			1.52%
社交 ⑦	6			0.00%
内容 ⑦	3			0.00%

图 9-8　店铺流量来源分布

来源分布

自然月来源分布

搜索词排行

排名	搜索词	访客数		下单转化率
1	blazer	959		0.00%
2	blazer women	412		0.00%
3	blazer femme	409		0.00%
4	pull femme	392		0.00%
5	blazer mujer	332		0.00%

图 9-9　进店关键词

此可以看出，店铺主要的进入渠道是通过系统的关联推荐，其次为搜索进店。

③ 关键词分析。从图9-9中可以看出，通过"blazer"这一关键词进入店铺的人数共有959人，为优质关键词。

④ 用户地区分布。从图9-7中可以看出，该店铺在时间段内的访客主要来源于智利、美国和乌克兰。

步骤3：得出结论。

该店铺在时间段内共产生访客35453人次，其中通过推荐进入店铺的有14445人次，搜索进店的为9567人次，间接站外进店的有3457人。通过搜索进店的人中有959人次是通过关键词"blazer"搜索进店的。主要的访客来源地为智利、美国和乌克兰。

（2）商品分析操作

从进行流量分析的店铺中任选一个商品，对其进行商品分析。

步骤1：获取数据。

进入到"生意参谋"，找到品类，点击单品分析，选择需要分析的产品并收集其数据，如图9-10所示。

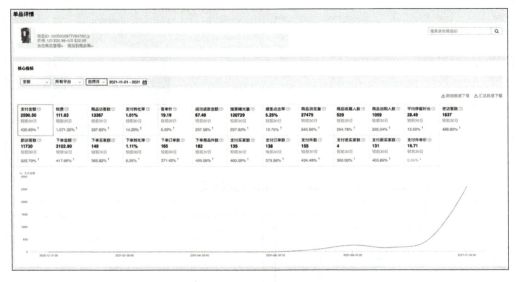

图 9-10　单品数据详情页面

步骤2：数据分析。

从图9-10中可以看到该商品访客数为13367人次；收藏率＝商品收藏人数／商品访客数，为3.96%；商品加购率＝商品加购人数／商品访客数，为7.92%；下单率为1.11%；支付转化率为1.01%。

步骤3：得出结论。

该产品在时间段内共产生访客数13367人次，其中3.96%的人收藏了该商品，7.92%的人加购了该商品，1.11%的人下单了该商品，1.01%的人购买了该商品并成功付款。说明该商品对于消费者具有一定的吸引力，可以有针对性地为收藏了和加购了该商品的用户提供一些优惠政策，刺激其消费欲望。

（3）交易分析操作

步骤1：获取数据。

进入到"生意参谋"当中，点击"店铺成交分析"，收集相关数据，结果如图9-11和图9-12所示。

图9-11　店铺成交概况

图9-12　店铺交易数据

步骤2：数据分析。

分别对图中的数据进行分析，从图9-11和图9-12可知，店铺访客数共35453人次，下单人数共490人，下单笔数共518笔，下单金额共9331.68美元，支付人数共447人，支付金额共8207.88美元，客单价为18.36美元。

步骤3：得出结论。

该店铺在时间段内，共有访客数35405人次，490人下单，人均客单价为18.36美元。店铺运营情况整体较为良好，但相较于上个月客单价有所降低。

四、任务评价与反馈

通过本任务的学习，大家已经了解了新媒体网店数据分析的内容。请根据表9-3进行自我评价。

表9-3　新媒体网店数据分析内容学习评价表

评价目标	评价项目	评价要点	自评	互评	教师评
知识目标	流量分析	流量数据收集的准确性（5分）			
		流量数据指标分析的客观性（10分）			
		流量数据分析的合理性（5分）			
	商品分析	商品数据收集的准确性（5分）			
		商品数据指标分析的客观性（10分）			
		商品数据分析的合理性（5分）			
	交易分析	交易数据收集的准确性（10分）			
		交易数据指标分析的客观性（10分）			
		交易数据分析的合理性（10分）			
能力目标	具备分析数据指标的能力	具备数据指标计算的能力（10分）			
		具备根据数据指标分析店铺运营情况的能力（10分）			
素养目标	职业素养和法律意识培养	通过数据分析的流程，培养学生实事求是的职业素养和遵纪守法的法律意识（10分）			
	总评成绩				

注：自评、互评、教师评三项分数取平均值，计为总评成绩。评价结果分为A优秀（85~100分）、B良好（75~84分）、C合格（60~74分）、D待合格（60分以下）四个等级。

五、任务检测

（一）单选题

1.在流量分析中，用户通过"商品收藏"或"购物车"进入店铺的流量来源属于（　　　）。

A.搜索进入　　　　　　　　　　　　　B.直接访问

C.付费流量进入　　　　　　　　　　　D.站外流量进入

2.商品分析中，"跳失率"是指（　　　）。

A.用户收藏商品的比例　　　　　　　　B.用户访问商品页面后立即离开的比例

C.用户下单后未支付的比例　　　　　　D.用户通过关键词搜索进入的比例

3.交易分析中，客单价的计算公式是（　　　）。

A.总成交金额／成交用户数　　　　　　B.总浏览量／访客数

C.支付金额／下单人数　　　　　　　　D.下单笔数／访客数

（二）多选题

1.流量分析的核心数据包括（　　　）。

A.访客数　　　　　　　　　　　　　　B.用户地区分布

C.商品收藏率　　　　　　　　　　　　D.关键词搜索量

2.以下属于商品分析的关键指标的是（　　　）。

A.支付转化率　　　　　　　　　　　　B.跳失率

C.客单价　　　　　　　　　　　　　　D.下单率

3.京东商智的功能包括（　　　）。

A.实时与历史数据分析　　　　　　　　B.拼多多平台商品监控

C.购物车营销工具　　　　　　　　　　D.亚马逊选品建议

（三）判断题

1.站外流量的转化率通常高于直接访问流量。（　　　）

2.生意参谋是淘宝平台的数据分析工具。（　　　）

3.店霸是拼多多平台的官方数据分析工具。（　　　）

4.卖家精灵为亚马逊卖家提供选品和关键词优化服务。（　　　）

5.客单价由笔单价和人均交易笔数共同决定。（　　　）

（四）简答题

1.流量分析的四个主要用户来源是什么？请简要说明每个来源的特点。

2.商品分析中的"收藏率"和"加购率"分别代表什么？如何通过这两个指标优化商品营销策略？

3.交易分析中，销售额由哪三个核心指标决定？结合公式说明客单价的影响因素。

（五）技能题

根据本任务所学知识与技能，为一个熟悉的网店作一份30天的店铺数据分析报告。

参考文献

[1] 陈立，吴敏 . 新媒体数据分析与优化 [M]. 杭州：浙江大学出版社，2024.

[2] 邓金梅 . 全域营销：从公域到私域的转化实践 [M]. 北京：人民邮电出版社，2023.

[3] 黄轲 . 社交媒体营销：策略与工具 [M].3 版 . 北京：机械工业出版社，2024.

[4] 李维，周晓 . 短视频与直播营销实战 [M]. 北京：电子工业出版社，2023.

[5] 刘雷，汤飞飞 . 新媒体运营与品牌传播 [M]. 北京：清华大学出版社，2024.

[6] 娜日 . 新媒体营销实用教程（修订版）[M]. 上海：上海交通大学出版社，2023.

[7] 王忠元，张明勇 . 移动商务基础 [M].2 版 . 北京：中国人民大学出版社，2022.

[8] 严志华，贾丽 . 新媒体营销与运营（微课版）[M].2 版 . 北京：人民邮电出版社，2023.

[9] 张华 . 新媒体营销 [M]. 北京：人民邮电出版社，2024.

[10] 郑雪玲，陈薇 . 新媒体营销 [M]. 大连：大连理工大学出版社，2022.